李艳霞 著

RESEARCH ON THE ISSUE
OF
REFORM TO SUBSTANTIALIZE CRIMINAL TRIAL IN CHINA

我国刑事
庭审实质化改革问题研究

中国政法大学出版社

2022·北京

声　　明　　1. 版权所有，侵权必究。

2. 如有缺页、倒装问题，由出版社负责退换。

图书在版编目（CIP）数据

我国刑事庭审实质化改革问题研究/李艳霞著. —北京：中国政法大学出版社，2022.7
　ISBN 978-7-5764-0562-0

　Ⅰ.①我… Ⅱ.①李… Ⅲ.①刑事诉讼—审判—研究—中国 Ⅳ.D925.218.4

中国版本图书馆 CIP 数据核字(2022)第 118531 号

出 版 者	中国政法大学出版社
地　　址	北京市海淀区西土城路 25 号
邮寄地址	北京 100088 信箱 8034 分箱　邮编 100088
网　　址	http://www.cuplpress.com（网络实名：中国政法大学出版社）
电　　话	010-58908586(编辑部) 58908334(邮购部)
编辑邮箱	zhengfadch@126.com
承　　印	固安华明印业有限公司
开　　本	880mm×1230mm　1/32
印　　张	7.75
字　　数	220 千字
版　　次	2022 年 7 月第 1 版
印　　次	2022 年 7 月第 1 次印刷
定　　价	49.00 元

PREFACE
前 言

刑事庭审实质化改革实质是推进以审判为中心的刑事诉讼制度改革，夯实司法人权保障的制度基石。庭审实质化改革力图保障审判在查明事实、认定证据、保护诉权、公正裁判中发挥决定性作用。

刑事庭审实质化的内核是被告人的刑事责任在审判阶段通过庭审方式解决，核心问题是法院裁判权运作机制问题，所以，庭审实质化的性质是刑事审判方式的重大变革。"诉讼证据出示在法庭、案件事实查明在法庭、控辩意见发表在法庭、裁判结果形成在法庭"是其基本要求，具有以下主要特征：贯彻直接言词原则，法官中立及控辩双方平等、对抗、协作，主要存在于一审程序，只适用于部分证据争议较大的案件。

刑事庭审实质化改革在我国具有深厚的理论依据。程序公正决定了庭审实质化改革的基本方向、预设了庭审实质化的技术路径，司法的亲历性明晰了庭审实质化裁判主体的特征、中立性厘定了庭审实质化的主体地位、终局性确定了庭审实质化的庭审效力，正当程序规范了庭审实质化的法定程序、限定了庭审实质化的权力制约，人权保障理念明确了尊重被追诉人的主体地位，促进被追诉人对庭审的实质参与，有利于防范冤假错案。

我国刑事庭审实质化改革的推行具有刑事政策背景、立法背景和司法实践背景，历经近 20 年对立法和规范性文件的探究得以逐步确立。1996 年《刑事诉讼法》[1]修正、2012 年《刑事诉讼法》修正、2013 年第六次全国刑事审判工作会议确立"庭审中心主义"、2014 年十八届四中全会"以审判为中心"改革强调庭审实质化，此后 2016 年中央全国深化改革领导小组通过的《关于推进以审判为中心的刑事诉讼制度改革的意见》确立了庭审实质化改革的技术性路线，2017 年最高人民法院印发的《关于全面推进以审判为中心的刑事诉讼制度改革的实施意见》首次明确了"以庭审实质化改革"为核心。在司法实践中，21 世纪初，我国的刑事庭审实质化改革开始步入零星探索阶段，2015 年 2 月正式进入改革试点阶段，2017 年初在最高人民法院的主导下，庭审实质化改革在试点的基础上正式在全国推广。程序分流为庭审实质化改革提供司法资源基础；以审判为中心的诉讼制度改革是庭审实质化改革的前提和基础，庭审实质化改革是以审判为中心的诉讼制度改革的重要内容、基本要求和重要落脚点。

我国刑事庭审实质化在改革前面临诸多问题，为了解决相关困境，我国刑事庭审实质化改革试点中出台了众多举措，多措并举强化庭审中心主义理念，法院建章立制初具规模，不断探索庭审实质化的实践措施，充分发挥庭前会议功能、推行证人出庭、完善示证、质证方式、鼓励当庭认证与裁判等。实践证明，改革试点取得了显著成效：强化了庭审中心主义理念，

---

[1]《刑事诉讼法》，即《中华人民共和国刑事诉讼法》，为表述方便，本书中涉及我国法律，直接使用简称，省去"中华人民共和国"字样，全书统一，后不赘述。

前 言

明显提升了案件审理质量，保障了被告人、辩护人的权利，倒逼提升了法律职业共同体的业务能力，促进了社会效果和法律效果的统一。

但庭审实质化改革试点的问题也很突出，化解相关困境，应当从功能入手规范庭前会议制度，厘定庭前会议的功能、明晰庭前会议的适用对象、明确庭前会议的适用范围、确定庭前会议决定的效力、规范庭前会议的程序；明确证人出庭范围、完善证人证言真实性保障机制、恰当处理庭前书面证言与法庭证言的关系、强化教育引导以提升证人出庭作证质量；从专业化着眼提高诉讼主体的职业能力，提升法官专业能力、强化辩方力量、提高公诉能力；完善庭审举证方式、健全质证程序、鼓励当庭认证以更好地适用证据裁判原则。

庭审实质化改革需要保障性、辅助性、协调性的相关配套保障措施的进一步完善，亟待解决证人出庭保障、强化程序分流制度、完善法庭空间布局等配套问题。当前我国刑事证人强制出庭制度、安全保护制度、出庭作证经济补偿保障制度尚存在一些问题，应当完善强制证人出庭制度、健全证人安全保护制度、完善证人出庭作证经济补偿制度、拓展创新证人出庭作证模式。通过对我国刑事程序分流的考察，发现我国侦查阶段分流功能不足、审查起诉阶段分流功能薄弱、审判阶段分流功能软弱。为完善我国刑事程序分流，应当扩大侦查阶段公安机关的"出罪化"权力，强化检察机关的酌定不起诉权，以及在审判阶段，完善认罪认罚从宽制度。通过对我国法庭空间布局以及被告人席位设置的梳理，发现在我国庭审实质化改革背景下，现在的法庭布局存在有损法官中立及控辩平等的诉讼构造、不利于救济被告人权利和辩护人职能的发挥等问题。可以在借鉴域外相关经验的基础上，完善我国刑事法庭空间布局。

目录

绪　论 …………………………………………………… 001
  第一节　问题的提出 ………………………………… 001
  第二节　国内外研究现状和研究意义 ……………… 002
  第三节　研究方法 …………………………………… 011
  第四节　本书结构 …………………………………… 011

第一章　刑事庭审实质化的基本范畴 ………………… 014
  第一节　刑事庭审实质化的内涵和性质 …………… 014
  第二节　刑事庭审实质化的基本要求 ……………… 016
  第三节　刑事庭审实质化的特点 …………………… 021

第二章　刑事庭审实质化改革的理论依据 …………… 032
  第一节　司法公正的内在要求 ……………………… 032
  第二节　司法权特征的必然延伸 …………………… 042
  第三节　正当程序的逻辑结果 ……………………… 049
  第四节　人权保障的制度保证 ……………………… 056

第三章　我国刑事庭审实质化改革的探索历程 ……… 066
  第一节　我国刑事庭审实质化改革的背景 ………… 066

第二节 我国立法和司法实践的探究进程 ………………… 069
第三节 刑事庭审实质化改革应当处理的两个关系 ………… 084

第四章 我国刑事庭审实质化改革前面临的困境及改革举措、成效 ………………………………………… 091

第一节 我国刑事庭审实质化改革前面临的困境 …………… 091
第二节 我国刑事庭审实质化改革试点的举措 ……………… 100
第三节 我国刑事庭审实质化改革试点的成效 ……………… 111

第五章 我国刑事庭审实质化改革试点中新出现的问题及化解对策 ……………………………………… 124

第一节 我国刑事庭审实质化改革试点中的问题 …………… 124
第二节 刑事庭审实质化改革试点中所遇问题的化解对策 …… 133

第六章 我国刑事庭审实质化改革后亟待完善的配套措施 ……………………………………………… 160

第一节 保障证人出庭 ………………………………………… 163
第二节 强化程序分流 ………………………………………… 177
第三节 完善法庭空间布局 …………………………………… 205

结　语 ……………………………………………………………… 221

参考文献 …………………………………………………………… 224

绪 论

第一节 问题的提出

保障人权是刑事诉讼法的基本价值取向,体现了刑事诉讼中的程序正义原则,反映了一国法治水平和文明程度。欲实现刑事诉讼中的权利保护,尤其是对犯罪嫌疑人、被告人的权利保护功能,纠正庭审虚化现象,实行庭审实质化改革势在必行。只有完善法院裁判权运作方式,推行庭审实质化改革,才能使得法院在控辩双方充分、有效举证、质证的基础上,实现当庭认证,进而当庭裁判,充分保障被告人的诉讼权利,保障司法公正的实现。

十八大以来,中共中央提出了推进法治中国建设的战略目标,明确了司法改革的重大部署。在新一轮的司法改革中,"刑事庭审实质化"被推上历史舞台。2013年10月召开的第六次全国刑事审判工作会议明确确立了"庭审中心主义",庭审实质化改革在我国刑事司法实践中步入零星探索阶段;2015年2月在成都市中级人民法院正式进入改革试点阶段;2017年初在中央政法委和最高人民法院的主导推动下,庭审实质化改革在试点的基础上正式在全国推广试用。根据2021年《最高人民法院工作报告》,全国法院系统着力深化司法体制改革,深入推进以审判为中心的刑事诉讼制度改革,提高证人、鉴定人、侦查人员出庭作证率和案件当庭宣判率,推进庭审实质化。司法实践需要理论的指导,庭审实质化改革成为当前我国理论和实务部门亟待深入研究的重大课题。

第二节 国内外研究现状和研究意义

国外对于刑事裁判方式的研究关注较早。学者在社会环境变迁以及不同诉讼文化的基础上,研究适合本国的刑事审判方式。英美法系学者的主要观点可以概括为:应当以相对哲学和公平竞争的理念为基础,通过设置复杂的规则赋予被告人充分的辩护权利,使之能与国家权力对抗,法官和陪审团作为案件的裁判者,处于一种消极、超然状态,审判机关与追诉机关之间应是严格的制约关系。大陆法系学者的主要观点可以概括为:法官具有"澄清义务",对刑事审判活动积极介入和充分控制,以担负起查明案件真相,进而惩罚犯罪的职责。基于对各自审判模式所存在问题的反思以及社会环境的变化,两大法系对其模式不断进行调整和改革,对对抗式诉讼程序的采纳成为大陆法系国家刑事司法改革的主要目标。另外,犯罪率高涨与司法资源的紧缺和有限激起了人们对诉讼效率的追求,发达国家推行简易程序和协商程序,并在总体比例上取代普通审判程序成为刑事诉讼的主流,其中以美国的辩诉交易与德国的处罚令程序为代表。学者对其研究日渐深入,主要观点可以概括为:简化程序环节和诉讼步骤,保障案件审理迅速快捷;注重保障被告人选择程序的自愿性;速决程序的运行确保被告人拥有基本的诉讼权利;速决程序的表现形式趋于多元化等。

在学术研究领域,通过在"中国知网资源总库"查询发现,我国最早提及庭审实质化研究的是四川大学龙宗智教授在2010年发表的一篇题为《论建立以一审庭审为中心的事实认定机制》[1]的文章。该文认为刑事诉讼的事实认定，应以一审庭审为中心，但司法实践中却存在诸多违反这一诉讼规律的做法。欲提高刑事案件的办案质量，应当适度阻断侦审联结，限制庭前活动的"预审"与"代审"功能，实现庭审的实质化、有效性和中心作用；通过加强审判法官与合议庭的责任，限制庭下阅卷作用等诸多措施，发挥庭审对事实认定的决定作用，保证事实审理以一审为中心。该文的核心观点是通过完善刑事一审审判方式，实现司法公正，与当前庭审实质化的核心观点不谋而合。随后，不断有学者围绕此主题开展相关研究，尤其是2013年第六次全国刑事审判工作会议和2014年十八届四中全会提出"庭审中心主义"后，相关研究成果如雨后春笋般涌现，近几年，学界对这一问题的研究日盛。

笔者对从2014年至2018年3月29日的文献，分别以"庭审实质化""庭审中心主义""刑事庭审实质化"等作为关键词在知网上进行检索，[2]发现在去除重复文献后，以"庭审实质化"为主题的文献共有494篇，其中报纸103篇，硕士、博士学位论文83篇，包括6篇博士学位论文，分别是西南政法大学2017年李冉毅的《刑事庭审实质化研究》、中国人民公安大学2017年杨亮的《侦审关系论》、中国社会科学院研究生院2017年李晓丽的《程序法视野下的认罪制度研究》、西南政法大学2016年吴仕春的《审判权运行机制改革研究——以刑事审判权

---

[1] 龙宗智：《论建立以一审庭审为中心的事实认定机制》，载《中国法学》2010年第2期。

[2] 笔者认为，与"庭审实质化改革"相契合的话题主要以"庭审实质化""庭审中心主义""刑事庭审实质化"等为关键词进行呈现。

运行为视角》、西南政法大学 2011 年唐治祥的《刑事卷证移送制度研究——以公诉案件一审普通程序为视角》、中国政法大学 2011 年许兰亭的《刑事一审程序实务问题研究》。研究论文中去除民事庭审实质化的研究论文，大约有 270 篇是关于"刑事庭审实质化"的研究。以"庭审中心主义"为主题的文献共有 289 篇，去除民事研究以外，研究刑事庭审中心主义的文献中，有期刊论文 190 篇，硕士、博士学位论文 46 篇，其中 6 篇博士学位论文，除了上述杨亮、李冉毅、唐治祥的学位论文，还包括中国政法大学 2000 年郑旭的《刑事证据规则》、西南政法大学 2012 年王晓华的《我国刑事被告人质证权研究》、苏州大学 2016 年陈多旺的《论现代法律程序中的交涉》。以"刑事庭审实质化"为主题的期刊论文共有 74 篇，以之为篇名的期刊论文则有 44 篇。考察我国关于庭审实质化方面的学术研究，其以论文为主，主要情况如下：

关于庭审实质化的基本范畴和理论依据研究方面，可以从学界著作中寻求依托。其中较具代表的著作有陈瑞华教授的《刑事审判原理论》（第 2 版）、[1]《比较刑事诉讼法》、[2] 宋英辉等教授的《外国刑事诉讼法》、[3] 左卫民、周长军教授的《刑事诉讼的理念》（最新版），[4] 论文有谢佑平、万毅教授的《理想与现实：控辩平等的宏观考察》、[5] 龙宗智教授的《论建

---

[1] 陈瑞华：《刑事审判原理论》（第 2 版），北京大学出版社 2003 年版。
[2] 陈瑞华：《比较刑事诉讼法》，中国人民大学出版社 2010 年版。
[3] 宋英辉等：《外国刑事诉讼法》，北京大学出版社 2011 年版。
[4] 左卫民、周长军：《刑事诉讼的理念》（最新版），北京大学出版社 2014 年版。
[5] 谢佑平、万毅："理想与现实：控辩平等的宏观考察"，载《西南师范大学学报（人文社会科学版）》2004 年第 3 期。

立以一审庭审为中心的事实认定机制》、[1]陈瑞华教授的《论彻底的事实审 重构我国刑事第一审程序的一种理论思路》、[2]汪建成教授的《〈刑事诉讼法〉的核心观念及认同》、[3]陈光中、龙宗智教授的《关于深化司法改革若干问题的思考》[4]等。以上著作和论文阐述了刑事裁判方式运作的基本理论，奠定了分析庭审实质化理论依据的基础。当前学界专门阐释庭审实质化的内涵、特点等基本范畴和理论依据的论文不多，多数是重点阐释构建庭审实质化的程序设计，而将基本范畴和理论作为其后重点论述的基础。专门阐述基本范畴的论文以孙长永教授与王彪的《论刑事庭审实质化的理念、制度和技术》[5]为代表。该文指出，只有以独立审判、无罪推定、法庭中立、控辩平等、证据裁判、平等适用法律等公正司法的理念为指导，才能有助于庭审实质化改革的实现。

很多学者对庭审实质化改革进行了实证研究。四川大学的左卫民教授的实证研究成果颇多——《未完成的变革 刑事庭前会议实证研究》[6]《审判如何成为中心：误区与正道》[7]，何

---

[1] 龙宗智："论建立以一审庭审为中心的事实认定机制"，载《中国法学》2010年第2期。

[2] 陈瑞华："论彻底的事实审 重构我国刑事第一审程序的一种理论思路"，载《中外法学》2013年第3期。

[3] 汪建成："《刑事诉讼法》的核心观念及认同"，载《中国社会科学》2014年第2期。

[4] 陈光中、龙宗智："关于深化司法改革若干问题的思考"，载《中国法学》2013年第4期。

[5] 孙长永、王彪："论刑事庭审实质化的理念、制度和技术"，载《现代法学》2017年第2期。

[6] 左卫民："未完成的变革 刑事庭前会议实证研究"，载《中外法学》2015年第2期。

[7] 左卫民："审判如何成为中心：误区与正道"，载《法学》2016年第6期。

家弘教授的《刑事庭审虚化的实证研究》[1]、卞建林教授与陈子楠的《庭前会议制度在司法实践中的问题及对策》[2]也具有代表性。这些研究成果反映了我国刑事庭审实质化改革试点以前的众多问题和困境——庭前会议适用过少、证人出庭率低、庭后认定等庭审虚化现象严重。除此以外，万毅教授与赵亮的《论以审判为中心的诉讼制度改革——以C市法院"庭审实质化改革"为样本》，[3]吴卫军教授的《刑事庭审实质化改革：解析与检视》，[4]马静华教授的《庭审实质化：一种证据调查方式的逻辑转变——以成都地区改革试点为样本的经验总结》，[5]山东省高级人民法院赵艳霞法官的《"看得见的正义"：刑事庭审实质化之司法进路》[6]分别以温州市、成都市、山东省的庭审实质化改革试点作为实证研究的对象，分析了改革试点中新出现的问题，并提出了化解对策。庭审实质化试点改革成效斐然，但是问题亦较为突出，如庭审中心主义理念尚需强化、庭前会议效果不明显、证人出庭随意性强、当庭认证有限、庭审实质化相关配套措施滞后等。

学界主要集中于论证庭审实质化的程序设计，具有代表性

---

[1] 何家弘："刑事庭审虚化的实证研究"，载《法学家》2011年第6期。

[2] 卞建林、陈子楠："庭前会议制度在司法实践中的问题及对策"，载《法律适用》2015年第10期。

[3] 万毅、赵亮："论以审判为中心的诉讼制度改革——以C市法院'庭审实质化改革'为样本"，载《江苏行政学院学报》2015年第6期。

[4] 吴卫军："刑事庭审实质化改革：解析与检视"，载《江海学刊》2017年第6期。

[5] 马静华："庭审实质化：一种证据调查方式的逻辑转变——以成都地区改革试点为样本的经验总结"，载《中国刑事法杂志》2017年第5期。

[6] 赵艳霞："'看得见的正义'：刑事庭审实质化之司法进路"，载《山东审判》2017年第1期。

绪 论

的研究成果有汪海燕教授的《论刑事庭审实质化》、[1]与其和于增尊的《预断防范：刑事庭审实质化诉讼层面之思考》、[2]龙宗智教授的《庭审实质化的路径和方法》、[3]卫跃宁教授与宋振策的《论庭审实质化》、[4]樊崇义教授的《庭审实质化与证据制度的完善》、[5]熊秋红教授的《刑事庭审实质化与审判方式改革》、[6]叶青教授的《以审判为中心的诉讼制度改革之若干思考》、[7]郭天武教授与陈雪珍的《刑事庭审实质化及其实现路径》、[8]李明教授的《庭审实质化进程中的质证方式改革研究》、[9]林国强教授的《以审判为中心的诉讼制度下庭审实质化改革研究》、[10]张斌教授与罗维鹏的《庭审实质化的技术路径反思与政治路径证成》[11]等。这些研究从宏观角度论述了我国庭审实质化的实现路径，认为庭审实质化改革是关于我

---

[1] 汪海燕："论刑事庭审实质化"，载《中国社会科学》2015年第2期。
[2] 汪海燕、于增尊："预断防范：刑事庭审实质化诉讼层面之思考"，载《中共中央党校学报》2016年第1期。
[3] 龙宗智："庭审实质化的路径和方法"，载《法学研究》2015年第5期。
[4] 卫跃宁、宋振策："论庭审实质化"，载《国家检察官学院学报》2015年第6期。
[5] 樊崇义："庭审实质化与证据制度的完善"，载《证据科学》2016年第3期。
[6] 熊秋红："刑事庭审实质化与审判方式改革"，载《比较法研究》2016年第5期。
[7] 叶青："以审判为中心的诉讼制度改革之若干思考"，载《法学》2015年第7期。
[8] 郭天武、陈雪珍："刑事庭审实质化及其实现路径"，载《社会科学研究》2017年第1期。
[9] 李明："庭审实质化进程中的质证方式改革研究"，载《政法学刊》2017年第1期。
[10] 林国强："以审判为中心的诉讼制度下庭审实质化改革研究"，载《湖北警官学院学报》2017年第2期。
[11] 张斌、罗维鹏："庭审实质化的技术路径反思与政治路径证成"，载《法制与社会发展》2017年第3期。

国刑事裁判权运作的变革，实现我国传统审判模式到对抗制审判模式的转变，应当强化法官独立审判案件，实现有效辩护等。其中以汪海燕为代表，其认为为了实现庭审应实质化，庭前会议应从实质审查演变为程序审查，庭审内容应实现从定罪为主到定罪量刑并重的变化。当然，各学者观点不尽相同。有的学者较为激进，张斌教授充分论述了只有通过顶层设计的政治安排，通过提高法院的政治地位和政治待遇等政治举措来加强法院的司法制约能力，才能完成庭审实质化的改革任务。熊秋红教授则更多从我国当前的司法资源和司法体制的角度入手，认为应当确立直接言词原则和维持卷宗移送主义，细化直接言词原则的例外情形，加强案卷移送制度自身的正当性。

除了庭审实质化程序的宏观设计以外，很多学者进一步从不同角度研究了完善庭审实质化的具体技术进路。其一，从协调控辩审三方关系的角度进行研究，以卫跃宁教授的《庭审实质化的检察进路》、[1]刘溉检察官的《"庭审实质化"对侦诉审关系的影响及适用》[2]为代表。其二，从证据制度的角度入手研究庭审实质化。代表性成果有叶青教授的《构建刑事诉讼证人、鉴定人出庭作证保障机制的思考》、[3]樊崇义教授的《庭审实质化与证据制度的完善》[4]以及周洪波教授、昝春芳检察官

---

[1] 卫跃宁："庭审实质化的检察进路"，载《中国政法大学学报》2016年第6期。

[2] 刘溉："'庭审实质化'对侦诉审关系的影响及适用"，载《中国检察官》2016年第23期。

[3] 叶青："构建刑事诉讼证人、鉴定人出庭作证保障机制的思考"，载《中国司法鉴定》2015年第2期。

[4] 樊崇义："庭审实质化与证据制度的完善"，载《证据科学》2016年第3期。

绪 论

的《刑事庭审实质化视野中的公诉证据标准》、[1]史立梅教授的《庭审实质化背景下证人庭前证言的运用及其限制》。[2]其三,从某一具体程序入手研究庭审实质化。代表性成果有卞建林教授与李菁菁的《从我国刑事法庭设置看刑事审判构造的完善》、[3]刘广三教授与李艳霞的《我国刑事速裁程序试点的反思与重构》[4]《论认罪认罚从宽制度的立法完善——以实证研究为视角》、[5]汪海燕教授与殷闻的《审判中心视阈下庭前会议功能探析》、[6]叶青教授的《审判中心模式下庭前会议程序的再造研究》、[7]杨建广教授与李懿艺的《审判中心视域下有效辩护的构成与适用——兼论念斌案对被告人获得有效辩护的启示》、[8]刘仁文教授的《论我国刑事法庭被告人席位的改革》、[9]熊秋红教授的《审判中心视野下的律师有效辩护》[10]等。上述

---

[1] 周洪波、昝春芳:"刑事庭审实质化视野中的公诉证据标准",载《江海学刊》2017年第6期。

[2] 史立梅:"庭审实质化背景下证人庭前证言的运用及其限制",载《环球法律评论》2017年第6期。

[3] 卞建林、李菁菁:"从我国刑事法庭设置看刑事审判构造的完善",载《法学研究》2004年第3期。

[4] 刘广三、李艳霞:"我国刑事速裁程序试点的反思与重构",载《法学》2016年第2期。

[5] 刘广三、李艳霞:"论认罪认罚从宽制度的立法完善——以实证研究为视角",载《山东大学学报(哲学社会科学版)》2017年第4期。

[6] 汪海燕、殷闻:"审判中心视阈下庭前会议功能探析",载《贵州民族大学学报(哲学社会科学版)》2016年第3期。

[7] 叶青:"审判中心模式下庭前会议程序的再造研究",载《贵州民族大学学报(哲学社会科学版)》2016年第5期。

[8] 杨建广、李懿艺:"审判中心视域下有效辩护的构成与适用——兼论念斌案对被告人获得有效辩护的启示",载《政法学刊》2017年第1期。

[9] 刘仁文:"论我国刑事法庭被告人席位的改革",载《政法论坛》2017年第4期。

[10] 熊秋红:"审判中心视野下的律师有效辩护",载《当代法学》2017年第6期。

成果从某一角度入手，深入探讨了我国庭审实质化改革背景下的具体问题与应对举措，针对性更强。如针对庭审实质化背景下的庭前证言的适用情况，史立梅教授提出，应当在确立直接言词原则的基础上，对证人不出庭情况下的庭前证言和证人出庭情况下的庭前证言的证据资格进行严格审查和规范，为保障法官的心证源于当庭证言，严格限制能够进入法庭的庭前证言范围。

　　通过对上述文献进行初步梳理和概括可知，学界关于庭审实质化改革的研究，从2015年开始，至今方兴未艾。2017年西南政法大学李冉毅博士完成了题为《刑事庭审实质化研究》的博士学位论文，就刑事庭审实质化的基本理论、变迁进路、现实缺陷以及完善思路和举措进行了详细阐述，为研究我国的刑事庭审实质化改革奠定了坚实的基础。随着改革的不断深入，庭审实质化改革试点中的问题不断涌现，仍需要学界作进一步的研究。从我国刑事庭审实质化改革的背景入手，梳理我国立法、规范性文件、司法实践状况，试图化解庭审实质化改革试点中以及改革后面临的配套制度问题仍具有重要的意义。本书采用文献研究、归纳研究、实证研究等众多方法试图对我国庭审实质化改革的背景、历程、价值、困境等进行深入研究，从庭审实质化的基本范畴出发，阐述改革的理论依据，解析庭审实质化改革前的问题，针对庭审虚化这一问题，启动庭审实质化试点改革。进而阐述了改革试点的举措、成效，并在分析改革试点困境的基础上，借鉴域外法官裁判权有效运行的经验，试图化解庭审实质化改革中新出现的问题，并进一步完善改革的配套措施，以最终实现我国刑事庭审实质化。本研究一旦完成，将进一步丰富我国庭审实质化改革的理论和实证研究，还能进一步引发学者对庭审实质化改革问题的深层次理论思考。

第三节 研究方法

根据本书的研究方向和研究范围，本书采用了以下研究方法：

第一，文献分析方法。笔者收集与刑事庭审实质化改革有关的国内外著作和论文、报纸、电子文献等资料，予以整理和系统分析，勾画初步的研究思路和理论框架；通过文献研究，发掘前人研究的成果，梳理研究的重点和难点，在导师的指导下，找到庭审实质改革"问题"研究这一研究方向。

第二，归纳研究方法。庭审实质化改革于2015年2月在成都市首先正式试点，其后，全国多地分项目亦进行了改革试点，至2016年底总结试点经验，在全国推广开展。期间成效明显，但也存在一些问题。笔者通过对有关庭审实质化改革试点中反映出的问题的筛选、分析、研究，并与庭审实质化改革前面临的问题相对照，总结归纳出试点中新出现的问题，并进而思考试点改革亟待完善的配套措施。

第三，实证调研方法。庭审实质化改革在我国适用时间不长，在实践中存在各种困难和争议，笔者有幸跟随导师于2016年在北京、福建、山东等地调研和收集资料，听取一线刑事法官的意见和建议，获得大量的第一手资料。

第四节 本书结构

本书在阐述刑事庭审实质化的内涵、性质、要求、特征、理论依据的基础上，解读了庭审实质化改革的背景、探究了改革的进程，进而深入研究了改革前面临的问题、改革中新出现

的问题以及改革亟待完善的配套措施,最后展望了我国庭审实质化改革的方向。本书共分六章,主要内容介绍如下:

第一章首先阐述刑事庭审实质化的基本范畴。从解读刑事庭审实质化的内涵出发,界定了其性质,庭审实质化改革的性质是刑事审判方式的重大变革,指出"证在法庭""辩在法庭""判在法庭"等是刑事庭审实质化的基本要求,明确了贯彻直接言词原则、法官客观中立、控辩平等对抗协作、主要存在于一审程序中、适用于部分争议案件等主要特征。

第二章研究了刑事庭审实质化改革的理论依据。程序公正决定了庭审实质化改革的基本方向,预设了庭审实质化的技术路径,而司法的亲历性明晰庭审实质化裁判主体的特征、中立性厘定庭审实质化的主体地位、终局性确定庭审实质化的庭审效力,正当程序理论则从规范庭审实质化的法定程序、限定庭审实质化的权力角度奠定了庭审实质化的基础,保障人权理念从明确尊重被追诉人的主体地位、促进被追诉人的实质参与、防范冤假错案的视角阐释了庭审实质化。

第三章从刑事政策、立法、司法实践的角度解读了我国刑事庭审实质化改革的背景,在此基础上明确了我国刑事庭审实质化改革的立法、规范性文件的探究历程和司法实践历程,最后指出了刑事庭审实质化改革中应当厘清的两个关系。

第四章明晰了我国刑事庭审实质化改革前面临的问题及改革举措。为了解决相关问题,我国刑事庭审实质化改革试点中出台了众多举措,如强化庭审中心主义的理念,出台规范性文件等,充分发挥庭前会议功能,推行证人出庭,完善示证、质证方式,强化辩方权利保障,鼓励当庭认证与裁判等。这些举措强化了庭审中心主义理念,明显提升了案件审理质量,保障了被告人、辩护人的权利,倒逼提升了法律职业共同体的业务能力，实现了社会效果和法律效果的统一。

第五章阐释了我国刑事庭审实质化改革试点中新出现的问题及化解对策。改革试点成效显著，但问题亦很突出。故应当从功能入手规范庭前会议制度，从实效出发推进证人出庭作证制度，从专业化着眼提高诉讼主体的职业能力，从实质化着手健全证据裁判原则的适用。

第六章考量了我国刑事庭审实质化改革亟待解决的配套制度问题。深入推进庭审实质化改革需要保障性、辅助性、协调性的相关配套保障措施的进一步完善。

结语展望了我国刑事庭审实质化改革的方向。庭审实质化是国家权力配置在庭审空间微观处的体现，并非仅是法院一家的技术性变革。我国刑事庭审实质化改革应秉承顶层设计的思路，并以"法院独立"为突破口，在此基础上完善庭审实质化改革的技术性思路。

第一章
刑事庭审实质化的基本范畴

刑事庭审实质化改革是我国当前刑事司法改革的重要部分，是夯实司法人权保障的制度基石。庭审实质化改革力图保障审判在事实查明、证据认定、诉权保护、公正裁判中发挥决定性作用，逐步实现"证在法庭""辩在法庭""判在法庭"的常态化。

第一节 刑事庭审实质化的内涵和性质

当前，学界对庭审实质化的界定有三种：其一，认为庭审实质化就是庭审中心化，强调法庭审理是审判的决定性环节，而非"以案卷笔录为中心"；[1]其二，认为庭审实质化与庭审虚化相对，是指应通过庭审方式认定案件事实并在此基础上决定被告人的定罪量刑，即被告人的刑事责任应当在审判阶段通过庭审方式决定；[2]其三，通过描述改革目标的方式界定庭审实质化，即认定庭审实质化是要实现"诉讼证据出示在法庭、案件事实查明在法庭、诉辩意见发表在法庭、裁判结果形成在

---

[1] 卫跃宁、宋振策："论庭审实质化"，载《国家检察官学院学报》2015年第6期。

[2] 汪海燕："论刑事庭审实质化"，载《中国社会科学》2015年第2期。

第一章 刑事庭审实质化的基本范畴

法庭"。[1]以上观点从不同角度、不同层面揭示了庭审实质化的含义,具有正当性和合理性。第一种主张将庭审实质化等同于庭审中心化,第二种看法强调了庭审活动对被告人刑事责任的决定性作用,第三种则综合了前两种观点。

笔者认同第三种观点,认为刑事庭审实质化有两个层面的涵义:其一,指从庭审虚化到庭审实质化的动态过程;其二,指庭审过程是解决刑事被告人刑事责任的关键环节,被告人的刑事责任应当通过庭审方式裁决的静态状态。作为动态过程的庭审实质化类同于庭审实质化改革,本书即通过研究这一改革过程力图转变庭审虚化,最终达到庭审实质化的状态。静态状态的刑事庭审实质化是相对于庭审虚化或形式化而言的。所谓"庭审虚化",是指案件事实和被告人的刑事责任并非通过庭审方式认定,甚至不在审判阶段决定,庭审只是一种形式。[2]庭审实质化强调决定被告人命运的关键环节在于庭审活动,而非侦查、审查起诉或其他环节。庭审实质化要求控辩双方在法庭上充分、有效地举证、质证,在此基础上,法官根据自己的心证当庭判断证据、认定事实,并当庭作出裁判,而并非根据庭前书面证据等。

刑事庭审实质化的核心问题是法院裁判权运作机制问题,所以,庭审实质化的性质是刑事审判方式的重大变革。庭审实质化解决的是庭审的形式化、虚置化问题,强调庭审在法官裁决作出过程中的决定性作用,要求证据判断、事实认定、案件裁判都须在"庭审"中进行,以庭审为中心。强调通过控辩双方充分对抗

---

[1] 最高人民法院于2017年2月印发的《关于全面推进以审判为中心的刑事诉讼制度改革的实施意见》对庭审实质化的要求进行了修正,明确提出"坚持程序公正原则,通过法庭审判的程序公正实现案件裁判的实体公正。发挥庭审在查明事实、认定证据、保护诉权、公正裁判中的决定性作用,确保诉讼证据出示在法庭、案件事实查明在法庭、诉辩意见发表在法庭、裁判结果形成在法庭"。

[2] 汪海燕:"论刑事庭审实质化",载《中国社会科学》2015年第2期。

的方式来认定证据,并在此基础上,定罪量刑,使庭审活动成为决定被告人命运的关键环节和审判阶段的中心阶段。庭审实质化实现的核心在于庭审中直接言词原则的落实,关键是证人出庭。正是在这一意义上,有学者认为,庭审实质化改革在本质上只是一种审判环节的技术性修正,不同于"以审判为中心的诉讼制度改革",其不必过多关注司法权力配置、法院独立等根本因素。[1]庭审实质化改革强调法官在法庭上根据控辩双方举证、质证的情况判断证据、认定事实,并当庭作出裁判。所以,法官是否能真正独立或中立地裁判案件至关重要,因此,庭审实质化改革也需要贯彻法官独立行使职权原则。所以,上述认为庭审实质化改革只是审判环节技术修正的观点有待商榷。但该观点却从一定程度上阐述了刑事庭审实质化的性质,即其是刑事审判方式的重大变革,正如有学者指出的,"如果说以审判为中心关心的是一片森林,那么庭审实质化也许更关心这片森林中的大树"。[2]

第二节 刑事庭审实质化的基本要求

2013年10月,最高人民法院在第六次全国刑事审判工作会议上提出"审判案件应当以庭审为中心",并进一步提出了具体要求。[3]同年12月,最高人民法院颁布的《关于加强新时期人

---

[1] 吴卫军:"刑事庭审实质化改革:解析与检视",载《江海学刊》2017年第6期。

[2] 左卫民:"审判如何成为中心:误区与正道",载《法学》2016年第6期。

[3] 2013年10月,最高人民法院在第六次全国刑事审判工作会议上提出"审判案件应当以庭审为中心",要求"事实证据调查在法庭,定罪量刑辩论在法庭,裁判结果形成于法庭"。同月,最高人民法院印发的《关于建立健全防范刑事冤假错案工作机制的意见》对这一要求进一步强调:审判案件应当以庭审为中心。事实证据调查在法庭,定罪量刑辩论在法庭,裁判结果形成于法庭。

第一章　刑事庭审实质化的基本范畴

民法院刑事审判工作的意见》对庭审实质化的要求作了更为准确的表述，[1]即庭审实质化的基本要求是"证在法庭、辩在法庭、判在法庭"。2014年10月，十八届四中全会通过的《关于全面推进依法治国若干重大问题的决定》提出要"推进以审判为中心的诉讼制度改革"。为落实这一决定，最高人民法院于2015年2月发布了《关于全面深化人民法院改革的意见——人民法院第四个五年改革纲要（2014—2018）》，提出了庭审实质化的"四个在法庭"的具体要求。[2]最高人民法院于2017年2月发布的《关于全面推进以审判为中心的刑事诉讼制度改革的实施意见》修正、完善了庭审实质化的"四个在法庭"的要求。根据以上文件，刑事庭审实质化有以下四项基本要求：

一、诉讼证据出示在法庭

证据的对质核实、审核判断是法庭调查和法庭辩论程序的核心，是确定案件事实的关键，是庭审实质化的重要指针。"诉讼证据出示在法庭"要求控辩双方在法庭上充分举证，有效质证，法官在此基础上判断证据，认定事实，并当庭认证，当庭裁判，强调"证在法庭"。换言之，法官对被告人定罪量刑需要当庭组织控辩双方就定罪量刑的证据材料充分展示和质证，并

---

[1]　最高人民法院于2013年12月颁布了《关于加强新时期人民法院刑事审判工作的意见》，该意见对庭审实质化的要求作了准确表述："充分发挥庭审的功能作用，真正做到事实调查在法庭、证据展示在法庭、控诉辩护在法庭、裁判说理在法庭，通过庭审查明案件事实，确保司法公正，维护司法权威。"

[2]　最高人民法院于2015年2月发布了《关于全面深化人民法院改革的意见——人民法院第四个五年改革纲要（2014—2018）》，提出了"四个在法庭"——诉讼证据质证在法庭、案件事实查明在法庭、诉辩意见发表在法庭、裁判理由形成在法庭的要求，并给出一个初步时间表，"到2016年底，推动建立以审判为中心的诉讼制度，促使侦查、审查起诉活动始终围绕审判程序进行"。

以此作为定案的主要参考。法官自由心证的形成和裁判结论作出所依据的证据都必须经过直接言词在法庭正式庭审阶段充分举证、有效质证。对于证据能力和证明力的评价均应当以有效质证为基础；法庭审理认定案件事实的唯一依据是经过质证的证据，没有到庭参与举证和质证，没有经过法庭调查和法庭辩论程序的材料不能作为定案的依据。实现"诉讼证据出示在法庭"，首先要求实现包括被害人、证人、侦查人员、鉴定人等人证的出庭作证，人证出庭作证成为庭审实质化的关键。只有人证出庭并接受双方的质证，才能有助于对证据的判断和对案件事实的查明，有利于对诉讼权利的保护。其中，证人的出庭作证集中体现了我国人证出庭作证的困境，对其保障是实现庭审实质化改革的必要条件。

二、案件事实查明在法庭

"案件事实查明在法庭"要求认定刑事案件事实，应当依据法庭调查、法庭辩论中的经控辩双方充分举证、质证，并由法官调查核实的证据。未经控辩双方共同参与下的法庭调查、法庭辩论程序而在侦查等其他阶段形成的证据材料不能作为定案的根据。庭审实质化要求法庭调查行为必须发生在法庭上，要求贯彻直接言词原则，要求证人出庭并接受双方的质询，所以，应当发挥庭审在查明事实、认定证据中的决定性作用。在审查证据的客观性、合法性和相关性，避免案件事实的认定错误方面，控辩审三方以及证人在场下的法庭审判至关重要。"案件事实查明在法庭"强调依据正当化的程序发挥法官的职责。法官的职责是通过裁断公诉方提交的指控事实是否成立来发现案件事实真相。法官依据法庭上控辩双方充分参与的法庭调查和法庭辩论程序来判断证据、认定事实，独立形成对刑事案件事实的内心确信,依法作出裁决,并非简单地接受或强化控方的结论。[1]法官应当对控诉证据和辩护证据全面审查,特别是对被告人有利的证据,以防止事实裁判的错误。[2]法官通过对控辩双方证据的全面审查,听取控辩双方的举证、质证后当庭形成对案件事实的认定。为避免偏见,尤其要对公诉方提交的指控证据进行彻底的审查。但我国司法实践长期受侦查中心主义的影响,卷宗主义相对严重,法官依赖检察机关移送的书面卷宗笔录判断证据,认定事实,[3]这令人产生审判系侦查的延长、法庭的证据调查只不过是追诉者的橡皮图章的疑虑。[4]总之,为防止不合理的预断和误判,应当改革卷宗移送方式,明确事实的认定不能以侦查阶段的卷宗为依据;规范庭前会议制度,严格执行"排非"规则;尤其注重在庭审过程中严格贯彻直接言词原则,限制书面证据的使用,进一步规范出庭证人的证言与庭前证人证言冲突时的效力。

三、控辩意见发表在法庭

"控辩意见发表在法庭"要求法庭要有效保障控辩双方的庭审参与权。为保障法庭审判的实质性,要求控辩双方的定罪和量刑两方面的意见都应当在法庭上充分表达。一方面,庭审实质化首先要求保障诉讼两造参与庭审,鉴于我国刑事案件辩护率极低的现状,主要是保障辩方的庭审参与权。只有在控辩双

---

[1] 郭天武、陈雪珍:"刑事庭审实质化及其实现路径",载《社会科学研究》2017年第1期。

[2] 陈瑞华:《刑事审判原理论》(第2版),北京大学出版社2003年版,第69页。

[3] 何家弘:"刑事庭审虚化的实证研究",载《法学家》2011年第6期。

[4] 陈运财:《直接审理与传闻法则》,五南图书出版股份有限公司2001年版,第13页。

方同时参与的情况下出示证据，充分质证，法官才能形成正确的心证，才有准确认证、裁判案件的可能。另一方面，"控辩意见发表在法庭"肯定了控方和辩方言词辩论的重要性。强调"辩在法庭"，要求控辩双方在庭审中，对于刑事案件证据和事实的看法、观点应当以言词辩论的形式作出。真理越辩越明，只有通过控辩双方的充分言词对质，才能逐渐揭示案件事实。实践证明，正式法庭审判以外的言词交流难以与当庭对质和辩论具有同等的价值。控辩双方对庭审活动的实质性参与将会对裁判结论的形成产生富有成效的影响，[1]所以，保障控辩双方在庭审中的言词辩论权至关重要。

四、裁判结果形成在法庭

"裁判结果形成在法庭"要求实现当庭认证，并进一步实现当庭宣判，强调心证形成的庭上性，强调法官的自由心证和裁判结论应形成于法庭审理之中，由庭审过程决定。"裁判结果形成在法庭"强调法官裁判过程及心证形成的亲历性和直接性，具体而言，包括以下几层要求：

首先，强调庭审调查，弱化庭外调查权的适用。相较于审核证据的庭外调查权，庭内调查是法官庭审的重心。根据我国法律规定，庭外调查权由法官依职权启动，但法官的庭外调查权违背了审判中立原则，弱化了庭审功能。所以，应该更加强调在控辩双方平等、公开参与下的法官的庭审调查权。

其次，当庭认证，使庭审活动对于裁判的形成产生实质性影响。认证是法官对控辩双方在庭上出示的证据予以判断、辨别、评价，并最终将具有证据能力和证明力且达到一定证明标

---

[1] 陈瑞华："论彻底的事实审 重构我国刑事第一审程序的一种理论思路"，载《中外法学》2013年第3期。

准的证据认定为定案根据的过程。可见,认证是法官心证的形成过程,是其认定案件事实、正确裁判案件的基础。庭审实质化强调"判在法庭",即要求当庭认证,并进一步当庭裁判。但在司法实践中,庭后依靠卷宗认证更加普遍,使得庭审虚化严重。

最后,审理与裁判的合一。审理与裁判的合一保证了审判权的完整性,只有直接参与审理的法官才有权对本案作出实体裁判,未直接亲历庭审过程的法官不能对案件进行裁判。

总之,庭审实质化的这四个要求呈现出递进关系,"裁判结果形成在法庭"最具有实际意义,以前三项技术性、工具性要求为基础,是前三者的最终意义所在。即"证在法庭""辩在法庭"是"判在法庭"的前提和基础,而"判在法庭"是"证在法庭""辩在法庭"的最终追求。

第三节 刑事庭审实质化的特点

我国刑事庭审实质化的要求契合了刑事诉讼的客观规律,符合域外法治国家裁判权运作的共同特点,其特点包括以下几点:

一、贯彻直接言词原则

直接言词原则,是大陆法系国家审判活动的基本要求,指法官亲自听取控辩双方以及证人等的法庭陈述和法庭辩论,在此基础上,判断证据、认定证据和案件事实,进而作出裁判。学理一般认为,直接言词原则包括直接和言词原则两部分组成,前者强调法官亲自到庭直接获取作为裁判依据的证据,后者则重在要求控辩双方和证人等在庭上应当用言词的形式举证、质证。直接言词原则是当代刑事诉讼中审判的重要原则,体现了对被告人诉讼权利的保障，彰显了一国刑事司法文明的状态，有利于发现案件真实。英美法系的传闻证据排除规则与其有异曲同工之妙。可见，直接言词原则与传闻证据排除规则从正反两个方面凸显了庭审实质化中"证在法庭""辩在法庭""判在法庭"的重要性。

庭审实质化要求贯彻直接言词原则，体现在以下两个方面：

（1）形式要求。庭审实质化要求庭审中控辩双方始终在庭，证人等关键诉讼参与人亦应该到庭，以言词的形式举证、质证，主审法官当庭认证，认定事实，作出裁决。根据我国的刑事司法实践，欲在我国庭审实质化改革中贯彻直接言词原则，应该强调实现辩方的充分参与和保障证人出庭作证。我国刑事辩护率不高，很多刑事案件没有辩护人，较之于以国家权力作为后盾的检察机关，辩方权利太过弱小，难以与控方抗衡。在庭审实质化改革中强化辩方力量，关键是保护辩护律师权利的实现，保障"辩在法庭"的实现。2017年10月出台的有关刑事案件审判阶段的律师辩护全覆盖的规定[1]使我们看到了最高司法机关保护被告人权利、保障"辩在法庭"实现的决心。庭审实质化改革中贯彻直接言词原则还应该保障证人出庭作证。证人出庭对判断证据、查明案件事实至关紧要，对于法官正确心证的形成意义重大，是庭审实质化"证在法庭"要求的必然结果。虽然我国法律规定了证人出庭作证的义务，但由于证人不愿出庭、不敢出庭、不能出庭，导致刑事案件庭审中，证人出庭作证率极低。有学者调研统计，我国司法实践中证人出庭率普遍在5%

---

[1] 2017年10月，最高人民法院、司法部联合印发了《关于开展刑事案件律师辩护全覆盖试点工作的办法》，要求北京、上海、浙江、安徽、河南、广东、四川、陕西8个省（直辖市）开展为期一年的律师刑事辩护全覆盖试点工作。

以下，有的地方甚至不足 1%。[1] 2012 年《刑事诉讼法》修改后，这一状况并未得到明显改善。[2] 证人不出庭，控辩双方难以实现交叉询问，其审前书面证人证言的效力难以判断，辩护律师难以实现有效辩护。

（2）实质要求。该原则限制庭前笔录资料在法庭上的运用。法官只能根据正式庭审中，控辩双方在诉讼参与人的参与下充分出示的证据及有效的质证，判断证据，认定案件事实，当庭作出裁判。庭前所作的书面证据，因为未经法庭质证，不能作为定案的根据。适用直接言词原则是庭审实质化"证在法庭""辩在法庭""判在法庭"的直接要求。庭前笔录资料，如书面证人证言，因为未在庭审中接受质询，不应作为定案根据。但是我国刑事诉讼法间接承认了未到庭的书面证人证言的证据能力和证明力，并认为其可以作为定案的根据。这一立法疏漏使得我国刑事司法实践中，贯彻直接言词原则任重道远，有待今后的立法予以完善。

二、法官中立及控辩平等、对抗、协作

法官中立，控辩平等对抗，共同发现案件真实，是现代法治国家典型的刑事庭审结构"等腰三角形"的基本要求。庭审实质化的实现需要奉行这一刑事诉讼基本审判模式，具体而言，包括以下两个方面：

（1）法官中立。即法官作为裁判者应中立裁判，要严格依照法定程序，公正、规范地主持庭审，不偏不倚地平等对待控

―――――――
〔1〕 陈卫东主编：《刑事诉讼法实施问题调研报告》，中国方正出版社 2001 年版，第 126 页。
〔2〕 史立梅："庭审实质化背景下证人庭前证言的运用及其限制"，载《环球法律评论》2017 年第 6 期。

辩双方。如果法官失去中立的立场，则会造成偏听偏信，控辩失衡，辩方权利受损，庭审沦为控方的单方举证，使得庭审纯粹成为对被告人定罪量刑的过程，本应当客观中立的法庭失去其应有的功能、价值。在庭审形式上，法官中立表现为法官给予控辩双方平等的时间和机会，控辩双方通过法庭调查和法庭辩论程序进行举证、质证，实现"证在法庭""辩在法庭"，进而对法官心证的形成产生实质性影响，使法官形成有利于己方的裁判。

法官中立原则是现代法治国家刑事诉讼的基本要求，无论在英美法系抑或大陆法系国家，都有明确的体现。如巴西于2008年制定的规范法官行为的规范就表达了这一思想，《巴西国家法官伦理规范》第8条规定，一个公正的法官是从证据中调查客观有据的真相，在整个程序中与各方保持同等距离，避免所有可能引起偏袒、预断和偏见的行为。第9条第1款规定，法官在履职时应当给予各方当事人同等对待，禁止任何类型的歧视。[1]由于司法实践中，控辩双方力量对比失衡，法官中立这一要求在庭审过程中更具有重要的意义。应当明确，贯彻法官中立原则，不能仅实现上述形式平等，形式上的平等固然重要但尚不足以保障被告方的权益；由于辩方天然的弱势地位，为了达致双方实质的平等，还需要在权利配置上向辩方适当倾斜，[2]保障辩方权利的充分实现。

为实现控辩平等，裁判者可以通过提示、解释、释明等方式弥补辩方资源及能力的不足，更应当通过法律援助制度强化

---

[1] 最高人民法院政治部编：《域外法院组织和法官管理法律译编》，人民法院出版社2017年版，第645页。

[2] 谢佑平、万毅："理想与现实：控辩平等的宏观考察"，载《西南师范大学学报（人文社会科学版）》2004年第3期。

辩方诉讼能力,保护辩方权利。保障法官中立,防止预断和偏见,法官独立至关重要。法官独立与法院独立密切相关。严格意义的庭审中心主义、庭审实质化应该确保法院独立或法官独立行使审判权。具体言之,在我国刑事司法现状下,应当排除法院内部、外部对刑事案件裁判结果的影响,切实解决好政党、侦查机关、检察机关对司法机关的外部影响以及庭长、院长、审判委员会与审判个案的独任法官、合议庭的关系,以最终保障本案的法官独立行使审判权,保障法官中立地裁判案件。

(2)控辩平等、对抗、协作。具体而言,分为以下三个方面:①控辩平等。控辩平等是大陆法系、英美法系国家都崇奉的公正审判的基本要求。控方拥有足够的人财物资源追诉犯罪,稳定社会秩序;辩方也需要有足够的资源和条件保护自身的权利,对抗不当指控。为实现控辩平等,几乎所有的法治国家都采取了以下措施:一方面,赋予检察官以客观义务,客观地寻求证据,查明案件,不仅收集控诉证据,更要兼顾辩护证据;另一方面,为了与检察机关实现平等对抗,赋予被追诉人一系列程序保障。[1]反之,如果法律没有在司法程序上体现控辩平等,反而给予控方诸多便利,同时又限制辩方权利,就会使本应公平、理性的平等攻防程序变成"弱肉强食"的过程。②控辩对抗。控辩对抗性是庭审实质化的应然要求。庭审实质化下,刑事法庭应成为公诉人和辩护人的竞技场。公诉人代表国家行使对犯罪的追诉权,主要职责是提出证明被告人有罪并应当承担刑事责任的证据、材料和意见;辩护人基于委托或指定,依法行使辩护权,以维护被追诉人的合法权益。这种与控方具有对抗性的辩护权具有防御性,辩护人的这一诉讼功能决定了其

---

〔1〕 陈瑞华:《刑事审判原理论》(第2版),北京大学出版社2003年版,第228页。

与公诉人在庭上的针锋相对，从而有助于审理案件的法官兼听则明，准确判定事实。在我国刑事辩护率较低的司法实践中，要实行庭审实质化，实现"辩在法庭"，应当保障被告人的辩护权的充分实现，给予辩护律师更多的发言权。如此，才能使得控辩力量更趋平衡，控辩审三方的诉讼角色定位更加鲜明。[1]只有控辩双方对抗性增强，不可控因素增多，控辩审三方难以"预测"庭审的结果，才能使得法庭对证据和事实的认定摆脱庭外因素的影响，真正实现"判在法庭"。③控辩协作。控辩协作是庭审实质化的必然趋势。一方面，应该明确，刑事庭审过程中，控辩双方最充分、最激烈的对抗实然为最有效的协作方式。庭审中控辩双方激烈对抗，通过举证、质证和阐释法律，事实越辩越清楚，证据越辩越清晰，在这一基础上，法官才能形成正确的心证，才能正确认证，并作出裁判。另一方面，庭审实质化中控辩双方对抗，共同指向的终极目标是化解刑事纠纷，换言之，两者的目标一致。且不论认罪认罚从宽制度适用过程中，控辩双方量刑协商对保护被告人的诉讼权利、发现案件真实、推进案件诉讼进程的重要性，在适用庭审实质化的部分有争议的刑事案件中，控辩双方的协作亦无处不在。如庭审实质化要求"辩在法庭"，其中有效辩护是其重要内容，通过辩护律师的积极、有效的辩护，实现保障被告人权利的目的。欲实现辩护律师的有效辩护，辩护人必须有效行使阅卷权、会见权，充分了解控诉证据。在这一过程中，检察机关的配合居于举足轻重的地位。

---

〔1〕 冯英菊、冉婷婷："'庭审中心主义'尚需制度保障"，载《检察日报》2014年1月15日。

三、主要存在于一审程序中

就设立审判级别的初衷而言，一审重在查清事实、适用法律，二审重在法律适用及案件事实争议，再审重在依法纠错。一审是后续审判的基础，若一审程序流于形式，后续审判程序误判的可能性会增大。所以，强调"证在法庭""辩在法庭""判在法庭"的庭审实质化的关键在于一审中心主义，推行庭审实质化的关键是重视和推进一审庭审实质化。庭审的主要任务是通过审核证据查清案件事实，并在此基础上定罪量刑，这就需要证人、鉴定人等人证出庭作证，贯彻直接言词原则，在这一意义上，一审程序一般被称之为事实审。一审距案发时间最短，离事实真相最近，一审提供的证据信息具有可靠性、干净性和全面性的特点，[1]所以，一般而言，一审比二审更容易查清事实真相。在一审事实认定无误的情况下，上诉审应重点围绕上诉理由和有争议的事实和证据开展庭审活动。许多国家的上诉审，不审理事实，仅就法律争议予以复审。而再审仅对极少数案件适用，重在依法纠错。

总之，将审核判断证据、查明、认定案件事实的重任放在一审程序，符合刑事诉讼审判的基本规律，是世界范围内的通行做法。庭审是审判的关键环节，一审又是实现庭审实质化的主要阶段。实现一审程序的庭审实质化，准确判断证据，认定事实，适用法律，能有效防范冤假错案；反之，若流于形式，则后续二审程序和再审程序误判的可能性会加大。所以，应当

---

〔1〕 证据信息的可靠性，主要是指一审审理时间离案件发生时间比较近，案件信息较为可靠；证据信息的干净性，是指首次审判的证据尤其是人证受到不当干扰的可能性更低；证据信息的全面性，则意味着一审系全面审理，需要充分调集各方面的证据，全面地分析案件的证据和事实。参见龙宗智："论建立以一审庭审为中心的事实认定机制"，载《中国法学》2010年第2期。

重点推进一审庭审实质化，从审判的源头保证案件质量。

庭审实质化主要针对一审程序，这是刑事审判的基本要求，也是当前推进庭审实质化改革的共识。2015年成都市中级人民法院试行的庭审实质化改革亦限于一审程序中。而在我国二审终审的审级制度之下，上诉审是否需要实质化以及需要怎样的实质化也是必须考虑的问题。根据我国现行《刑事诉讼法》第233条第1款的规定，[1]二审审理原则仍是"全面审查"，这意味着二审的审查方式及程序与一审基本一致，二审几乎成了一审的复审。可见，我国的审级制度呈圆柱结构。目前这一结构因其不符合刑事审判的基本规律而遭到不少批判。[2]

圆柱式诉讼审级构造是对司法资源要求最高的一种选择，更是无限接近客观真实的必然选择。这种柱形审级结构形成的原因在于，一审程序未能发挥"彻底的事实审"作用，因而可能存在误判和错判的风险，导致上诉审必须承担事实发现和纠错的功能。[3]从长远看，如果一审庭审实质化能顺利推进并取得成效，审级制度也理所应当予以调整，上诉审的审级功能将从现在的事实纠错与法律纠错逐步转向有限制的事实审以及程序救济。但在改革目标尚未达成之前，二审程序仍有必要担负起事实纠错的功能，仍有必要同步推进实质化审理，以弥补一审程序实质化审理的缺陷，但是二审适用庭审实质化并非意指所有案件均应适用。作为上诉审程序，二审审理方式应当与一审有所区别。即使负有查明事实的功能，二审程序实质化也不

---

〔1〕《刑事诉讼法》第233条第1款规定："第二审人民法院应当就第一审判决认定的事实和适用法律进行全面审查，不受上诉或者抗诉范围的限制。"

〔2〕 蒋惠岭："'圆柱'何时削为'圆锥'"，载《人民法院报》2010年4月30日。

〔3〕 陈瑞华："论彻底的事实审 重构我国刑事第一审程序的一种理论思路"，载《中外法学》2013年第3期。

意味着对所有开庭审理的案件都要对事实认定、法律适用以及一审审理程序予以全方位审查。[1]所以,应当对刑事诉讼法中所规定的二审审理原则进行限定,考虑确立"有限全面审查"原则,即根据上诉或抗诉的具体理由和范围决定是否全面审查。对部分一审裁判认定的主要事实没有异议的案件实行简化审,庭审的简化与庭审实质化并不冲突,不失为一种兼顾程序公正性与经济性的选择。[2]但是从长远看,应当构建以一审庭审实质化为基础的"锥形诉讼构造"(亦可称之为"有限复审制")的审级制度,[3]这更符合审级制度的基本原理。

四、适用于部分有争议案件

推进庭审实质化,实现"证在法庭""辩在法庭""判在法庭",意味着庭审时间会被大大延长,相应地,司法资源耗费也将呈几何倍数增长。考虑到司法资源的有限性和司法效益,不可能也无必要对所有的案件审理均严格遵循实质化庭审的程序规则,庭审实质化只能适用于部分刑事案件。大陆法系、英美法系国家的做法亦是如此。各国采取普通程序进行"实质化"

---

[1] 事实上,司法实务部门的相关司法解释在某种程度上已经在反对"全面审查"原则。如2006年最高人民法院与最高人民检察院联合发布的《关于死刑第二审案件开庭审理程序若干问题的规定(试行)》(已失效)第14条确立了死刑案件开庭审理的"重点审查"原则,而该原则在2012年最高人民法院发布的《关于适用〈中华人民共和国刑事诉讼法〉的解释》(已失效)第323条第1款中亦被规定,并扩大至所有二审开庭审理的案件。

[2] 事实上,上海市第一中级人民法院早在2001年就进行了刑事二审简易审的改革尝试。参见上海市人民检察院第一分院课题组:"关于刑事二审简易审的思考",载《华东政法学院学报》2001年第6期。

[3] 陈有为、任国权、方勇:"庭审实质化背景下刑事二审证人出庭必要性审查研究",载《证据科学》2017年第4期。

审理的案件只占 5% 左右的极小比例。[1] 并且，为了缓解庭审实质化所带来的巨大压力，包括辩诉交易在内的各种认罪答辩程序开始兴起。2012 年《刑事诉讼法》亦在程序分流方面进行了修改完善，扩大了简易程序的适用范围。刑事诉讼实践中不断尝试拓展各种快速审理程序。刑事速裁程序较之于简易程序简化更多，如简化了法庭调查和法庭辩论环节，这种审理方式实现了对被告人认罪的轻微案件的程序分流，为在"必要"案件审理中适用实质化庭审创造了司法诉讼资源条件。但刑事速裁程序适用案件范围过窄，所以，为了给庭审实质化奠定更坚实的司法资源基础，还要进一步加快推进认罪认罚从宽制度与刑事速裁程序等繁简程序分流制度的协同改革。进入审判流程的刑事案件经过简易程序、刑事速裁程序以及认罪认罚从宽的分流之外，真正适用普通程序实质化审理的案件适用比例应控制在刑事案件总量的 15% 至 20%。[2] 如此，刑事庭审才能构建"简案快办""难案精审"的合理格局。

从刑事审判的基本规律和我国刑事司法实践出发，应考虑至少从重罪案件和被告人不认罪两个方面框定庭审实质化的案件类型。具体而言，一方面，庭审实质化应当适用于重罪案件。重罪案件有可能对被告人判处较重的刑罚，对被告人的人身、生命权造成严重的影响，处理不当或错误，容易导致严重侵犯被告人的基本权利，致使民众对法律权威产生怀疑，不利于社会稳定。所以，对于这类刑事案件，即使被告人认罪，亦应采取"证在法庭""辩在法庭""判在法庭"的庭审实质化方式审理，以保障刑事案件公正的真正实现。另一方面，庭审实质化

---

〔1〕 张建伟：“辩诉交易的历史溯源及现实分析”，载《国家检察官学院学报》2008 年第 5 期。

〔2〕 樊崇义：“庭审实质化与证据制度的完善”，载《证据科学》2016 年第 3 期。

案件应当主要适用于重大、复杂、疑难案件中的被告人不认罪案件或控辩双方对案件事实、证据争议较大的一审疑难案件，重点适用于疑难案件中被告人不认罪案件。刑事疑难案件，犯罪证据不好收集，造成司法实践中，控诉方依赖口供定案的司法惯习，而单纯地依赖口供又容易导致侦查人员的不合理取证，所以，此类案件中冤假错案发生的概率更高。而且，对于疑难案件，控辩双方一般对案件证据、事实争议较大。所以，对于疑难案件中被告人不认罪案件贯彻庭审实质化，实现"证在法庭""辩在法庭""判在法庭"，法官在双方充分举证、质证的基础上，当庭认证、宣判更有意义，能从根本上防止滥用职权，杜绝冤假错案。

我国庭审实质化改革试点也证明了这一点。成都市中级人民法院郭彦院长介绍，庭审实质化改革试点主要适用于控辩双方对案件事实、证据争议较大的一审疑难案件。进一步而言，庭审实质化所应当适用的"被告人不认罪"案件应该是主要表现为言词证据争议的案件。[1]言词证据具有动态性和不稳定性，庭下提取与庭上呈现，有的时候，差别很大。如在绝大部分刑事案件中，较之于庭前书面的证人证言，证人当庭作证因为受到控辩双方的质询，所以，其所作证言能更深刻地感染法官，对于法官的认证活动产生更深刻的影响。因此，言词证据有争议的案件适用实质化庭审的方式更有意义。若仅是法律争议的案件，无需进行实质化审判，因为适用法律的争议在庭外通过咨询、论证等方式，能更好地解决。

---

[1] 周洪波、昝春芳："刑事庭审实质化视野中的公诉证据标准"，载《江海学刊》2017年第6期。

第二章
刑事庭审实质化改革的理论依据

刑事庭审实质化改革是我国当前司法改革的重要组成部分，是以审判为中心的改革的内在逻辑要求，是司法人权保障穹隆顶上不可动摇的拱心石，是实现司法公正的必由之路。

第一节 司法公正的内在要求

一、程序公正决定了庭审实质化改革的基本方向

在社会制度架构中，法律与公正的关系较为密切，律师兼牧师布莱克顿说过："法律被称作是一门公正的科学，有人说我们都是它的牧师，因为正义是我们的信仰，我们主持它神圣的仪式。"[1]在法律制度结构体系中，作为部门法的诉讼法与公正联系最是紧密，盖因诉讼制度负责将法律文件上的实体正义转换、落实为现实中具体的、人们肉眼可见的正义。孟子说，"徒法不能以自行"，任何一种公正的法律理想之胎儿，都必须经由正当的法律程序这一公正的助产士的努力，方得以呱呱坠地，来到世间；缺少法律程序助产士的协助或者其转运失灵、运作不当，都将使正义胎死腹中。

---

[1] [美]约翰·麦·赞恩：《法律的故事》，刘昕、胡凝译，姜渭渔审校，江苏人民出版社1998年版，第411页。

第二章 刑事庭审实质化改革的理论依据

公正之于诉讼，正如效率之于经济，爱情之于恋爱，食物和空气之于生命，占据首要位置。正如许多正义女神像后背上所铭刻的那句法谚所言，"为了正义，哪怕天崩地裂"（Fiat justitia, ruat coelom），可见，公正是诉讼这一纠纷解决方式首先需要考虑的。公正虽然是诉讼的首要价值，然而却并非其终极目的，更非其唯一目标。诉讼作为一种社会控制机制，必须考虑多方面的价值目标，在公正与其他司法价值之间达致一定的平衡。公正虽然重要，但"迟来的正义即非正义"（Justice delayed is justice denied），而且"公正不仅要实现，而且要以看得见的方式实现"，不能沦为司法"黑箱"，满足于仅仅给出一个自命公正的结论。

所以，在追求公正之外，尚需考虑公正的呈现方式及司法效率等诸多因素，方可收获公众最大限度的认同与支持。刑事司法改革无论采取何种路径，都应当在提升公众对于诉讼的认同上猛下功夫。[1] 司法作为法治的重要组成部分，早就成为国家有序运转的基础柱石之一，其纠纷解决、矛盾化解从而使社会稳定、有序运行得以维系的功能不可替代。尤其刑事司法，由于其针对的是对社会稳定构成最大威胁的犯罪行为，更是司法的重中之重。在此意义上而言，司法（尤其是刑事司法）堪称社会公平和正义得以维持的主导力量。十八届四中全会通过的文件强调，"公正是法治的生命线。司法公正对社会公正具有重要引领作用，司法不公对社会公正具有致命破坏作用"。[2] 以党的重要文件的专门章节（第四部分）形式，对司法问题进行

---

[1] 冯军等：《刑事司法的改革：理念与路径》，中国检察出版社2007年版，第2页。

[2] 十八届四中全会通过的《关于全面推进依法治国若干重大问题的决定》的第四部分"保证公正司法，提供司法公信力"强调：公正是法治的生命线。司法公正对社会公正具有重要引领作用，司法不公对社会公正具有致命破坏作用。

专门规定，属于比较罕见的情况，其在体现党对于公正司法重视之外，也构成民众对司法公正强烈呼吁与急切期盼的正面回应。保障司法公正是刑事庭审实质化改革的立身之本。简易程序、速裁程序着眼于效率，而庭审实质化改革则关注于庭审的公正。庭审实质化改革的目的即要实现司法公正，司法公正分为实体公正和形式公正，实体公正不得而知，但形式公正或程序公正却能够达到。庭审实质化改革的实质，在于改变侦查阶段事实上已经成为定罪量刑的依据和决定性阶段的司法现实，而将该职能转移到庭审阶段中来，做到法官内心确信的形成应当来源于法庭审理活动，打破人们传统上的司法"黑箱"的印象，破除庭审之外法官心证的形成。按照《宪法》第130条[1]的规定，庭审以公开审理为原则，以司法规范化推进、强化对司法活动的监督，使人们经由诉讼程序感受公平正义；为切实、有效地提高案件审理质量，必须努力营造运行良好的内部司法环境，确保审判机关可以实现《宪法》第131条[2]所规定的独立审判权，使审判权得到公正行使。

此种价值追求下的庭审模式，法官居中裁判，而由作为诉讼两造的控方、辩方对于与犯罪事实及量刑轻重相关的问题进行举证与质证。根据世界通例，由公诉人代表国家进行举证，证明被告人实施了犯罪事实，而辩方则对此进行质疑或反驳，或者辩方提出一些对被告人有利的辩护事由，如正当防卫、紧急避险、刑事责任能力，或者可以降低其刑事责任的其他事实情节，由公诉人进行质证或反驳。在此种"等腰三角形"的诉

---

[1]《宪法》第130条规定："人民法院审理案件，除法律规定的特别情况外，一律公开进行。被告人有权获得辩护。"

[2]《宪法》第131条规定："人民法院依照法律规定独立行使审判权，不受行政机关、社会团体和个人的干涉。"

讼模式下，作为裁判者的法官判断被告人是否成立犯罪的唯一凭据即为诉讼两造在庭审过程中的具体表现。此种庭审模式下，控辩双方的激烈交锋需要被告人方的积极参与，所以其有足够的动力与意愿来极力维护自身的合法诉讼权益。这样，也可以在最大范围和最高程度上实现程序公正，立法者欲求的法官（或法院）"公正""居中"的法律价值目标也得以彰显。在这一诉讼模式中，基于审判的独立性和中立性，相比于其他的机关，如行政机关、法律监督机关等，执掌审判权的法院显然可以更好地维护程序正义。

就当代法治发达国家、地区的司法实践经验进行考察，"司法公正"的理念在人权保障、政府权威的维护以及司法公信力的提升方面具有自己独特的优势，以之指引、推动刑事庭审实质化改革，符合当今世界司法发展的潮流。

首先，中立、公正审判的个案，将为权益受损的普罗大众铺就权利公平救济的康庄大道，可以有效阻断政府对大众基本人权之非法侵犯，使之免于无根据或非法的侦查及起诉之风险。公正司法的理念，要求法院成为独立、居中的纠纷解决机构，其与作为行政机关的政府在纠纷处理上不再发生纠葛，将以冷面包公的形象公正裁判代表国家的公诉机关与被告人之间的诉讼纠纷，反而是来自公权力的疑似无根据或非法的侦查及起诉将遭到法院的严格审查。根据公正司法程序的要求，司法具有被动性，法院采用"不告不理"原则，不能自行、积极主动介入纠纷。[1]但在民众被迫卷入刑事程序后，它在保障后者的合法权利免遭非法侵害方面可以大有作为：如果这种不幸已然发生，则司法可以经由个案审判为后者提供有效的权利救济。于

---

[1] 以此为标准进行判断，曾经被推崇的法院提供上门服务，主动出击、积极介入纠纷的做法，值得反思与推敲。

民众而言，公正的司法审判实乃捍卫其人身自由、私有产权乃至其生命等基本人权的最后屏障。

其次，个案的公正审判也为代表社会公共利益、代表国家的检察机关提供了合法追诉的机会，经由审判，国家可以实现对于犯罪的有效控制，其统治、治理社会的权威得以维系。不受约束的执政权力和司法权力将失去民众对其合法性的认同。[1]庭审实质化，通过吸收、鼓励、保障控辩双方广泛、深刻地参加法庭审判过程，公开、公正地裁判案件，通过个案的公正力图实现公正司法，维护政府控制犯罪、治理社会的权威。

再次，刑事诉讼中控辩两造之间的矛盾，只有经由司法公正程序的解决，才能打消民众对于司法"黑幕"的疑虑，真正树立司法公信力及其权威。司法公信力是指社会公众和当事人对司法的认同程度与信任程度，司法权威是司法的外在强制力和人们内在服从的统一。[2]按照公正的司法审理程序之要求，被告人不可避免要亲自参与案件事实的查明工作，辩护人亦应当在案件事实认定中发挥其应有作用。这种做法，将在极大程度上提高被告人和辩护人对于判决过程和结果的认同度。

最后，公正的刑事司法程序，要求作为证据收集者的侦查人员在法庭审理时出庭接受控辩双方（尤其是辩方）的询问，这势必使侦查人员对于刑事庭审要求的程序之严格性及内在法律逻辑有更切身和直观的认识，从而深化他们对于刑事审判工作的理解。依此理论，唯有作为诉讼参与人的被告人、被害人及作为诉讼旁观者的民众都认同、信任司法，司法方有公信力

---

[1] 孙长永、王彪："论刑事庭审实质化的理念、制度和技术"，载《现代法学》2017年第2期。

[2] 陈光中、龙宗智："关于深化司法改革若干问题的思考"，载《中国法学》2013年第4期。

可言。司法权威的产生端赖于司法公信力之高低;同样,只有具有权威的司法,才能得到社会大众发自内心的尊重及对于其结果的认同。

如欲使刑事庭审改革顺应世界潮流,朝着正确的方向前进,必须以司法理念的更新为前提。由于传统观念的残余及我国诉讼体制等方面因素的影响,我国过往的刑事审判在过分追求实体正义的同时,忽视了程序正义的实现,"重实体,轻程序"的"幽灵"仍然漂浮、盘旋在我国刑事司法实践的上空,这就导致了我国刑事诉讼对于侦查机关调查证据的过分倚重,事实上形成了以侦查为中心的局面。当前,以学界的研究为理论先导,以 2012 年《刑事诉讼法》为法律体现,为具体的刑事诉讼为实践落实,我国刑事诉讼开始复归其应有本真状态,在强调程序正义对于实体正义实现的保障作用的同时,也重点突出其独立价值。然而在此过程中,虽然要求侦查机关调取的证据必须经过控、辩双方的质证才可以被法官认定并作为定案的依据,但其实却远未达到庭审实质化所要求的"证在法庭""辩在法庭""判在法庭"程度。而举凡历史上成功的改革,无不以理念为先导,古今中外,莫不如此。我国这四十多年来的改革,以"实践是检验真理的唯一标准"的大讨论为起点,社会主义特色市场经济体制的确立也发端于 1992 年总设计师的"南方谈话"。同理可知,对于庭审实质化改革而言,更新理念,尤其应以符合现代潮流和当代司法发展方向的"公正司法"理念代替过往比较陈腐、落伍的"实体(公正)优先于程序(公正)""打击(犯罪)优于(人权)保障"等理念且居于首要的位置。唯有与传统刑事司法理念相诀别,彻底摒弃已经严重落伍,与现代公正司法理念之要求渐行渐远的"侦查主义""卷宗主义",才可能从根本上撼动庭审形式化的柱石与根基,才可能对其进行外科手术式的根本性改造。侦查、起诉的案件事实唯有经过彻底改造后的实质化刑事庭审的火炉之熔炼,方可以称得上经得起法律的检验,也唯有刑事庭审实质化才可以真正贯彻程序法定原则、直接言词原则,并充分彰显程序公正在人权保障以及司法公信力的提升等方面的重大作用。[1]

总之,欲实现程序公正,刑事庭审实质化改革势在必行,确定其改革的基本方向至关重要,即确立法院独立、法官独立,以实现司法中立裁判,最终保障刑事诉讼的伦理价值——司法公正的实现。

二、程序公正预设了庭审实质化改革的技术路径

只有坚持以公正司法的理念推进庭审实质化改革,充分发挥其对于制度设计与司法实践的宏观指导作用,与庭审实质化改革相配套的具体技术设计才可能符合现代司法之理念,对改革方向起到预定的事半功倍的作用,也只有如此才可以确保制度变革的正确走向。反之,则会事倍功半,乃至与改革的目标南辕北辙。在依法治国方略被确立、诉讼程序性正义观念日益强大的当代中国必须坚持以新的、符合时代要求的公正司法理念为指导,提倡以法院独立、法官独立、中立裁判、保障被追诉人权利为核心的程序法技术,才可能达致刑事庭审实质化的预定目标。

司法公正是指司法的过程和结果要体现公平正义,庭审实质化的首要价值理念是程序公正,它要求庭审真正成为刑事诉讼的中心,也即要达到如下的要求:"证在法庭""辩在法庭""判在法庭",以切实落实直接言词原则,贯彻非法证据排除原

---

[1] 刘艳红:"审判中心主义下的庭审实质化改革路径",载《人民法院报》2017年9月7日。

第二章 刑事庭审实质化改革的理论依据

则。而这三项目标的实现对于解决程序公正问题、更好地保障实体公正具有非同一般的意义。如何判断程序的公正性，是一个仁智互见的问题。传统的观点主要依据"自然正义"原则与"正当法律程序"原则对此进行判断；[1] 而美国法哲学家戈尔丁提出了如下九项细化的关于程序公正的标准：①任何人不应裁判与自身利益相关的案件；②裁判结果亦不得涉及纠纷解决者的个人利益；③裁判者需不偏不倚对待诉讼两造；④平等对待双方意见；⑤听取来自双方的论据及证据；⑥听取一方意见时，诉讼另一方需要在场；⑦各方均有同等机会反驳、回应对方主张及证据；⑧裁判的作出应以理性推理为基础；⑨推理不能绕过任何一项论据或证据。[2] 无论风云如何变幻，一般认为，在刑事庭审实质化改革中，程序公正至少应当包括如下内核：裁判过程的公开性、作为裁判者的法官（或者法院）在裁判中地位的中立性，以及作为诉讼两造的控、辩双方的平等性。

（1）裁判过程的公开性。法谚云："正义不仅应当得到实现，而且还应以人们能够看得见的方式得到实现。"黑暗最容易滋生腐败，所以它会助长人们的猜测，而阳光则是最佳的防腐剂，因为一切在阳光之下都将无所遁形。缺乏庭前会议中的证据开示制度，导致庭审之前诉讼两造对于对方作为秘密武器的关键证据都处于懵懂状态，尤其是辩方对于控方的证据缺乏了解，成为"伏击审判"即"证据突袭"频发的根本原因。而诉讼过程中，如果诉讼两造缺乏对于对方证据的了解，质证将由于缺乏相应准备而无法充分、有效地展开，庭审虚化即庭审形

---

[1] 陈瑞华："程序正义论纲"，载陈光中、江伟主编：《诉讼法论丛》（第1卷），法律出版社1998年版。

[2] [美] 戈尔丁：《法律哲学》，齐海滨译，生活·读书·新知三联书店1987年版，第240页。

式化将难以避免,同时很可能由于证据突袭导致休庭申请的频繁提出而拖延诉讼的进程,既致使诉讼效率低下,也背离了诉讼及时的要求。证据开示或双方公开为实现"证在法庭""辩在法庭"打下基础,同时消弭"伏击审判"这种不公正的做法,所以,公开有利于实现司法公正,亦是司法民主的体现,庭审实质化改革还应当注重审判过程公开,在大数据时代,充分利用信息技术的优势,实现审判公开。同时,应当承认,只有裁判过程公开,才可以消除民众对于所谓司法"黑幕"的重重疑虑。在司法实践中,很多时候由于司法过程尤其是司法裁判结果作出的过程成为一个司法"黑箱",对于民众不公开,导致民众对于裁判结果充满了种种猜测,尤其是对那些有重大社会影响的案件,一旦遇到不合己意的结果,并主观认定背后存在"黑幕"。显然,只有公开裁判过程,让民众得以有机会目睹裁判作出的过程,才可以打消他们的疑虑,重塑他们对于司法的信心。

(2) 作为裁判者的法官之中立性。著名法学家拉德布鲁赫曾说:"控告人如果成为法官,就需要上帝作为律师。"[1]这则法谚从侧面验证了前文美国法哲学家戈尔丁提出的程序公正九大具体细化原则中的第三项,即法官保持中立、不偏不倚地对待诉讼两造的重要性。为确保裁判者在裁判过程中的中立、超然,就必须从制度设计上入手,杜绝其在庭审前形成对案件的主观预断。防止法官主观预断的形成,成为那些采取当事人主义刑事诉讼模式的国家,在起诉方式选择上实行起诉状一本主义(以日本为典型代表)的法理依据。但如果由于实行起诉一

---

[1] [德] 拉德布鲁赫:《法学导论》,米健、朱林译,中国大百科全书出版社1997年版,第121页。

第二章 刑事庭审实质化改革的理论依据

本主义，[1]则辩护方将无从了解公诉方作为指控凭据的证据，进而妨碍了辩护方辩护权的正当行使。为了解决这一困境，许多国家法律设置了证据开示制度。我国庭前会议设置的功能之一即促成控辩双方的信息交流，进而明确诉讼争点，但主持庭前会议的法官难免先入为主，形成预断，在庭审实质化改革中，如何使法官减少预断、保持中立，是庭审实质化改革技术方面需要解决的重要难题。在我国，作为裁判者的法官的中立性具有特殊重要的意义。根据我国《刑事诉讼法》第7条的规定，[2]公安司法机关应当分工负责、互相配合、互相制约，但是这一原则在某些地方的司法实践中却被片面地理解为强调公检法之间的相互配合，这明显有悖法官中立性的要求。

（3）控、辩双方作为诉讼两造的平等性。平等不仅指形式上的平等对抗，实质上的"平等武装"更加重要、更具意义，而这种实质意义上的平等却偏偏成为形式意义上平等对抗的前提及保障。不言而喻，较之辩方，控方明显处于优势地位。因为作为国家代表的侦查机关及检察机关，其以国家作为后盾，在资源占用、证据收集、调查与调取等诸多方面，远非作为个人的辩方可以抗衡。与可以调集国家力量的控方相比，辩方处于天然的弱势地位。近现代法治的一个内在精神追求在于扶弱抑强，社会资源的分配及权利的配置都向弱势一方进行适度倾斜，妇女、儿童、老人等受到特别保护即源于此。按照同样的逻辑，在刑事诉讼中，既然辩方处于先天不利的地位，就应当通过制度设计，尽量拉平其与控方之间的差距。而正式庭审之

---

[1] 起诉一本主义，指检察机关起诉时只向法院提交起诉书及证据目录，而不提交具体证据。

[2] 《刑事诉讼法》第7条规定："人民法院、人民检察院和公安机关进行刑事诉讼，应当分工负责，互相配合，互相制约，以保证准确有效地执行法律。"

前的证据开示制度,恰恰可以使居于天然弱势的辩方获悉控方收集到的对于己方有利及不利的全部证据,从而缩小其与控方在证据方面的天然差距,并对来自控方的证据进行针对性的质证与反驳,加强其"平等武装"的能力,进而促进其与控方在诉讼中的形式平等。诚如英国大法官斯戴恩所言:"在我们的对抗制下,警察和起诉人控制着侦查程序,被告人的公平开示权是他获得公正审判权的不可分割的一部分。"除此以外,司法机关保障被追诉人获得辩护的权利亦很重要。2017年10月试行的刑事案件审判阶段刑辩律师全覆盖制度,在保障被告人的诉讼权利、推进庭审实质化改革过程中起到了很好的技术引领作用。

总之,审判过程公开、透明,作为诉讼两造的控、辩双方平等对抗,作为裁判者的法官居中、公正裁判是庭审实质化改革的底限要求。法官在裁判中的角色定位并非追求对被告人定罪量刑的"第二公诉人",而是独立于诉讼两造之外,居中而立,以超然的姿态来审查、裁判来自控辩双方的、奠基于法定证据之上的主张,据此作出独立裁判,从而达致惩罚犯罪与保障人权两大目标之间的平衡。

第二节 司法权特征的必然延伸

司法制度的任何改革,都不应逆司法规律而动,而应当顺应司法规律,如此,方可收到预期的良好结果。反之,必将因遭到司法规律的反噬而以失败告终。现代司法理念主导下的司法权运行的目的在于,当私人权利遭受不法侵害时为其提供有效的救济,同时也为处于刑事诉讼中弱势地位的辩方提供一个平台,使其可以借此有效、平等地对抗来自国家公权力的刑事追诉。唯有实质化而非形式化的刑事庭审才足以负荷这一重任。

第二章 刑事庭审实质化改革的理论依据

庭审实质化是指通过庭审的方式（而非以往主要凭借对于侦查机关证据的调阅）认定案件事实并在此基础上决定被告人的定罪量刑并作出裁判的过程。[1]为了实现庭审实质化，在其改革中必须确保作为诉讼两造的控辩双方对审判的有效、实质参与，保障双方在庭审中的平等对抗，并且法庭裁判的结果应取决于控辩两造在庭审中的现场表现。为了将"保证庭审在查明事实、认定证据、保护诉权、公正裁判中发挥决定性作用"这一庭审实质化的目标变为司法现实，要求庭审结构必须进行具有内在合理性的设计，同时保证庭审程序及与之相配套的具体制度设计也具备正当性。为了发现事实真相，实质化的庭审必须为证据的认定、事实的查明提供一套行之有效的"装置"；同时为了保障诉讼两造（尤其是辩方）的诉讼权利，实质化的庭审还必须为"诉权制约裁判权"提供机制保障。学界及司法实务界的共识是，实质化的刑事庭审程序必须超越我国传统的职权主义诉讼模式，积极向当事人主义诉讼模式靠拢，其应该为法官居中裁判、诉讼两造居于两端、平等对抗的"等腰三角形"构造，同时应当配之以合理的证据调查及证据裁判规则，另外尚需确保控辩双方（尤其是辩方的）有效参与，因为唯有如此，辩方才可能充分表达自己的利益诉求，从而保障自己的诉讼权益。[2]司法权具有亲历性、中立性和终局性，这些特点决定了庭审实质化改革应当具有的特质。具体而言：

一、亲历性：明晰裁判主体的特征

众所周知，司法权就其本质而言为一种判断权，即对诉讼

---

〔1〕 汪海燕："论刑事庭审实质化"，载《中国社会科学》2015年第2期。
〔2〕 李冉毅："刑事庭审实质化及其实现路径"，载《宁夏社会科学》2016年第1期。

两造纠纷之所以发生的事实以及双方主张应予适用的法律进行审查并作出判断的权力,也就是法院所享有的对诉讼两造当事人的事实及法律主张依法进行独立、中立之判断,以恢复遭到破坏的法的原有秩序的独占性、终局性的权力。这一认识得到了许多学者的认可。美国的汉密尔顿指出:"司法部门既无强力又无意志,而只有判断;而且为了实施其判断亦需借助于行政部门的力量。"[1]判断的基础是亲历,因为只有对相关问题有了解,才可能作出理性的判断,而非道听途说、人云亦云。亲历性不仅是法官判案的必要前提条件,亦为法官正确裁断奠定基础:只有经历各种审查程序,获悉来自控辩双方诉讼两造的主张、辩论,法官方能得到详实的第一手案件信息,从而为依法作出司法判断创作条件、夯实基础。"兼听则明,偏信则暗",为了获得满意的庭审效果,给判定证据、事实和适用法律创造最佳条件,在证据审查和案件事实查明上宜采用兼听、公开辩论的方式,并辅之以严格的程序,配之以合理的技术保障措施,方最可能达致客观、公正之裁判结果。

司法亲历性,是指司法人员作出裁判应当建立在亲身经历案件审理全过程的基础上,特别是直接听取诉讼双方的主张、理由、依据和质辩,直接听取其他诉讼参与人的言词陈述。[2]司法亲历性的依据,从哲学认识论角度而言,在于法官在此亲历过程中所获取的感性认识材料,将成为法官随后作出相应判断、臻至理性认识的唯一真凭实据及逻辑起点。在庭审实质化改革中,司法的亲历性明晰了裁判主体应当具有的特征。

一方面,裁判主体应当具有职业性。亲历性要求法官亲自

---

[1] [美]汉密尔顿、杰伊、麦迪逊:《联邦党人文集》,程逢如、在汉、舒逊译,商务印书馆1980年版,第391页。

[2] 朱孝清:"司法的亲历性",载《中外法学》2015年第4期。

听取意见和解释,并依标准和规程进行判断,只有经过职业训练、谙熟法律、通晓法理的人才能担任。庭审实质化意味着查明事实、认定证据在法庭,强调密集开庭、集中审理、当庭认证、当庭宣判,需要作为纠纷中立裁判者的法官在相关的法律文书中对于其心证产生及法律结论得出过程进行详尽的、有说服力的阐释,这就使裁判者负担了比传统上更重的责任与义务。这是一种对于诉讼中作为诉讼两造的控方、辩方和居中裁判的法官都提出了较高要求的制度设计,因为它要求三方都要具备高水平的诉讼技艺:为了赢得庭审,诉讼两造自然要不遗余力,以极力争取对己方有利的结果;居中的法官也应当具备强大的庭审控制能力,以主导庭审的进程,引导诉讼两造将辩论及质证重点围绕诉讼争点展开。

另一方面,司法的亲历性明晰了裁判主体应当具有集中性,即刑事案件审裁机制的集中性。法庭审理的集中性是确立庭审中心地位的基础要素。[1]所谓集中审理,也称为不间断审理,是指法院在开庭审理案件时,应当持续进行,不得中途更换审判人员,亦不得中断审理,证据调查、法庭辩论都应当集中进行,以迅速作出裁判并进行宣判的诉讼原则。[2]庭审实质化还主张尽量排除传闻证据,而应贯彻直接言词原则。该原则的推行以审判人员对案件的亲历性为基础,强调只有在庭审人员确实亲身参与整个庭审过程的前提下,才可能作出准确、公正之裁判。而其中的言词原则强调当事人及法庭的采信、质证、认证、裁判均应当建立在人证庭审时口头言词的基础上。反之,

---

[1] 许克军、秦策:"'庭审中心主义'内涵新释——基于学理视角的分析",载《中共南京市委党校学报》2015年第6期。
[2] 江晨:"集中审理原则与民事庭审实质化",载《山西师大学报(社会科学版)》2017年第5期。

如果不采用集中审理原则，审判无法连续而是时断时续地进行，会极大地增加审判中途更换审判人员的盖然性，而且在庭审天长日久的情况下，即使没有更换的法官对于在先的人证之庭审言词的印象亦会日渐淡化，而只能仰赖于卷宗笔录，这无疑将弱化言词原则。集中审理原则，由于法官心证形成与裁判的依据都建立在当事人及相关人证当庭口头言词的基础上，其形成了对于直接言词原则的依赖；而该依赖反过来将成为贯彻、实施直接言词原则的强大推动力，可以在一定程度上促进人证出庭，力图实现"证在法庭""辩在法庭"，对于纠正刑事庭审形式化发挥积极作用。

司法的亲历性还要求审理、裁判的合一性，排斥审理者与裁判者之间的分离。其所要求的是，实体裁判者只有案件的直接审理者才有权充当，任何未亲自经历法庭案件审理者都无权对案件进行裁判。这就把案件裁判权完全交由审判案件的合议庭掌握，凡合议庭代表法院依法作出的判决和裁定，未经法定的上诉、抗诉或再审等程序，不得非法更改。其目的在于保障审判权的整体性，所以它反对如下审理与裁判分离的诸般乱象：审判分离、先定后审、先判后审、审者不判、判者不审。正是这些不正常现象妨碍了合议庭功能的发挥，使得庭审逐渐背离实质化、趋于形式化。[1]

二、中立性：厘定庭审的主体地位

司法权的另一个重要特征是它具有中立性，法院及法官的态度不受其他因素，包括立法机关、政党、媒体、行政机关、上级等的影响。司法权的中立性决定了实现庭审实质化改革的

---

〔1〕 秦策、许克军："庭审中心主义的理念阐释与实现路径"，载《江苏行政学院学报》2015年第4期。

目的，即在宏观方向上，需要法院独立、法官独立；在具体程序设置上，需要法庭中立。

根据现代诉讼的基本精神，为了实现程序正义的要求，一个基本条件就是法官在诉讼两造之间保持中立。所谓的中立，就其日常意义而言，是指"在双方或各方之间，不倾向于任何一方"；[1]推广到具体的刑事诉讼中，要求作为裁判者的法官对于诉讼两造之间的争端保持超然的、不偏不倚的态度，既不能对诉讼任何一方进行偏袒，也反对对任何一方怀有偏见，同时为了保持超然的地位，要求法官不能在其裁判的案件中有利益纠葛。

早在17世纪斯图亚特王朝统治时期的博纳姆一案（Dr. Bonham's Case）中，伦敦医学院由于博纳姆医生没有获得其颁发的执照就在伦敦市行医，援引议会的法令对他进行处罚并将罚金的一半据为己有。针对此事，柯克大法官在其附论中写道："学院的学监们不可以同时担任法官、行政官及当事人：法官可以进行审判或者判决，行政官可以发布传召令，当事人可以收取一半的罚金，但任何人不得在自己的案件中担任法官，因为，在自己的案件中充当法官是非法的。"[2]前面提及的美国法哲学家戈尔丁提出的程序正义九条细化原则中的前两条，都是为了强调法官在审判中的超然地位。在当今时代，法官中立已经被举世公认为案件审判得以公正进行的一个前提条件，也被认为

---

[1] 辞海编辑委员会编：《辞海》（1989年版·缩印本），上海辞书出版社1999年版，第2222页。

[2] "The censors cannot be judges, ministers, and parties; judges to give sentence or judgment; ministers to make summons; and parties to have the moiety of the forfeiture, *quia aliquis non debet esse judex in propria causa*; *imo iniquum est aliquem suae rei esse judicem.*", quoted in Edward S. Corwin, *The "Higher Law" Background of American Constitutional Law*, Cornell University Press, 1955, p. 47.

是一国公民应当享有的一项基本人权。[1]所以，现代世界各国的诉讼法中普遍制定了回避制度，而且该项权利已经被《公民权利及政治权利国际公约》第14条第1款予以确认。[2]

我国的特殊国情在于，根据《宪法》第134条之规定，人民检察院是国家的法律监督机关。检察机关的宪法定位已经决定了其在刑事诉讼中不仅仅是诉讼的一造，而且还肩负监督国家法律实施之责，使得其在由于掌控较多资源带来的相对于辩方的自然优势地位之外，在某种程度上还取得了相对于本应作为诉讼居中裁判方、地位超然的法官（法庭）的优势地位。加以《刑事诉讼法》第7条对于公检法机关"分工负责，互相配合，互相制约"的规定，容易在实践中蜕化为他们合力对付辩方的局面，使得本来就有所倾斜的诉讼构造，更加偏离其理想状态，进一步朝向不利于辩方的方向发展。基于该背景，欲在中国有效推动刑事诉讼制度朝着"以审判为中心"的方向前进，需要彻底实现公诉与审判的分离，以阻断作为诉讼一造的公诉方和居中裁判的审判者之间的体制内的联系，真正型塑法官居中、不偏不倚裁判的中立形象。[3]

---

〔1〕卞建林："审判中心视野下的诉审关系"，载《人民检察》2016年第Z1期。

〔2〕《公民权利及政治权利国际公约》第14条第1款规定："All persons shall be equal before the courts and tribunals. In the determination of any criminal charge against him, or of his rights and obligations in a suit at law, everyone shall be entitled to a fair and public hearing by a competent, independent and impartial tribunal established by law." 即"人人在法院或法庭之前，悉属平等。任何人受刑事控告或因其权利义务涉讼须予判定时，应有权受独立无私之法定管辖法庭公正公开审问。法院得因民主社会之风化、公共秩序或国家安全关系，或于保护当事人私生活有此必要时，或因情形特殊公开审判势必影响司法而在其认为绝对必要之限度内，禁止新闻界及公众旁听审判程序之全部或一部；但除保护少年有此必要，或事关婚姻争执或子女监护问题外，刑事民事之判决应一律公开宣示"。该英文版本可以参见 http://www.ohchr.org/en/professionalinterest/pages/ccpr.aspx，中文版本可以参见 http://www.un.org/chinese/hr/issue/ccpr.htm。

〔3〕卞建林："审判中心视野下的诉审关系"，载《人民检察》2016年第Z1期。

三、终局性:确定庭审的效力

司法是和平解决社会纠纷的最后阀门,所以,终局性为司法权的一个固有特征。可以说,刑事诉讼庭审之前的诸多环节的设置,是为庭审做准备,以庭审的正常运行为依归。在诉讼程序的设计上,庭审位于整个诉讼链条的末端,所以其审判结果具有终局性。众所周知,许多审判之前的前置程序,如仲裁、行政复议等,当事人如果对于结果不满意,可以到法院申请撤销或起诉;而法院的判决则由于其终局性特点不能如此操作。所谓终局性,是指裁判结果一经法院作出,除非经法定程序上诉、抗诉而被二审法院直接改判或者发回重审或者经审判监督程序进行再审,应当作为终局性结果得到诉讼两造、被害人及社会大众的尊重与认可,而不得改变。也即提交到法院的纠纷,法院对其判决结果即为本纠纷事实的最终结局,而不得在法院判决之外,另起争端。

为了保障司法判决的终局性效力,有必要树立司法的权威和司法公信力,而这些都是以庭审实质化及其所要求的法院独立、法官独立为前提的。只有实质化的刑事庭审,才会带来司法的权威和司法公信力的提升,进而帮助法官兑现其作为裁判者对于诉讼两造争议事实、法律和程序性争议的终局裁判地位。

第三节 正当程序的逻辑结果

正当程序原则,即刑事程序法定原则,从思想渊源上,一般认为可以追溯到 1215 年英王约翰签署的《大宪章》(Magna

Carta，Great Charter）第 39 条[1]之规定。从正式法律文件而言，最早有 1789 年 8 月 26 日法国制宪会议（the National Assembly）通过的《人权宣言》（Declaration of the Rights of Man and Citizen）第 7 条[2]的规定。1789 年《美国宪法》对此问题未作规定，但 1791 年通过的《权利法案》第 5 条即《美国宪法第五修正案》[3]作了规定，这项规定一般认为仅用于限制联邦政府的权力而不得适用于各州。因此，1868 年通过的《美国宪法第十四修正案》第 1 款[4]规定，将法律的正当程序条款适用范围扩及各州。其后，《日本宪法》（即 1946 年由麦克阿瑟主导下制定的《和平宪法》）第 31 条、《德国基本法》第 2 条第 2 款、第 104 条第 1 款都以类似的表述规定了这一原则。[5]可见，正当程序

---

[1]《大宪章》第 39 条规定："No free man shall be seized or imprisoned, or stripped of his rights or possessions, or outlawed or exiled, or deprived of his standing in any other way, nor will we proceed with force against him, or send others to do so, except by the lawful judgment of his equals or by the law of the land."即"不经其同侪依法审判或者根据国家法律，对任何自由人不得逮捕、监禁，剥夺其权利或者财产，或剥夺法律对其保护或者对其进行放逐，或者以其他方式剥夺其地位，亦禁止我们对其施加暴力，或者委派他人如此施为"。

[2]《人权宣言》第 7 条规定："No man may be indicted, arrested, or detained except in cases determined by the law and according to the forms which it has prescribed."即"除非在法律规定的情况下，并依照其所规定的形式，不得控告、逮捕或拘留任何人"。英文译本参见 http://chnm.gmu.edu/revolution/d/295/.

[3]《美国宪法第五修正案》规定："……nor be deprived of life, liberty, or property, without due process of law."即"非经正当法律程序，不得剥夺任何人的生命、自由或财产"。

[4]《美国宪法第十四修正案》第 1 款规定："……nor shall any state deprive any person of life, liberty, or property, without due process of law……"即"任何一州，不经正当法律程序，不得剥夺任何人的生命、自由或财产……"

[5]《日本宪法》第 31 条规定："非依法律规定程序，不得剥夺任何人的生命或自由，或科以其他刑罚"。《德国基本法》第 2 条第 2 款规定："人人有生命与身体之不可侵犯权。个人之自由不可侵犯。此等权利唯根据法律始得干预之。"第 104 条第 1 款规定："个人自由非根据正式法律并依其所定程序，不得限制之。被拘禁之

第二章 刑事庭审实质化改革的理论依据

原则自诞生于世间,就是一项宪法原则,而绝非单纯的诉讼原则。其不仅得到大多数发达国家或者地区的认可,还被《公民权利及政治权利国际公约》第 9 条第 1 款[1]确认为一项基本人权。在刑事法领域,法治的意蕴应当指事先已经生效的刑事法律可以得到高效的施行。按照亚里士多德的观点:"我们应该注意到邦国虽有良法,要是人民不能全都遵循,仍然不能实现法治。法治应包含两重意义:已成立的法律获得普遍的服从,而大家所服从的法律又应该本身是制定的良好的法律。人民可以服从良法,也可以服从恶法。"[2]所以,评判刑事法治水平的标准,与其说是以刑事法典存否及刑事法典的制定水平高低为依据,毋宁观之以刑事法典在司法实践中的运行情况。[3]考虑到刑事法律分为实体法和程序法两部分,程序法不仅具有对于实体法的保障作用,而且还具有独立的价值,所以为了达致理想中的刑事法治,仅有刑事实体法层面(刑法)的罪刑法定远远不够,尚需以刑事程序法(刑事诉讼法)层面的程序法定为依托。甚至,考虑到刑事诉讼法的独立品格与价值,如果实体法与诉讼法两者不可兼得时,宁可牺牲一定程度的实体正义也应当优先满足程序正义的要求。诚如德国著名法学家耶林所言:"刑罚乃一把双刃

(接上页)人,不应使之受精神上或身体上之虐待。"

〔1〕《公民权利及政治权利国际公约》第 9 条第 1 款规定:"Everyone has the right to liberty and security of person. No one shall be subjected to arbitrary arrest or detention. No one shall be deprived of his liberty except on such grounds and in accordance with such procedure as are established by law."即"人人有权享有身体自由及人身安全。任何人不得无理予以逮捕或拘禁。非依法定理由及程序,不得剥夺任何人之自由"。

〔2〕[古希腊]亚里士多德:《政治学》,吴寿彭译,商务印书馆 1965 年版,第 199 页。

〔3〕汪建成:"《刑事诉讼法》的核心观念及认同",载《中国社会科学》2014 年第 2 期。

剑,用之得当,国家和人民两受其益;用之不当,则国家和人民皆蒙受其害。"所以,对于刑罚权这柄利刃,应当给它添加刑事诉讼法这把剑鞘,因为唯有通过法定程序来展开对犯罪活动的追诉,才能在国家刑罚权得以实现的同时,避免刑罚权的利刃伤及无辜。正当程序理论决定了我国庭审实质化改革过程中的法定程序以及保障权力正当行使的权力制约机制的确立。

一、法定程序的要求

刑事法治状态之下,对于公民个人自由及相对的国家公权力之划分有一个基本要求:对于个人而言,享有尽可能大的个人自由,不受法律的干涉,除非法律作出了明文禁止;反之,对于集公共权力于一身的国家而言,则其所作所为应当受到严格的限制,国家如果意图有所作为,则其行为必须源于事先制定的法律的明文规定,法律授权之外的事项,国家无权去做。以此推理,所谓程序法定的基本内涵在于,国家有关机关在追诉犯罪时,作为其依据的法定职权之划分及其应当适用之程序,只能存在于由立法机关在此前所明文规定的法律之中。任何执法、司法机关及其工作人员超越法律规定职权的刑事诉讼活动都因不合法律规定而产生法律效力上的问题,或者归于无效,或者面临程序性制裁。在诉讼进程问题上当然也同样应当严格依照事先制定的法律的规定来推进。

总之,程序法定的基本内核在于"法无明令不可为"。[1]正当程序原则是现代法治的基本原则在刑事诉讼领域的具体和集中表现。正是借由正当程序,才得以将法治和人治区分开来,就此意义而言,在相当程度上,程序构成了支撑法治大厦的钢

---

[1] 汪建成:"《刑事诉讼法》的核心观念及认同",载《中国社会科学》2014年第2期。

第二章　刑事庭审实质化改革的理论依据

筋骨架，同时也是区分法治与人治的试金石。从实体规定而言，法治与人治可以比较接近，甚至出现人治之下对于某类犯罪的规定还超越了法治的地步（比如我国《唐律疏议》中对于贪墨犯罪的规定就让人叹为观止），但是，人治之下由于缺乏对于程序的严格规定与遵守，导致随意出入人罪的现象根本无法得到有效的遏制。所以，现代法治国家一般都特别强调程序的重要性。一个基本事实是，自 1791 年生效、作为 1789 年《美国宪法》修正案[1]的《权利法案》，总计十条内容，至少其中的第 4 条至第 8 条这五条明确指向程序性事宜。可见，在美国民众心中，程序性条款对于法治保障具有重大意义。

为了践行程序法定之要求，需要"以审判为中心"，进而树立庭审在整个诉讼过程中的核心环节地位，这是严格依照法律程序的规定去惩罚犯罪、保障人权所必需。因为只有"以审判为中心""以庭审为中心"，专门国家机关严格依照实体法律和程序法律之规定去实践其法定职权，方能真正在诉讼过程中有效地约束公安机关和公诉机关的权力，防止侵犯公民的个人权利，实现对于此过程中侵犯公民法定权利的不法行为的审查，并对权利受到侵犯的公民个人提供有效的救济，从而真正贯彻程序法定原则，助推程序公正的实现。反过来，应当承认，两

---

[1]　在 1789 年《美国宪法》制定通过时，为了防止争议，故意将争议较大的一些条款排除在宪法草案之外。而在 1789 年《美国宪法》一生效，宪法草案的主要起草人与鼓吹者、美国宪法之父，成为美国第四任总统的詹姆斯·麦迪逊总统就开始推动《权利法案》的通过。历经各种与争议与妥协，首批十个条文于 1791 年开始生效。这十个条文被放置在宪法原有条文之后，以防打乱原有的章节安排。它们被称为 Amendments，学界一般翻译为宪法修正案，由于它们基本都是对于公民基本权利的规定，所以被合称为《权利法案》。但有学者主张，将之翻译为"宪法增列条文"似乎更合适，因为严格而言，它们并非通常意义上对于宪法原有条文的修改，而是对宪法原来未规定的事宜进行了规范。此种观点的一个代表，即东吴大学法研所兼任教授李念祖先生。

个"中心"理念的确立,又会对刑事司法的改革产生深刻而全面的影响。所以,法定程序呼唤庭审实质化改革,要求改变以往庭审形式化的局面。

另外,刑事庭审实质化改革突出程序的正当性,尤其是庭审程序的正当性。因为只有正当的程序才可能导致正当结果,前者构成后者不可动摇的前提和保障。正当性的程序要求庭审程序中作为诉讼两造的控辩双方的平等对抗,强调法官的居中、独立裁判及其对于整个庭审进程的有效掌控;与此同时,要求庭审紧紧依照明文规定的程序进行展开,在诉讼两造可以充分平等对抗之外,还应当确保庭审有序进行,从而维护法庭之权威,让庭审真正发挥其预定功能。[1]这一要求可以在最高人民法院"三项规程"[2]之一的《人民法院办理刑事案件第一审普通程序法庭调查规程(试行)》中略窥一斑。该规程对庭审中的法庭调查程序作了异常细密的规定,覆盖了法庭调查中被告人的权利告知、提出主张、抗辩等诸多环节。这些具体规范性文件的适用必将有助于庭审实质化改革的推进。

二、权力制约的需求

程序法定观念追求的是立法权对司法权的制约,而不是依从;在刑事诉讼中,这种制约重在规范和限制刑事诉讼过程中的公共权力,将刑事诉讼活动制度化,从而有效保障公民的自由与权利不受任意侵犯。因为权力有一种向四周进行扩张的本

---

[1] 郭天武、陈雪珍:"刑事庭审实质化及其实现路径",载《社会科学研究》2017年第1期。
[2] 2017年6月,最高人民法院部署18个中级人民法院及所辖部分基层法院开展《人民法院办理刑事案件庭前会议规程(试行)》《人民法院办理刑事案件排除非法证据规程(试行)》和《人民法院办理刑事案件第一审普通程序法庭调查规程(试行)》(即"三项规程")的试点工作。

性,除非遇到其他事先存在的制度性约束的防范,其扩张、蔓延之势永无休止。而英国的阿克顿勋爵早就指出:"权力易于腐败,绝对的权力绝对会腐败。伟人们几乎总是坏蛋。"[1]而在此之前,英国思想家洛克、法国三大启蒙思想家之一的孟德斯鸠都曾经论述过权力分立的必要性与权力过度集中的危害。

程序法定要求对于国家刑罚权的发动及其具体运行程序,必须由立法机关事先制定的法律作出明确规定,以防止国家刑罚权的恣意专断,使公民个人免受非法的刑事追诉,防止不公正判决。较之实体正义,程序法定理念更加推崇程序正义,要求程序公正相对于实体公正的先在性。与隐藏的实体正义相比较,程序公正作为人们可以感知的"看得见的正义",对于保障人权,防止权力滥用,具有更加重要的作用。刑事诉讼法之所以被称为"小宪法",就源于此,在于其始终处在人权保障的第一线。司法实践已经证明并将继续证明,凡是尊重程序正义,就能够较好地实现对于人权的保障,同时实现实体正义;反之,以追求实体正义的名义,忽略法定程序的限制与要求,程序正义固然不可得,实体正义也将荡然无存。总之,诉讼过程中权力制约对保护被告人的诉讼权利,发现案件事实至关重要。

庭审实质化所蕴含的直接言词原则具有权力制约的功能。"卷宗主义"最主要的危害并非影响法官对于事实的认定,而在于审判权力从应然状态的法官掌控悄然向诉讼上游的转移,从而使得法院审判权旁落。如此,将难以形成裁判者对于在先的

---

[1] 这两句话见于1887年阿克顿勋爵写给科莱敦主教的一封信。阿克顿在该信中力陈教皇无误论的危害,写下了这一警世名言。但是,对于这段文字的翻译,尤其是最经常被引用因而众所周知的第一句,通常翻译为"权力导致腐败,绝对的权力导致绝对的腐败",但从英语语法上考虑,翻译有误。因为此处作为副词的 absolutely 修饰的是前面的动词 corrupts,所以本书中的翻译更妥帖。后面那句话过于激烈,大多数人对此避而不谈。

侦查权和公诉权的有效制约，使得本来就由于资源掌控能力较弱而在诉讼中处于相对弱势地位的法院，进一步匍匐于侦查权与公诉权之下，原有的诉讼两造分居两端、平等对抗，法官居中裁判的诉讼构造完全破灭。而原本在强大的国家机器面前已经瑟瑟发抖的被告人，更是从司法主体沦为司法客体，其诉讼权利的保护无从谈起，这显然违背现代法治国家的诉讼原则。与之相对，直接言词原则要求所有人证出庭作证，排斥传闻证据，反对直接将侦查阶段形成的讯（询）问笔录或鉴定意见、勘验、检查笔录等作为定案的证据，任何证据只有经过庭审时的司法审查、诉讼两造的质证、辩论，才可以被法庭采信、确认，作为定案的依据。由此，直接言词原则形成了一道防火墙，使得侦查机关及检察院对于审判权的侵蚀得到有效阻隔，从而使得法官可以真正居中裁判，独享不受外来干预的审判权。所以，直接言词原则的贯彻在使得庭审向实质化方向发展，实现"证在法庭""辩在法庭""判在法庭"，真正使审判成为刑事责任的决定阶段的同时，也自然实现了对于侦查权和起诉权的有效制约。

为了防止诉讼中情势过于倾向作为诉讼一方的控诉方，侵犯诉讼另一造辩方的合法权益，诉讼原理要求对辩方进行有力的武装，保障其辩护权，尤其是保障辩护律师的辩护权。只有强调诉讼两造平等对抗的实质化庭审，才可以使得辩护律师得以淋漓尽致地发挥其辩护作用，真正兑现辩护权。由此可见，对公权力的有效制衡的需要，天然呼唤实质化庭审。

第四节　人权保障的制度保证

早在1872年，德国著名法学家、新功利主义（目的）法学派的创始人鲁道夫·冯·耶林就提出了迄今为止世界范围内最

第二章 刑事庭审实质化改革的理论依据

具有感召力的法学口号"为权利而斗争"。[1]一百年之后，美国著名法学家德沃金在《认真对待权利》中也警醒人们：不能认真对待权利，就不能认真对待法律；要认真对待法律，就必须认真对待权利。时至今日，"认真对待权利"已成为现代法治理念中一个经久不衰的话题。在现代化的全球政治语境中，人权保障理念逐渐被国际社会普遍接纳，堪称全球范围的"政治方向"，没有一个国家敢于逆流而上，宣称对于人权的蔑视。不同之处在于对于人权的理解和表述有所差异。为此，又催生了第一代人权和第二代人权乃至第三代人权的概念。

一般而言，第一代人权指传统的人权概念，主要是指公民权利和政治性权利；第二代人权指经济、社会和文化的权利。这些人权保障的价值理念，已逐步渗透到现代法律体系的各个方面，不仅体现在刑事诉讼领域，也得到许多国家宪法的确认。不仅如此，一系列的国际公约，对于世界范围内的人权保障进行了规范，主要包括《世界人权宣言》《经济、社会及文化权利国际公约》《公民权利及政治权利国际公约》。此外，还存在大量专门性（如针对妇女或儿童的特别保护的《妇女政治权利公约》《消除对妇女一切形式歧视公约》《儿童权利公约》）或者区域性（如《欧洲人权公约》《欧洲社会宪章》《美洲人权公约》）的人权公约等。由于刑事诉讼过程中，国家动用公权力追诉犯罪，需要采用各种强制手段，极其容易导致对人权的侵犯，所以，对于处于刑事诉讼过程中的犯罪嫌疑人、被告人及被定罪的罪犯的保护成为人权保障的一个重要方面。通常提到的刑事法典最主要的机能（无论作为程序法的刑事诉讼法抑或作为实体法的刑法）都在于人权保障而非社会保护。或者说，刑

---

[1] [德] 鲁道夫·冯·耶林：《为权利而斗争》，郑永流译，法律出版社 2007 年版。

事法领域的社会保护是以人权保障为前提的。从某种意义上而言，在现代人权理念的影响下，一国刑事诉讼中的人权保障可以作为该国司法乃至社会文明程度的一块试金石。所以，相关的国际公约中存在大量对于刑事诉讼人权保障条款的规定。例如，《世界人权宣言》第9条至第11条对此进行了集中规定；[1]这些规定后来被《公民权利及政治权利国际公约》第9条和第14条所继承并得到了一定的发展。[2]

---

[1]《世界人权宣言》第9条规定："任何人不得加以任意逮捕、拘禁或放逐。"第10条规定："人人完全平等地有权由一个独立而无偏倚的法庭进行公正的和公开的审讯，以确定他的权利和义务并判定对他提出的任何刑事指控。"第11条规定："（一）凡受刑事控告者，在未经获得辩护上所需的一切保证的公开审判而依法证实有罪以前，有权被视为无罪。（二）任何人的任何行为或不行为，在其发生时依国家法或国际法均不构成刑事罪者，不得被判为犯有刑事罪。刑罚不得重于犯罪时适用的法律规定。"

[2]《公民权利及政治权利国际公约》第9条规定："一、人人有权享有身体自由及人身安全。任何人不得无理予以逮捕或拘禁。非依法定理由及程序，不得剥夺任何人之自由。二、执行逮捕时，应当场向被逮人宣告逮捕原因，并应随即告知被控案由。三、因刑事罪名而被逮捕或拘禁之人，应迅即解送法官或依法执行司法权力之其他官员，并应于合理期间内审讯或释放。候讯人通常不得羁押，但释放得令具报，于审讯时、于司法程序之任何其他阶段、并于一旦执行判决时，候传到场。四、任何人因逮捕或拘禁而被夺自由时，有权声请法院提审，以迅速决定其拘禁是否合法，如属非法，应即令释放。五、任何人受非法逮捕或拘禁者，有权要求执行损害赔偿。"第14条规定："一、人人在法院或法庭之前，悉属平等。任何人受刑事控告或因其权利义务涉讼须予判定时，应有权受独立无私之法定管辖法庭公正公开审问。法院得因民主社会之风化、公共秩序或国家安全关系，或于保护当事人私生活有此必要时，或因情形特殊公开审判势必影响司法而在其认为绝对必要之限度内，禁止新闻界及公众旁听审判程序之全部或一部；但除保护少年有此必要，或事关婚姻争执或子女监护问题外，刑事民事之判决应一律公开宣示。二、受刑事控告之人，未经依法确定有罪以前，应假定其无罪。三、审判被控刑事罪时，被告一律有权平等享受下列最低限度之保障：（子）迅即以其通晓之语言，详细告知被控罪名及案由；（丑）给予充分之时间及便利，准备答辩并与其选任之辩护人联络；（寅）立即受审，不得无故稽延；（卯）到庭受审，及亲自答辩或由其选任辩护人答辩；未经选任辩护人者，应告以有此权利；法院认为审判有此必要时，应为其指定公设辩护人，如被告无资力酬偿，得免付之；（辰）得亲自或间接诘问他造证人，并得声请

第二章 刑事庭审实质化改革的理论依据

根据世界法治发达国家的经验和有关国际公约的规定，只有实行实质化的庭审，才能实现刑事审判中对于人权的有效保障。也只有庭审实质化的诸般制度和措施，才可以将保障人权理论体现得淋漓尽致，具体体现为：

一、明确尊重被追诉人的主体地位

第二次世界大战后，饱受法西斯和纳粹践踏的人们开始意识到人权保护的必要性和重要性，在此背景下，联合国于1948年通过了《世界人权宣言》，对于人权保护进行了初步的规定。此后，在此感召下，世界各国在刑事诉讼中针对诉讼参与人，特别是权利最容易被侵害的刑事被追诉人，开始建立特别保护机制。迄今，已经形成比较完备的人权保护机制，如普遍建立刑事法律援助制度，扩大刑事辩护人在诉讼中的活动范围和作用，严格审前羁押的条件和程序，改革保释制度，通过设立简易审判程序或其他速决程序提高诉讼效率等。我国《宪法》第33条确认了对于人权的尊重和保障，2012年《刑事诉讼法》大修的过程中将对于人权的保障作为其主要任务。由于在刑事诉讼中，辩方与控方处于天然对立的位置，其从侦查程序开始直面来自国家公权力的压力，其权利最容易受损，所以提及刑事诉讼中的人权保障，重点就在阻断公权力对于被追诉人法定权

（接上页）法院传唤其证人在与他造证人同等条件下出庭作证；（巳）如不通晓或不能使用法院所用之语言，应免费为备通译协助之；（午）不得强迫被告自供或认罪。四、少年之审判，应顾念被告年龄及宜使其重适社会生活，而酌定程序。五、经判定犯罪者，有权声请上级法院依法覆判其有罪判决及所科刑罚。六、经终局判决判定犯罪，如后因提出新证据或因发见新证据，确实证明原判错误而经撤销原判或免刑者，除经证明有关证据之未能及时披露，应由其本人全部或局部负责者外，因此判决而服刑之人应依法受损害赔偿。七、任何人依一国法律及刑事程序经终局判决判定有罪或无罪开释者，不得就同一罪名再予审判或科刑。"

利的任意侵犯，因而，保障刑事被追诉者（犯罪嫌疑人、被告人）的人权成为刑事诉讼中保障人权的集中体现。

在庭审实质化改革过程中，保障人权理念首当其中地体现为尊重被追诉人的主体地位，确保作为诉讼一造的辩方与作为诉讼另一造的控方具有平等的诉讼地位。按照诉讼公平性（Fairplay）的要求，在刑事诉讼过程中，诉讼一端代表国家及社会利益提起公诉的检方与另一端的被告人和辩护人应当享有相同的主体地位，以维持诉讼构造的平衡。在此过程中，检方不能享受任何程序的优待。为此，在刑事庭审实质化改革过程中，履行审判职能的法院在诉讼构造中必须始终保持中立，不仅要不偏不倚地平等对待刑事诉讼中的控辩双方，更应当慎重而公平地行使国家审判权。正如《美国联邦法院行为准则》守则三 A（4）中所强调的，对于每一个在诉讼程序中享有法律权益的人及其律师，法官都应当给予其充分获得聆听的权利。[1]

二、促进被追诉人对庭审的实质参与

刑事诉讼中人权保障的一个基本要求是反对缺席审判，任何与诉讼结果息息相关或因该结果而利益受损的人，均有权参与诉讼过程，提出己方的法律主张，提交支撑己方主张的证据并对相对方的主张及证据依据法律规定进行反驳。在庭审实质化改革中，欲促进被追诉人的实质参与，司法机关应当排除预断，贯彻无罪推定观念，尤其应当充分保障被告人的辩护权。因为每一个人都是潜在的犯罪嫌疑人，人权保障观念既然体现了对刑事被追诉者权益的维护，就等于潜在地维护了社会每一

---

[1] 最高人民法院政治部编：《域外法院组织和法官管理法律译编》，人民法院出版社 2017 年版，第 156 页。

第二章 刑事庭审实质化改革的理论依据

个成员的权益。[1]为了切实保障被追诉人的人权(在刑事诉讼中主要体现为其诉讼权益),需要他们对于诉讼的实质参与,提高他们参与审判的主动性与积极性,必须提高他们的参与效果,为此应当加强辩方力量,去特权化,明确控辩平等的诉讼理念,强调庭审的对抗性,完善诉讼构造,切实发挥控辩审三方在当事人主义诉讼模式下的诉讼职能。其中的逻辑非常简单,只有当事人最关心自身的利益。保障被追诉人的诉讼权益,最好的办法就是让他们亲身参与到审判中,让他们为了自己的诉讼权益而与作为对方的控方展开奋力"搏杀"。为了调动其参与诉讼的积极性,还应当提高他们的参与效果,因为只有使其认识到其参与诉讼可能会导致不同的审判结果(一般应当为对其更有利的审判结果)时,其才可能产生参与审判的积极性;反之,如果其发现参与与否结果并无二致,则难以产生积极性。

在庭审实质化改革中,促进被追诉人的实质参与还应当保障被追诉人能够参与的有效时间。集中审理原则在促进参加庭审时间上的集中可控性之外,还可以提升被追诉人参加庭审的积极性。只有这样,才可以避免法官的心证形成于法庭之外,从而确保被告人及辩护人的参与效果,有利于判决当庭作出,

---

[1] 波士顿犹太人屠杀纪念碑上的德国新教牧师马丁·尼莫拉出于忏悔所作的发人深省的诗作:"They came first for the Communists, and I didn't speak up because I wasn't a Communist. Then they came for the Jews, and I didn't speak up because I wasn't a Jew. Then they came for the trade unionists, and I didn't speak up because I wasn't a trade unionist. Then they came for the Catholics, and I didn't speak up because I was a Protestant. Then they came for me, but by that time no one was left to speak up."("纳粹杀共产党时,我没有出声——因为我不是共产党员;接着他们迫害犹太人,我没有出声——因为我不是犹太人;然后他们杀工会成员,我没有出声——因为我不是工会成员;后来他们迫害天主教徒,我没有出声——因为我是新教徒;最后当他们开始对付我的时候,已经没有人能站出来为我发声了。")所以,维护了身边的邻居的合法权益,也就维护了你自己的合法权益。

消减外来因素对于判决的影响,这样就可以防止辩方诉讼权益受到不应有的损失。

上述被追诉人积极参与庭审,从而保障其诉讼权益的目标,必须在以"审判中心主义"为号召的实质化刑事庭审中才能得以充分实现。因为只有实质化的庭审才要求控辩双方之间的对抗性,从而使得法庭有动力采用各种方法与措施来保障和促进控辩双方平等对抗。并且实质化的庭审原则上采用公开审理的方式,这可以使审判过程处于阳光之下,接受当事人和公众的监督,在扩大司法公信力之外,还有利于提高被告人实质参与庭审的积极性。总之,为了有效调动被追诉人实质性参与诉讼的积极性,从而更好地保障其诉讼权益,防止其人权遭到侵害,需要庭审改变以往的形式化传统,改为向实质化方向靠拢。

三、防范冤假错案

庭审实质化主要针对不认罪案件或案情重大、复杂、证据材料较多或控辩双方对证据、事实认定和法律适用有争议的案件,而这些案件最容易出现冤假错案。冤假错案是对被追诉人人权的最大践踏。为了保障其人权,应当尽可能地采取措施,防止冤假错案的出现。为此,需要对冤假错案产生的法律原因进行分析,以有针对性地提出改进策略,明了需要具体改变的不妥措施。

冤假错案的产生,最大的问题即出在刑事诉讼并没有真正兑现其应有的对于国家公权力的制约。首先,从根源而言,冤假错案产生的最根本原因通常是由于侦查机关的刑讯逼供所致。由于肩负侦查刑事案件,打击犯罪的重任,加之有时面临的来自被害人、民间舆论以及上级的压力,侦查机关有足够的动力去对所谓的与犯罪线索有关联的"犯罪嫌疑人"使用手段,以求可以收获被称为"证据之王"的口供。如此,第一道防线被攻破。其次，在案件侦查之后的审查起诉阶段，由于传统上的业务联系，检察机关对于公安机关移送的案卷具有天然的信任感，一般案卷即为书面审查，只有遇到极个别问题较为明显的案卷才会去提讯犯罪嫌疑人。这样，本来作为对于侦查结果进行实质性审查的审查起诉运作失灵，一些有问题的案件就此通过审查起诉，被决定提起公诉。第二道防线也宣告失守。2012年《刑事诉讼法》修改了审查起诉环节，强调应当讯问犯罪嫌疑人，听取辩护人、被害人及其诉讼代理人的意见。2018年修正的《刑事诉讼法》第173条[1]对这一规定进行了完善，在程序的层面充分肯定了值班律师的作用，使得这一状况得到了改观，但是检察机关审查起诉的许多工作习惯仍旧延续，审查起诉应有的对侦查阶段所获证据的审核功能以及是否提起公诉的分流功能仍然很薄弱。最后，诉讼进入最后的一个重要环节——审判。在此过程中，原来的刑事审判，并不要求证人必须出庭，而现实中出庭的证人少之又少；法庭审判的大多数证据并非建立在对于应予出庭的证人的询问之上，反而是以书面的鉴定意见、现场勘验笔录、证人证言、检查笔录等为主。同时，由于指定辩护范围有限，许多被告人根本无法得到专业辩护，纵使存在指定辩护，由于辩护律师参与意愿普遍不高，被告人得到的辩护效力也大打折扣。这样，在最后一个环节，辩

---

[1]《刑事诉讼法》第173条规定："人民检察院审查案件，应当讯问犯罪嫌疑人，听取辩护人或者值班律师、被害人及其诉讼代理人的意见，并记录在案。辩护人或者值班律师、被害人及其诉讼代理人提出书面意见的，应当附卷。犯罪嫌疑人认罪认罚的，人民检察院应当告知其享有的诉讼权利和认罪认罚的法律规定，听取犯罪嫌疑人、辩护人或者值班律师、被害人及其诉讼代理人对下列事项的意见，并记录在案：（一）涉嫌的犯罪事实、罪名及适用的法律规定；（二）从轻、减轻或者免除处罚等从宽处罚的建议；（三）认罪认罚后案件审理适用的程序；（四）其他需要听取意见的事项。人民检察院依照前两款规定听取值班律师意见的，应当提前为值班律师了解案件有关情况提供必要的便利。"

方很难对控方的证据提出反驳,即使有了疑问,也会由于相关证人并不需要出庭而无法进行有效的质证。如此导致的结果,就是一部分从源头上就出现问题的案件,堂而皇之地被法官宣告有罪。至此,第三道也是最后一道防线崩溃,整个诉讼过程被击穿,冤假错案就此产生。

从冤假错案的产生来看,侦查环节为其产生的根本,审查起诉起到承上启下的传递作用,审判是其最后正式出炉的决定环节。针对这种现实,为了有效地防范冤假错案,笔者认为应该从审判这一个最终环节入手来加以解决。首先,英国哲人培根曾言:"一次不公正的裁判,其恶果甚至超过十次犯罪。因为犯罪虽是冒犯法律——好比污染了水流,而不公正的审判,则毁坏法律——好比污染了水源。所以,所罗门曾说:谁若使善恶是非颠倒,其罪恶犹如在庐井和饮泉中下毒。"[1]可以说,司法判决是导致冤假错案发生的最直接原因,审判也可以成为防止其发生的最后一道闸门。在多个工序合作的情况下,一旦出现问题,就应当由最后检验环节负责。而且,在诉讼诸环节中,司法的公信力最为紧要。其次,就职能分工而论,审判在诉讼中的角色分工并非局限于对被告人的定罪,而是负责审查此前的证据及侦查机关、检察机关是否存在违法事项,然后依法对于案件发生过程中的违法事项及案件本身进行裁判,其可能认定被告人有罪,也可能认定其无罪。最后,只要把好审判关口,切实依照法律规定对案件进行裁判,在理想状态下,作为冤假错案定案依据的所谓证据是无法被采信的。

---

[1] "One foul sentence doth more hurt, than many foul examples. For these do but corrupt the stream; the other corrupteth the fountain. So saith Solomon; *Fons turbatus, et vena corrupta, est iustus cadens in causa sua coram adversario.*" Francis Bacon, *Essays*, Foreign Language Teaching and Research Press, 1998, p. 150. 中文译本参见 [英] 弗兰西斯·培根:《培根人生论》,何新译,陕西师范大学出版社 2002 年版,第 216 页。

第二章 刑事庭审实质化改革的理论依据

如何从技术手段上保证庭审得到预定理想效果，从而避免冤假错案的发生？显然，仅从逻辑上推导即可知道，应该逆导致庭审运行失灵的上述做法而行。国外法治发达国家、地区的经验以及我国司法改革中成功的试点为此提供了答案：庭审实质化。因为庭审实质化所要求的法官居中、独立、公平裁判，控辩双方作为诉讼两造居于两端进行平等对抗，贯彻直接言词原则以及非法证据排除规则，排斥传闻证据，强调"证在法庭""辩在法庭""判在法庭"，都为冤假错案的防范提供了有力的武器。实践表明，只要好好运作，认真执行以上制度，就会极大降低冤假错案发生的概率。

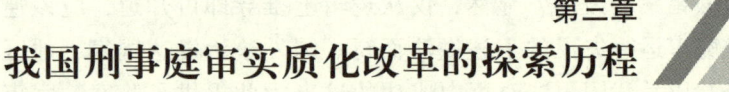

第三章
我国刑事庭审实质化改革的探索历程

刑事庭审实质化改革是我国当前司法改革的重要组成部分，其是在我国司法改革的大背景下提出的，我国的刑事庭审实质化改革经过了立法和司法实践的探索历程。

第一节　我国刑事庭审实质化改革的背景

一、刑事政策背景

刑事政策是指根据一国政治、经济、文化等国情和犯罪状况而制定的预防犯罪、惩罚犯罪以及矫治犯罪人的各种宏观刑事对策。十八大以来，中共中央提出了推进法治中国建设的战略部署，确立了我国政治、经济、社会、文化领域的主要方针，明确了司法改革的重大布局。在2013年1月7日召开的全国政法工作电视电话会议上，习近平总书记提出"深化司法体制机制改革……坚决反对执法不公、司法腐败……努力让人民群众在每一个司法案件中都能感受到公平正义"，这一要求确立了我国当前刑事司法工作的目标。自此，我国司法体制改革深入开展起来，反腐廉政工作日盛。在全国全面推进依法治国的背景下，在新一轮的司法改革中，"刑事庭审实质化改革"被推向历史舞台。2013年10月召开的第六次全国刑事审判工作会议明确确立了"庭审中心主义"，从此，庭审实质化改革在我国刑事司法实践中开始零星探索阶段，2015年2月在成都市中级人民法院正式进入改革试点阶段，2017年初在中央政法委和最高人民法院的主导推动下，庭审实质化改革在试点的基础上正式在全国推广试用。

二、立法背景

1996年《刑事诉讼法》的修正是改革刑事审判制度的重要尝试，2012年《刑事诉讼法》的修正进一步完善了我国刑事审判制度，为庭审中心主义的提出提供了法律依据。2012年《刑事诉讼法》在庭审方式上保留了1996年《刑事诉讼法》修改的控辩式庭审的改革成果，并围绕着审判程序的构造、审判方式的健全、证据规则的完善、直接言词原则的贯彻等一系列问题，改革了第一审程序，重新塑造了刑事案件的事实裁判机制；重新回归全案移送主义的案卷移送方式，以强化法官对于案件情况的全面了解，提高其庭审掌控能力，为实现"辩在法庭"奠定了基础；完善了相关的配套机制，扩大了简易程序的案件范围，从程序分流的角度为庭审实质化改革的实施创造了司法资源基础。总之，2012年《刑事诉讼法》的修正使得我国整个刑事司法审判程序朝着庭审中心主义的目标迈进了一大步。同年发布的最高人民法院《关于适用〈中华人民共和国刑事诉讼法〉的解释》（以下简称"最高院《解释》Ⅰ"）和最高人民检察院《人民检察院刑事诉讼规则（试行）》（以下简称"最高检《规则》Ⅰ"）对2012年《刑事诉讼法》中关于刑事审判方式对抗式变革的规定作了进一步的完善和细化。2012年12月13日发布的公安部通过的《公安机关办理刑事案件程序规定》（以下简称"公安部《规定》Ⅰ"）也强化了追求司法公正的理念。2018年10月26日，全国人大常委会进行《刑事诉讼法》第三次修正之后，最高人民检察院于 2019 年 12 月 2 日通过了《人民检察院刑事诉讼规则》（以下简称"最高检《规则》Ⅱ"），自 2019 年 12 月 30 日起施行；公安部于 2020 年 7 月 20 日发布《公安机关办理刑事案件程序规定》（以下简称"公安部《规定》Ⅱ"），自 2020 年 9 月 1 日起施行；最高人民法院于 2020 年 12 月 7 日又通过了《关于适用〈中华人民共和国刑事诉讼法〉的解释》（以下简称"最高院《解释》Ⅱ"），于 2021 年 3 月 1 日起施行，《刑事诉讼法》及相关司法解释的修改进一步完善了刑事对抗式审判方式。总之，二十余年的立法和司法解释的修改完善在发挥庭审功能方面产生了积极的效果，为推行庭审实质化改革提供了法律依据。

三、司法实践背景

2013 年以来一系列刑事重大冤错案件的发现与纠正以及中央政法委发布的关于切实防止冤假错案指导意见，直接导致人民法院在刑事审判工作中提出和实行庭审实质化改革，这是刑事庭审实质化改革的司法实践背景。诉讼权利是刑事诉讼参与人享有的重要人权，体现了刑事诉讼中的程序正义原则，反映了一国的法治水平和文明程度，契合了保障人权的社会大趋势。在我国当前的刑事司法活动中，刑讯逼供现象、非法取证行为时有发生，[1] 影响了法律的威严和司法的公信力以及社会的稳定。冤假错案发生的原因错综复杂，但是其中一个重要原因是公安司法机关对刑事诉讼程序价值不重视，导致作为社会公正最后一道防线的司法程序出现疏漏，尤其是刑事审判机制应有功能——实质化审理的弱化。如果能重视庭审的重要作用，充

---

[1] 胡云腾："依宪治国下的人权司法保障"，载《人民法院报》2014 年 12 月 4 日。

分发挥庭审在认定事实、保护诉权、正确裁判中的实质价值，真正做到"证在法庭""辩在法庭""判在法庭"，必将能为司法公正奠定基础。司法实践中的许多案例也充分证明了这一结论。所以，欲实现刑事诉讼中的权利保护，尤其是对被追诉人的权利保护功能，庭审实质化改革势在必行。只有对这一法院裁判权运作方式进行"证在法庭""辩在法庭""判在法庭"的完善，才能使得法院在控辩双方充分、有效举证、质证的基础上，实现当庭认证，进而当庭裁判，才能充分保障被告人的诉讼权利，保障司法公正的实现，使得公众对我国法律充满信心。正基于此，2013年召开的第六次全国刑事审判工作会议确立了"庭审中心主义"。

第二节　我国立法和司法实践的探究进程

一、立法和规范性文件的逐步确立

（一）1996年《刑事诉讼法》的修正

我国1979年《刑事诉讼法》受刚刚改革开放的政治环境、经济条件以及"惩罚犯罪、维护社会稳定"的司法理念等因素影响，存在"重打击，轻保护"的诉讼文化，司法的行政化色彩突出，诉讼的职权主义特征明显，甚至有学者认为1979年《刑事诉讼法》遵循的是超职权诉讼模式。根据1979年《刑事诉讼法》，司法实践中实行起诉全部案卷移送和庭前实质审查制度，人民法院实质审查的职责使得法官积极、主动地介入庭审，控审职能不分，违反了裁判中立的要求。被告人处于被讯问的地位，成为法庭审判的客体。1979年《刑事诉讼法》的相关规定在实践中导致"书面审判""先定后审""庭审走过场"、审判程序虚化、审理方式书面化、被告人权利保障空洞化等问题。

总之，应当居中裁判的庭审功能难以充分发挥，由于审判人员对一些重大疑难案件，开庭前已经审判委员会讨论或请示过上级法院，[1]庭审虚化较为严重，被告人的诉讼权利很难获得公正的保障。

1996年《刑事诉讼法》修正的任务之一即为化解"庭前实体审，庭审走过场"的困境，所以，此次修正参照英美法系当事人主义诉讼模式中的对抗式制度，努力让庭审成为诉讼尤其是审判的中心和重心，以控审分离、控辩平等、审判中立为原则重构了刑事法庭审判方式，特点表现为：①为防止法官庭前预断，1996年《刑事诉讼法》取消全案卷宗移送制度，确立了主要证据"复印件"移送制度；②将法官的实质审查制度改为形式审查，以防止审前形成不利于被告人的预断；③废除了检察院的定罪免诉权，由人民法院对被告人定罪量刑；④庭审中强调控辩对抗，法官中立，举证活动由控辩双方进行，法官在双方质证的基础上认证，但法官仍有庭外调查权；⑤设立简易程序以提高审判效率，分流刑事案件。种种修改完善都体现了我国刑事诉讼法庭审模式的转变和进步，体现了对犯罪嫌疑人、被告人权利的保护，强化了审判的重要作用，推动了我国庭审方式走向民主化与科学化。

1996年《刑事诉讼法》借鉴吸收了对抗制诉讼模式的积极因素，使得审判方式更加合理，但实践表明，该次修正并未完全实现立法的目的，庭审虚化问题并未完全解决。1996年《刑事诉讼法》确立了主要证据"复印件"移送制度，因为其范围未明，导致辩护律师难以通过行使阅卷权获悉控方证据，难以在庭审上实现与公诉人的正当对抗，更加削弱了辩方力量，损

---

[1] 王尚新："刑事诉讼法修改的若干问题"，载《法学研究》1994年第5期。

害了被告人的合法权益。为防止法官审前形成不利于被告人的预断，1996年《刑事诉讼法》将法官的实质审查改为形式审查。但是由于长期形成的侦查中心主义的影响，卷宗主义在我国刑事诉讼中占据重要地位，法官主要依据书面证据认定事实，并进一步依靠卷宗裁判案件。刑事诉讼法对法官程序性审查的确立，导致法官不得不在庭下与检察机关接触，获悉控诉证据和材料。总之，实践操作与法律预期差别巨大，造成1996年《刑事诉讼法》修正未实现预期解决庭审虚化目的的原因如下：其一，并未做好充分的理念准备。1996年《刑事诉讼法》修正前理论准备不充分，未充分考虑到先进理论与现实实践的差距，缺乏可操作性，导致修正后的很多对抗式制度在我国的司法实践中适用不良，法官、检察官不得不进行许多变通性处理。其二，1996年《刑事诉讼法》修改时未充分考虑到配套制度方面的变革，导致新制度难以适用。如审判方式的改革并非仅是庭审裁判方式的变化，审判方式改革的充分、有效进行需要法官独立裁判予以支撑，需要司法责任制与之配合，仅修改单一的审判方式，难以达到预期的目的。

（二）2012年及2018年《刑事诉讼法》的修正

2012年《刑事诉讼法》的修正适当调整了改革思路，在保留了1996年《刑事诉讼法》改革成果的基础上，完善了相关的配套制度，规范了证人出庭保障和辩护人的权利保障制度，健全了庭前准备程序，使得整个司法审判程序朝着庭审中心主义的目标迈进了一大步。具体包括以下方面：

（1）公诉提起方式重返全案移送方式。司法实践证明，主要证据"复印件"移送制度不契合我国的司法环境。这种主要证据"复印件"移送制度不仅未能防止法官预断，又导致被告方阅卷权弱化，进而削弱了辩护权的保障，修改这一公诉提起方式已箭在弦上。在 2012 年修正《刑事诉讼法》过程中，学者有两种方案：回归全案移送模式和适用起诉状一本主义。但考虑到我国侦查中心主义的影响，卷宗主义的办案习惯，法官专业性参差不齐以及辩方势弱的状况，全案移送方式更为合适。全案移送方式使得法官能够全面了解案件情况，为主持庭审创造条件。另外，辩方有机会能在庭前获悉控方掌握的控诉证据，从而实现在法庭上有针对性的辩护，有效质证，有利于控辩双方平等对抗，有助于保护被告人的合法权利。而且，全案移送方式支持法官有效发挥发现客观真实的职责。若在开庭前对证据的争议、对案件事实一无所知，奉行"起诉状一本主义"，法官难以指挥、驾驭诉讼程序，在庭审中难以有效发问，难以实现证据调查在法庭、判决形成在法庭，难以实现庭审实质化。所以，2012 年《刑事诉讼法》公诉提起方式的重归是学界和实务界的共同意愿。

（2）建构庭前会议制度。2012 年《刑事诉讼法》第 182 条第 2 款[1]确立庭前会议制度的来源和其主要职能——了解情况，听取意见。同步生效实施的最高院《解释》I 第 183 条、[2]第 184 条[3]亦对该制度的适用对象、适用程序等作了具体规定。

---

〔1〕 2012 年《刑事诉讼法》第 182 条第 2 款规定："在开庭以前，审判人员可以召集公诉人、当事人和辩护人、诉讼代理人，对回避、出庭证人名单、非法证据排除等与审判相关的问题，了解情况，听取意见。"

〔2〕 最高院《解释》I 第 183 条规定："案件具有下列情形之一的，审判人员可以召开庭前会议：（一）当事人及其辩护人、诉讼代理人申请排除非法证据的；（二）证据材料较多、案情重大复杂的；（三）社会影响重大的；（四）需要召开庭前会议的其他情形。召开庭前会议，根据案件情况，可以通知被告人参加。"

〔3〕 最高院《解释》I 第 184 条规定："召开庭前会议，审判人员可以就下列问题向控辩双方了解情况，听取意见：（一）是否对案件管辖有异议；（二）是否申请有关人员回避；（三）是否申请调取在侦查、审查起诉期间公安机关、人民检察院收集但未随案移送的证明被告人无罪或者罪轻的证据材料；（四）是否提供新的

第三章 我国刑事庭审实质化改革的探索历程

这一立法规范契合了域外刑事审判方式的主流。2018 年修正的《刑事诉讼法》对相关内容并未作修改，2021 年 3 月生效的最高院《解释》Ⅱ在最高院《解释》Ⅰ的基础上，通过第 226 条、[1]第 227 条、[2]第 228 条、[3]第 229 条、[4]第 330 条、[5]

（接上页）证据；（五）是否对出庭证人、鉴定人、有专门知识的人的名单有异议；（六）是否申请排除非法证据；（七）是否申请不公开审理；（八）与审判相关的其他问题。审判人员可以询问控辩双方对证据材料有无异议，对有异议的证据，应当在庭审时重点调查；无异议的，庭审时举证、质证可以简化。被害人或者其法定代理人、近亲属提起附带民事诉讼的，可以调解。庭前会议情况应当制作笔录。"

[1] 最高院《解释》Ⅱ第 226 条规定："案件具有下列情形之一的，人民法院可以决定召开庭前会议：（一）证据材料较多、案情重大复杂的；（二）控辩双方对事实、证据存在较大争议的；（三）社会影响重大的；（四）需要召开庭前会议的其他情形。"

[2] 最高院《解释》Ⅱ第 227 条规定："控辩双方可以申请人民法院召开庭前会议，提出申请应当说明理由。人民法院经审查认为有必要的，应当召开庭前会议；决定不召开的，应当告知申请人。"

[3] 最高院《解释》Ⅱ第 228 条规定："庭前会议可以就下列事项向控辩双方了解情况，听取意见：（一）是否对案件管辖有异议；（二）是否申请有关人员回避；（三）是否申请不公开审理；（四）是否申请排除非法证据；（五）是否提供新的证据材料；（六）是否申请重新鉴定或者勘验；（七）是否申请收集、调取证明被告人无罪或者罪轻的证据材料；（八）是否申请证人、鉴定人、有专门知识的人、调查人员、侦查人员或者其他人员出庭，是否对出庭人员名单有异议；（九）是否对涉案财物的权属情况和人民检察院的处理建议有异议；（十）与审判相关的其他问题。庭前会议中，人民法院可以开展附带民事调解。对第一款规定中可能导致庭审中断的程序性事项，人民法院可以在庭前会议后依法作出处理，并在庭审中说明处理决定和理由。控辩双方没有新的理由，在庭审中再次提出有关申请或者异议的，法庭可以在说明庭前会议情况和处理决定理由后，依法予以驳回。庭前会议情况应当制作笔录，由参会人员核对后签名。"

[4] 最高院《解释》Ⅱ第 229 条规定："庭前会议中，审判人员可以询问控辩双方对证据材料有无异议，对有异议的证据，应当在庭审时重点调查；无异议的，庭审时举证、质证可以简化。"

[5] 最高院《解释》Ⅱ第 230 条规定："庭前会议由审判长主持，合议庭其他审判员也可以主持庭前会议。召开庭前会议应当通知公诉人、辩护人到场。庭前会议准备就非法证据排除了解情况、听取意见，或者准备询问控辩双方对证据材料的意见的，应当通知被告人到场。有多名被告人的案件，可以根据情况确定参加庭前会议的被告人。"

第331条、[1]第332条、[2]第333条[3]构建了更为完善的庭前会议与庭审的衔接程序。庭前会议制度的设立是为庭审准备条件，如处理控辩双方的程序性争议、整理主要争点，从而使得正式庭审前，控辩审三方有机会坐在一起，以图明确争议焦点，提高审判效率，提升控辩质量，有利于庭审集中、公正进行。

（3）健全了证人、鉴定人出庭作证制度。证人、鉴定人出庭作证问题一直是困扰我国司法实践的顽疾。职权主义的诉讼模式下，充分信任法官能公正地处理案件，证人不出庭，法官以书面证人证言作为认定证据和事实的依据，检察官、法官对证人出庭热情不高。自1996年《刑事诉讼法》开始引进对抗式审判方式以来，2012年《刑事诉讼法》进一步完善了我国的对抗式审判方式，健全了证人、鉴定人出庭作证制度，规范了证人出庭作证保障制度，为庭审实质化要求的"证在法庭""辩在法庭""判在法庭"创造了条件，但立法的冲突和缺陷亦显而易见。2018年修正的《刑事诉讼法》对相关内容并未作修改，仅是调整了序列。

（4）完善了非法证据排除制度。2012年《刑事诉讼法》第

---

[1] 最高院《解释》Ⅱ第231条规定："庭前会议一般不公开进行。根据案件情况，庭前会议可以采用视频等方式进行。"

[2] 最高院《解释》Ⅱ第232条规定："人民法院在庭前会议中听取控辩双方对案件事实、证据材料的意见后，对明显事实不清、证据不足的案件，可以建议人民检察院补充材料或者撤回起诉。建议撤回起诉的案件，人民检察院不同意的，开庭审理后，没有新的事实和理由，一般不准许撤回起诉。"

[3] 最高院《解释》Ⅱ第233条规定："对召开庭前会议的案件，可以在开庭时告知庭前会议情况。对庭前会议中达成一致意见的事项，法庭在向控辩双方核实后，可以当庭予以确认；未达成一致意见的事项，法庭可以归纳控辩双方争议焦点，听取控辩双方意见，依法作出处理。控辩双方在庭前会议中就有关事项达成一致意见，在庭审中反悔的，除有正当理由外，法庭一般不再进行处理。"

50 条、[1]第 54 条、[2]第 58 条[3]对我国的非法证据排除制度予以了详细规定。1996 年《刑事诉讼法》修改后，为适用保障人权的大趋势，解决司法实践中面临的"疑罪从轻"，防范冤假错案的突出问题，2010 年 6 月，最高人民法院、最高人民检察院、公安部、国家安全部、司法部联合发布了《关于办理死刑案件审查判断证据若干问题的规定》和《关于办理刑事案件排除非法证据若干问题的规定》（这两个规范性文件，以下简称"两个证据规定"），两个证据规定为 2012 年《刑事诉讼法》的修正和同步生效的最高院《解释》Ⅰ的出台奠定了基础，其许多内容被 2012 年《刑事诉讼法》和最高院《解释》Ⅰ所吸收，确立了非法证据排除规则。2018 年修正的《刑事诉讼法》沿袭了相关内容。

（5）规范了辩护制度。2012 年《刑事诉讼法》明确了侦查阶段的刑事辩护，改"法律帮助人"为"辩护律师";[4]健全

---

[1] 2012 年《刑事诉讼法》第 50 条规定："审判人员、检察人员、侦查人员必须依照法定程序，收集能够证实犯罪嫌疑人、被告人有罪或者无罪、犯罪情节轻重的各种证据。严禁刑讯逼供和以威胁、引诱、欺骗以及其他非法方法收集证据，不得强迫任何人证实自己有罪。必须保证一切与案件有关或者了解案情的公民，有客观地充分地提供证据的条件，除特殊情况外，可以吸收他们协助调查。"

[2] 2012 年《刑事诉讼法》第 54 条规定："采用刑讯逼供等非法方法收集的犯罪嫌疑人、被告人供述和采用暴力、威胁等非法方法收集的证人证言、被害人陈述，应当予以排除。收集物证、书证不符合法定程序，可能严重影响司法公正的，应当予以补正或者作出合理解释；不能补正或者作出合理解释的，对该证据应当予以排除。在侦查、审查起诉、审判时发现有应当排除的证据的，应当依法予以排除，不得作为起诉意见、起诉决定和判决的依据。"

[3] 2012 年《刑事诉讼法》第 58 条规定："对于经过法庭审理，确认或者不能排除存在本法第五十四条规定的以非法方法收集证据情形的，对有关证据应当予以排除。"

[4] 2012 年《刑事诉讼法》第 36 条规定："辩护律师在侦查期间可以为犯罪嫌疑人提供法律帮助；代理申诉、控告；申请变更强制措施；向侦查机关了解犯罪嫌疑人涉嫌的罪名和案件有关情况，提出意见。"

了会见权,辩护律师持"律师执业证书、律师事务所证明和委托书或者法律援助公函"的,看守所应当及时安排会见;[1]规范了阅卷权,扩大了阅卷的范围;[2]完善了证据开示制度;[3]明确了职业保密权利及例外;[4]完善了"行为禁止"等。[5]通过这些修改,完善、规范了辩护权,有效保护了犯罪嫌疑人、被告人的合法权益。2018年修正的《刑事诉讼法》沿袭了相关规定,仅调整了序列。

(6)2012年《刑事诉讼法》合并了被告人认罪案件的普通程序和简易程序,完善了统一的简易程序,扩大了简易程序适用的案件范围,有助于实现程序分流,为庭审实质化改革创造了条件。2018年《刑事诉讼法》修正时,增加了"认罪认罚从宽制度""速裁程序"等专门内容,更好地为庭审实质化改革创造了条件。最高院《解释》Ⅱ进一步完善了"认罪认罚案件的

---

[1] 2012年《刑事诉讼法》第37条第2款规定:"辩护律师持律师执业证书、律师事务所证明和委托书或者法律援助公函要求会见在押的犯罪嫌疑人、被告人的,看守所应当及时安排会见,至迟不得超过四十八小时。"

[2] 2012年《刑事诉讼法》第38条规定:"辩护律师自人民检察院对案件审查起诉之日起,可以查阅、摘抄、复制本案的案卷材料。其他辩护人经人民法院、人民检察院许可,也可以查阅、摘抄、复制上述材料。"

[3] 2012年《刑事诉讼法》第40条规定:"辩护人收集的有关犯罪嫌疑人不在犯罪现场、未达到刑事责任年龄、属于依法不负刑事责任的精神病人的证据,应当及时告知公安机关、人民检察院。"

[4] 2012年《刑事诉讼法》第46条规定:"辩护律师对在执业活动中知悉的委托人的有关情况和信息,有权予以保密。但是,辩护律师在执业活动中知悉委托人或者其他人,准备或者正在实施危害国家安全、公共安全以及严重危害他人人身安全的犯罪的,应当及时告知司法机关。"

[5] 2012年《刑事诉讼法》第42条规定:"辩护人或者其他任何人,不得帮助犯罪嫌疑人、被告人隐匿、毁灭、伪造证据或者串供,不得威胁、引诱证人作伪证以及进行其他干扰司法机关诉讼活动的行为。违反前款规定的,应当依法追究法律责任,辩护人涉嫌犯罪的,应当由办理辩护人所承办案件的侦查机关以外的侦查机关办理。辩护人是律师的,应当及时通知其所在的律师事务所或者所属的律师协会。"

第三章 我国刑事庭审实质化改革的探索历程

审理""速裁程序"等,有效实现了程序分流,为庭审实质化改革的适用奠定了基础。

(三)第六次全国刑事审判工作会议对"庭审中心主义"的确立

2013年10月召开的第六次全国刑事审判工作会议(以下简称"六刑会")明确了庭审中心主义,为我国近几年的刑事审判工作指明了改革方向。针对司法实践中长期存在的庭审虚化现象、侦查中心主义和卷宗主义,六刑会提出了"庭审中心主义"。该会强调的"庭审中心主义"的基本要求是"证在法庭""辩在法庭""判在法庭"。该会明确了庭审的中心地位,以及其对侦查和审查起诉环节的制约和引导作用。[1]为了切实贯彻这一任务,最高人民法院于2013年10月制定了《关于建立健全防范刑事冤假错案工作机制的意见》[2]《关于加强新时期人民法院刑事审判工作的意见》,再次明确了庭审中心的内涵,其中以后者的规定[3]最为具体、完整。可见,庭审中心主义即为要求法官通过控辩双方的充分举证、质证,从而确认证据,认定事实,定罪量刑,保障庭审对案件的实质性影响。2013年11月,第十八届中央委员会第三次会议通过了《关于全面深化改革若干重大问题的决定》,该决定关于"推进法治中国建设"的

---

[1] 顾永忠:"'庭审中心主义'之我见",载《人民法院报》2014年5月16日。
[2] 《关于建立健全防范刑事冤假错案工作机制的意见》第11条规定:"审判案件应当以庭审为中心。事实证据调查在法庭,定罪量刑辩论在法庭,裁判结果形成于法庭。"
[3] 《关于加强新时期人民法院刑事审判工作的意见》规定:"牢固树立庭审中心理念。突出庭审的中心地位,全面落实直接言词原则、辩论原则、居中裁判原则、公开审判原则,充分发挥庭审的功能作用,真正做到事实调查在法庭、证据展示在法庭、控诉辩护在法庭、裁判说理在法庭,通过庭审查明案件事实,确保司法公正,维护司法权威。"

部分[1]进一步明确了庭审中心主义。

(四) 十八届四中全会对庭审实质化的强调

2014年10月召开的党的十八届四中全会通过了《关于全面推进依法治国若干重大问题的决定》,该决定突出强调了庭审在诉讼中的中心地位,[2]同时对法官的司法能力建设提出了更高要求,[3]从审级制度的视角强调了刑事一审庭审实质化。此外,该会提出的"以审判为中心的诉讼制度改革"成为法学界关注的焦点。2015年最高人民法院发布的《关于全面深化人民法院改革的意见——人民法院第四个五年改革纲要(2014—2018)》[4]进一步明确,到2016年底,推动建立以审判为中心的诉讼制度,强化庭审中心意识,落实直接言词原则,促进侦查、审查

---

[1]《关于全面深化改革若干重大问题的决定》的"九、推进法治中国建设"的部分规定:优化司法职权配置,健全司法权力分工负责、互相配合、互相制约机制,加强和规范对司法活动的法律监督和社会监督。改革审判委员会制度,完善主审法官、合议庭办案责任制,让审理者裁判、由裁判者负责。明确各级法院职能定位,规范上下级法院审级监督关系。

[2]《关于全面推进依法治国若干重大问题的决定》的"四、保证公正司法,提高司法公信力"部分规定:推进以审判为中心的诉讼制度改革,确保侦查、审查起诉的案件事实证据经得起法律的检验。全面贯彻证据裁判规则,严格依法收集、固定、保存、审查、运用证据,完善证人、鉴定人出庭制度,保证庭审在查明事实、认定证据、保护诉权、公正裁判中发挥决定性作用。

[3]《关于全面推进依法治国若干重大问题的决定》的"四、保证公正司法,提高司法公信力"部分规定:完善审级制度,一审重在解决事实认定和法律适用,二审重在解决事实法律争议、实现二审终审,再审重在解决依法纠错、维护裁判权威。

[4]《关于全面深化人民法院改革的意见——人民法院第四个五年改革纲要(2014—2018)》的"三、全面深化人民法院改革的主要任务(二)建立以审判为中心的诉讼制度"部分规定:建立中国特色社会主义审判权力运行体系,必须尊重司法规律,确保庭审在保护诉权、认定证据、查明事实、公正裁判中发挥决定性作用,实现诉讼证据质证在法庭、案件事实查明在法庭、诉辩意见发表在法庭、裁判理由形成在法庭。到2016年底,推动建立以审判为中心的诉讼制度,促使侦查、审查起诉活动始终围绕审判程序进行。

起诉活动始终围绕审判程序进行。虽然也有学者认为，我国宏观上并不具备提出并实行审判中心主义的客观基础和法律依据，[1]但自十八届四中全会和最高人民法院发布上述规范性文件后，各地法院积极探索，庭审在维护程序公正、实现实体公正等方面的重要性越来越凸显。

（五）庭审实质化改革技术路线的确立

2016年5月1日起施行的《人民法院法庭规则》贯彻无罪推定理念，坚持控辩平等，保护证人、鉴定人、被害人出庭作证，为庭审实质化改革作出了新举措。[2]同年6月27日，中央全面深化改革领导小组第二十五次会议审议通过了《关于推进以审判为中心的刑事诉讼制度改革的意见》，从二十一个方面就如何推进以审判为中心的诉讼制度改革提出了要求，[3]旨在维护司法公正、防止冤假错案，提高司法权威和公信力；10月，最高人民法院、最高人民检察院、公安部、国家安全部、司法部印发了这一意见。上述规范主要从技术、专业化的角度力推我国的庭审实质化改革，虽并未触及庭审方式改革的方向问题，但如能在实践中落实，必将有效地防范冤假错案，使得司法更具公信力。

---

[1] 顾永忠："'庭审中心主义'之我见"，载《人民法院报》2014年5月16日。

[2] 樊崇义："贯彻落实庭审实质化的重要举措"，载《人民法院报》2016年4月24日。

[3]《关于推进以审判为中心的刑事诉讼制度改革的意见》主要规定了以下内容："建立健全符合证据裁判要求、适应各类案件特点的证据收集指引"；"在案件侦查终结前，犯罪嫌疑人提出无罪或者罪轻辩解，辩护律师提出犯罪嫌疑人无罪或者依法不应追究刑事责任的意见，侦查机关应当依法予以核实"；"建立人民检察院退回补充侦查引导和说理机制，明确补充侦查方向、标准和要求"；"规范法庭调查程序，确保诉讼证据出示在法庭、案件事实查明在法庭"；"完善对证人、鉴定人的法庭质证规则"，"完善法庭辩论规则，确保控辩意见发表在法庭"；"完善当庭宣判制度，确保裁判结果形成在法庭"；"健全当事人、辩护人和其他诉讼参与人的权利保障制度"，"建立法律援助值班律师制度，法律援助机构在看守所、人民法院派驻值班律师，为犯罪嫌疑人、被告人提供法律帮助"；"推进案件繁简分流，优化司法资源配置"等。

(六)"以庭审实质化改革为核心"的首次明确提出

在官方有关司法改革的指导性文件中,无论是"六刑会"的《关于建立健全防范刑事冤假错案工作机制的意见》、2014年中共中央的《关于全面推进依法治国若干重大问题的决定》、2015年最高人民法院的《关于全面深化人民法院改革的意见——人民法院第四个五年改革纲要(2014—2018)》,还是2016年中央全面深化改革领导小组的《关于推进以审判为中心的刑事诉讼制度改革的意见》都并未明确出现"庭审实质化"字样。但是为落实全面深化改革领导小组的上述意见,最高人民法院于2017年2月发布的落实这一意见的通知[1]中首次提出"要以庭审实质化改革为核心",这是最高司法机关有关刑事司法改革的指导文件中首次出现"庭审实质化"的字样。随该通知一并下发的实施意见分五个方面进行了部署:坚持严格司法原则,树立依法裁判理念;规范庭前准备程序,确保法庭集中审理;规范普通审理程序,确保依法公正审判;完善证据认定规则,切实防范冤假错案;完善繁简分流机制,优化司法资源配置,但该实施意见中却并未出现"庭审实质化"的表述。为切实落实庭审实质化改革,2017年6月,最高人民法院下发通知,开展"三项规程"的试点工作,[2]决定在全国18个中级人民法院及部分基层法院开展"三项规程"试点工作。半年后,在总结试点经验的基础上,最高人民法院于11月27日发布"三项规程",进一步明确提出"制定深化庭审实质化改革的三项规程,有助于充分发挥审判特别是庭审在刑事诉讼中的决定

---

[1] 最高人民法院于2017年2月17日印发的《关于全面推进以审判为中心的刑事诉讼制度改革的实施意见》明确提出"要以庭审实质化改革为核心,以强化证人、鉴定人、侦查人员出庭作证和律师辩护为重点,着力推进庭审制度改革"。

[2] 2017年6月,最高人民法院下发《在全国部分法院开展"三项规程"试点的通知》,部署试点法院全面开展"三项规程"试点工作。

性作用",决定自 2018 年 1 月 1 日起在全国试行。"三项规程"的实施,有助于实现控辩双方的充分、有效对抗,实现法官认证、裁判的实质化。10 月,最高人民法院、司法部联合发布了《关于开展刑事案件律师辩护全覆盖试点工作的办法》,进一步推动了庭审实质化改革的进程。

总之,从 1996 年、2012 年《刑事诉讼法》修正,到六刑会的意见、十八届四中全会的决定、"三项规程"发布,再到 2018 年《刑事诉讼法》修正,我国法律法规、规范性文件积极探索了刑事审判方式改革,取得了一定的进步,但是,这些改革措施及实施效果本身确实存在着一些局限性。目前刑事审判方式的改革仍在进行。

二、司法实践的探究进程

（一）零星探索阶段

如前所述,因为官方文件缺乏对庭审实质化的明确界定,所以,在 2015 年初,成都市中级人民法院在全国率先进行名为"刑事案件庭审实质化"改革试点探索以前,全国有一些法院已然开始了相关探索。广州市中级人民法院自 2012 年《刑事诉讼法》修正后,便率先探索实施了证人出庭、庭前会议等制度。山东、上海、成都、北京等地也开展了相关探索,其中以山东省济南市天桥区人民法院的探索为代表。天桥区人民法院于 2013 年下半年开始试行庭审实质化改革,制定了《庭审实质化实施办法》,试行了种种新制度,探索了两种法官的分离、庭前会议功能的拓展、证人出庭作证保障等。试行庭前审查法官与庭审法官分离制度,以防止庭审法官预断,保证公诉权和辩护权的充分有效行使;对庭前会议的适用范围、效力、程序等作出规定,力图充分发挥庭前会议解决程序性问题和整理争点的功能；充分保障辩方诉讼权利等。该法院从 2013 年 8 月至 2014 年 12 月期间推行庭审实质化改革以来，尝试对案情重大复杂、证据繁杂争议性较大的案件召开庭前会议，共试行 40 余次，案件服判息诉率达 96.5%，上诉率下降 60%。[1]天桥区人民法院的庭审实质化建设，力图从机制上防止冤假错案的发生，取得了不错的成绩。

（二）改革试点阶段

十八届四中全会提出庭审实质化改革后，四川成都和浙江温州两地人民法院迅速回应，相继正式开始"庭审实质化改革"试点。[2]2015 年 2 月，成都市中级人民法院启动了"刑事案件庭审实质化"的改革试点工作，指定所辖大邑县、温江区、高新区三个基层人民法院作为改革试点。3 月，成都市中级人民法院与高校法学院合作召开专家座谈会，制定改革试点方案。根据这一方案，3 月 31 日，全国第一个庭审实质化示范庭在成都市温江区人民法院率先落槌。[3]大邑县人民法院、温江区人民法院亦试行警察出庭作证、法官当庭宣读庭前会议报告、证人宣读保证书、证人接受交叉询问、控辩双方反复过招、法官宣判当庭详解理由等举措，[4]总结了不少实践经验。在此基础上，2015 年 7 月，成都市法院全面开展庭审实质化改革试点工

---

[1] 王贵东："罪与刑 庭上明——山东济南天桥区法院力推庭审实质化"，载《人民法院报》2014 年 12 月 30 日。

[2] 本书有关成都市法院和温州市法院庭审实质化试点工作的经验介绍，可参见《成都法院刑事庭审实质化改革试点工作调研报告》《温州法院推进庭审实质化改革试点工作调研报告》（中华人民共和国最高人民法院刑事审判第一、二、三、四、五庭主办：《刑事审判参考》（总第 103 集），法律出版社 2016 年版，第 196~234 页）。

[3] 王鑫、夏旭东、陈睿："庭审实质化改革的成都实践"，载《人民法院报》2015 年 4 月 20 日。

[4] 马利民、简华："记者目击'以审判为中心'案件怎么审"，载《法制日报》2015 年 4 月 10 日。

作。[1]改革一年来，该法院通过百余次示范庭的实践，起草了十余项制度规范，突出证辩判在法庭，提升庭审质效，形成了"成都样本"。[2]2016年3月31日，四川省高级人民法院召开庭审实质化改革工作推进会，在全省推广成都经验做法。[3]温州、徐州等地的法院系统紧随其后，亦开展了有效的试点工作。浙江省作为中央确定的第二批司法体制改革试点省份，亦强化庭审实质化改革，其温州市中级人民法院与高校法学院密切合作，实现产学研充分结合，取得了不菲的成绩。自2015年开始，江苏省徐州市鼓楼区人民法院首先在制度上进行了创新，制定了《证据开示操作规范》等12个改革文件，[4]积极有效地推进庭审实质化改革，确保"证在法庭""辩在法庭""判在法庭"，保护被告人的合法权益，强化证人出庭保障工作，力图在充分举证、质证的基础上裁判案件。以科技助力审判，让庭审过程与科技手段紧密结合，加强庭审的信息化建设。对庭审全程录音录像，并试行庭审直播，以保障审判公开、公正，增强公众对司法的尊重，让庭审实质化的理念在社会中形成共识。

（三）改革试点的推广阶段

2017年开始，在成都、温州等地既有经验的基础上，中央政法委和最高人民法院推动在全国全面展开"庭审实质化改革"试点工作，吉林、山西等省份在改革过程中取得了不错的成绩。

---

[1] 魏军、王晓燕、刘冰玉："为庭审实质化改革贡献'成都经验'"，载《四川法制报》2017年1月4日。

[2] 王晓燕等："为庭审实质化改革贡献四川经验"，载《四川法制报》2016年4月1日。

[3] 王鑫、王晓燕、刘方祺："四川召开刑事庭审实质化改革推进会"，载《人民法院报》2016年4月2日。

[4] 王晓红："徐州鼓楼法院创新推进庭审实质化"，载《江苏法制报》2017年7月31日。

2017年初，吉林市中级人民法院将推进庭审实质化作为年度重点工作，拉开了全市刑事庭审实质化改革的序幕。在试点期间，全市人民法院认真做好示范庭审，推动证人出庭，鼓励控辩双方充分举证、质证，增强法官对庭审的驾驭能力，促进了司法水平的全面提升。[1] 2017年3月，山西省高级人民法院启动庭审实质化改革试点，为增强改革的针对性，最高人民法院指定不同地区分项目予以试行，由太原市中级人民法院试行庭前会议制度，由忻州市中级人民法院试行证人出庭保障制度，由阳泉市中级人民法院试行辩护保障制度。三地法院在试点过程中，充分发挥主观能动性，开拓创新了许多实施举措。如忻州市中级人民法院在试行证人出庭保障制度的过程中，建立了作证面貌与声音的隐蔽保护系统，有效提高了证人作证率。2017年6月，阳泉市中级人民法院在试行辩护保障制度的过程中，推行3年以上有期徒刑被告人辩护律师全覆盖，取得了显著的成绩。2017年1月至4月，阳泉市两级法院刑事案件辩护率为20%，其中法律援助案件占2.5%；2017年5月至6月15日，辩护率升至30%，法律援助案件占比升至3.9%。[2] 总之，在2017年初全国开始试行的庭审实质化改革试点过程中，全国多地法院进行了诸多探索，取得了不菲的成绩。

第三节　刑事庭审实质化改革应当处理的两个关系

刑事庭审实质化改革在立法、规范性文件中逐步确立，被

---

〔1〕 闫志东："吉林市启动刑事庭审实质化改革"，载《人民法院报》2017年7月26日。

〔2〕 马超、王志堂："刑事庭审实质化改革的山西实践"，载《法制日报》2017年8月8日。

推向历史舞台,从零星探索阶段,到 2015 年初的改革试点阶段,直到 2017 年初,庭审实质化改革在全国试点推广,在这一改革过程中,应该厘清其与以审判为中心的诉讼制度改革和程序分流的关系,以图深入理解刑事庭审实质化改革的价值。

一、刑事庭审实质化改革与以审判为中心的诉讼制度改革的关系

"以审判为中心的诉讼制度改革"是 2015 年理论界研究和实务界适用的关键词,其后方兴未艾,在其改革的大背景下,关于"庭审实质化改革"的研究不断出现,并在多地司法实践中试点适用。在一系列法律文件中,两者如影随形,亟须厘清两者之间的关系。

(一)两者的区别

审判中心主义是现代法治国家公认的基本刑事诉讼司法原则,体现了法治国家化解个人与政府之间冲突的客观要求,其强调审判程序在整个刑事诉讼程序中的中心地位和关键作用。刑事庭审实质化改革与以审判为中心的诉讼制度改革的区别主要体现在两者的侧重点不同,所要解决的问题不同。以审判为中心的诉讼制度改革的提出,在于处理法院与其他机关之间的关系,或言主要是解决刑事诉讼中审判活动与侦查、起诉、刑罚执行活动的外部关系,即审判应当居于中心地位,对侦查、审查起诉环节具有引导、制约和决定作用,强调侦查、审查起诉等审前程序应服务于审判程序。[1]以审判为中心强调刑事诉讼结构的纵向调整,强调以审判为核心,处理侦审、诉审之间

---

[1] 张建伟:"审判中心主义的实质与表象",载《人民法院报》2014 年 6 月 20 日。

的关系。在我国刑事司法实践中,以审判为中心的诉讼改革应该着力改革"侦查中心主义"的倾向,改变公安司法机关"流水作业式"的模式,突出审判的重心,重新分配国家权力。而庭审实质化改革主要解决法院裁判权运作机制的问题,庭审实质化的基本要求或核心是"证在法庭""辩在法庭""判在法庭",实现庭审实质化改革的关键是贯彻、落实直接言词原则,使法官根据控辩双方充分的举证、有效的质证,实现当庭认证和案件事实的查明,从而当庭裁判。因此,庭审实质化改革主要解决审判机关内部如何进行审判活动进而对被告人定罪判刑的问题,关注的是庭前准备和庭审的关系。如何实现庭审过程的实质化,是目前我国司法改革的目标。我国庭审实质化改革主要针对庭审虚化的现实困境而提出,但摒除这一司法实践中的痼疾任重道远,难以一蹴而就。

(二) 两者的联系

一方面,以审判为中心的诉讼制度改革是庭审实质化改革的前提和基础。没有前者就无所谓后者,后者对前者具有促进意义。[1]为化解侦查中心主义,以审判为中心的诉讼制度改革被提出、推行;而庭审实质化则通过"证在法庭""辩在法庭""判在法庭"的各种制度的构建避免"侦查中心主义"的影响,强调当庭举证、质证、认证,排斥庭前卷宗、书面证据的适用,这有助于确保以审判为中心。以庭审为中心,是以审判为中心的逻辑演绎。相对于侦查中心主义,审判中心主义的优势在于对刑事证据的判断、事实的认定通过庭审予以体现。[2]可见,

---

[1] 陈卫东、霍文琦:"以审判为中心推动诉讼制度改革",载《中国社会科学报》2014年10月31日。

[2] 龙宗智:"论建立以一审庭审为中心的事实认定机制",载《中国法学》2010年第2期。

以审判为中心的诉讼制度改革强调刑事诉讼程序应当"以审判为中心",强调审判对于被告人定罪量刑的重要意义,而审判程序的优势则主要通过控辩双方"证在法庭""辩在法庭""判在法庭"来体现,而证人出庭,充分举证,有效质证正是庭审实质化的必然要求。

另一方面,庭审实质化改革是以审判为中心的诉讼制度改革的关键内容和重要落脚点。刑事诉讼是化解刑事纠纷的过程,在整个侦查、起诉、审判、执行过程中,审判环节是决定被追诉人的刑事责任、解决纠纷的关键,所以,审判环节应居于中心地位;被告人的刑事责任只能通过庭审阶段中的举证、质证、认证环节予以解决。可见,庭审实质化改革是实现以审判为中心的诉讼制度改革的主要途径和关键内容。没有以控辩双方充分参与下的"证在法庭""辩在法庭""判在法庭"为主要要求的庭审实质化,庭审环节的中心地位难以体现,刑事审判的正当性、合法性以及权威性难以彰显。应当明确,以审判为中心的诉讼制度改革的核心是实现庭审实质化,并非针对所有刑事案件,这一论断仅针对适用于庭审实质化的案件,即适用于部分有争议的刑事案件,主要是重罪案件和被告人不认罪的重大、疑难、复杂案件。对于适用简易程序、速裁程序以及认罪认罚从宽的案件,不适用"证在法庭""辩在法庭""判在法庭"的庭审实质化的裁判方式,这是程序分流的必然要求。程序分流为庭审实质化的实现准备了充分的诉讼资源。

二、刑事庭审实质化改革与程序分流的关系

刑事诉讼中程序分流的含义有广义和狭义之分。狭义的分流是指程序的繁简分流,主要是指较之于普通程序,审判阶段适用更加简易的程序对案件审理的程序分流;广义的分流是指

整个刑事诉讼程序的分流，既包括立案、侦查、起诉等审前程序的分流，也包括审判程序的繁简分流。[1]庭审实质化在诉讼理念上侧重在程序公正的基础上追求实体真实；而刑事程序分流主要针对实践中案多人少的矛盾，在司法诉讼资源有限的前提下，力图解决这一困境。

程序分流是庭审实质化改革的必要前提，为庭审实质化改革奠定了司法资源的基础。当前，我国正处于经济转轨、社会转型的特殊时期，刑事犯罪呈高发态势，进一步优化司法资源配置是当前司法实践的迫切需要。一方面，轻微犯罪增多增加了司法工作的负担。《刑法修正案（八）》将扒窃、危险驾驶等违法行为入罪，增加了轻微刑事案件的数量，而2015年11月生效的《刑法修正案（九）》进一步降低了入罪门槛，修改、增加了许多轻微犯罪，其中使用虚假身份证件、盗用身份证件罪、代替考试罪的最高法定刑为拘役，2017年11月生效的《刑法修正案（十）》增加了对国歌的刑法保护，其最高法定刑为3年有期徒刑。2021年3月生效的《刑法修正案（十一）》修改增加了袭警罪、高空抛物罪、催收非法债务罪等二十几个罪名，部分犯罪属于轻微犯罪，如高空抛物罪的最高法定刑为1年有期徒刑。2020年《最高人民检察院工作报告》提到，1999年至2019年，检察机关起诉严重暴力犯罪从16.2万人降至6万人，年均下降4.8%；被判处3年有期徒刑以上刑罚的占比从45.4%降至21.3%。与此同时，新类型犯罪增多，"醉驾"取代盗窃成为刑事追诉第一犯罪，扰乱市场秩序犯罪增长19.4倍，生产、销售伪劣商品犯罪增长34.6倍，侵犯知识产权犯罪增长56.6倍。2021年《最高人民检察院工作报告》亦提到，我国经

---

〔1〕 张小玲："论侦查阶段的程序分流"，载《中国人民公安大学学报（社会科学版）》2007年第3期。

济发展、社会安定,犯罪结构明显变化,重罪占比持续下降,轻罪案件不断增多。判处不满3年有期徒刑及以下刑罚案件,从2000年占53.9%升至2020年的77.4%。总之近几年,轻微犯罪的增多,增加了司法实务部门的工作压力,导致司法实践中"案多人少"的矛盾更加突出。因此,优化司法资源配置,繁简分流的需求不断加大。另一方面,庭审实质化改革的重点在于突出和落实"庭审实质化",最终实现司法公正。这也是参加刑事诉讼主体的应然要求,任何犯罪嫌疑人、被告人都有权要求以庭审实质化的方式接受公正审判。但是"证在法庭""辩在法庭""判在法庭"的实质化庭审必然会耗费大量的司法资源,亟须程序分流。

借鉴域外刑事司法经验以及查找我国司法实务部门的工作不足,切实改善公安司法部门"案多人少"的现状,缓解办案压力,应逐渐形成刑事普通、简易、速裁程序相互衔接的多层次审判体系。2018年修正的《刑事诉讼法》以专节形式明确了"刑事速裁程序"〔1〕以及该程序与其他诉讼程序的转化,更加

---

〔1〕 2018年修正的《刑事诉讼法》第222条至第226条规定了我国刑事速裁程序适用的条件、程序等。其中,第222条规定,基层人民法院管辖的可能判处3年有期徒刑以下刑罚的案件,案件事实清楚,证据确实、充分,被告人认罪认罚并同意适用速裁程序的,可以适用速裁程序,由审判员一人独任审判。人民检察院在提起公诉的时候,可以建议人民法院适用速裁程序。第223条明确了不适用速裁程序的几种情形:被告人是盲、聋、哑人,或者是尚未完全丧失辨认或者控制自己行为能力的精神病人的;被告人是未成年人的;案件有重大社会影响的;共同犯罪案件中部分被告人对指控的犯罪事实、罪名、量刑建议或者适用速裁程序有异议的;被告人与被害人或者其法定代理人没有就附带民事诉讼赔偿等事项达成调解或者和解协议的;其他不宜适用速裁程序审理的。第224条规定,适用速裁程序审理案件,不受本章第一节规定的送达期限的限制,一般不进行法庭调查、法庭辩论,但在判决宣告前应当听取辩护人的意见和被告人的最后陈述意见。适用速裁程序审理案件,应当当庭宣判。第225条规定,适用速裁程序审理案件,人民法院应当在受理后10日以内审结;对可能判处的有期徒刑超过1年的,可以延长至15日。第226条规定:

有利于构建我国多层次审判体系。对于被告人认罪的轻微刑事案件采用刑事速裁程序、简易程序处理，能优化诉讼资源配置，保障司法机关可以集中资源审理重罪案件和被告人不认罪的疑难、复杂、重大刑事案件。如此，契合我国司法实践的需要，符合刑事审判制度的发展规律，才能形成繁繁简简、繁简分流的合理格局。实践证明，大量的轻微刑事案件经由审查起诉阶段的分流远远不够，审判阶段的简易程序和速裁程序的审判分流作用亦有待完善。当前，认罪认罚从宽制度是程序分流理念的主要表现形式，被追诉人自愿认罪认罚，选择简化的诉讼程序和方式审判，并同时在法定允许的范围内获得"从宽"处理，适用更加便捷的诉讼程序，这是办理案件中的实然需要，亦是尊重被追诉人权利的体现。2018年修正的《刑事诉讼法》明确规定了认罪认罚从宽制度的适用条件、适用程序以及公安司法机关的相关职责等，随着我国认罪认罚从宽制度进一步的发展、完善，程序分流必将得以有效适用，而这必有助于疑难复杂案件中庭审实质化的实现。就该意义而言，庭审实质化改革与程序分流的关系是办理刑事诉讼的应然要求与实然需要的关系。处理好追求司法公正与化解司法资源有限之间的矛盾，需要正确审视庭审实质化改革与程序分流的关系。

（接上页）"人民法院在审理过程中，发现有被告人的行为不构成犯罪或者不应当追究其刑事责任、被告人违背意愿认罪认罚、被告人否认指控的犯罪事实或者其他不宜适用速裁程序审理的情形，应当按照本章第一节或者第三节的规定重新审理。"

第四章
我国刑事庭审实质化改革前面临的困境及改革举措、成效

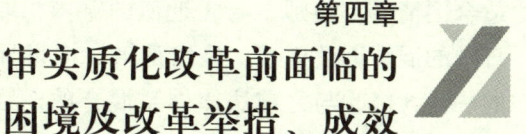

从应然的意义上讲，在刑事诉讼从侦查到审判的诸多阶段中，审判阶段中的庭审环节应当占据中心位置：案件疑点之发现、案件事实之查明、诉讼争议之消除端赖于庭审中的集中展现，与此同时，庭审也天然成为控辩双方质证及辩论的最佳场合，这些因素都注定了其在决定诉讼结果时的核心地位；随之而来的，其也理所应当担负起法院履行法律赋予的审判职能及诉讼参与人行使他们诉讼权利的核心程序之责。刑事庭审虚化一直困扰着我国刑事立法和司法活动，我国刑事庭审实质化改革的主要目标即为解决刑事庭审虚化的困境，这亦是我国刑事庭审实质化改革的主要任务。

第一节 我国刑事庭审实质化改革前面临的困境

一、"重实体、轻程序"的刑事司法观念

一方面，一国诉讼模式的具体选择，与本国的特定背景密切相关，甚至可以认为由其所决定。司法实践中行之有效的成功刑事诉讼模式，离不开对于本国传统文化、风俗习惯、历史背景、国民特性、法治观念的慎重考量。以日本法律近代化过

程为例，其在明治维新之初，先是向先进的法国学习，发现不适合国情后，转师于与之近似的德国，取得了较大进步。当代日本的混合诉讼模式，显然是第二次世界大战后麦克阿瑟主导的法律大修改与之前法律体系混合的产物。另一方面，一国刑事诉讼具体实践情况，也同样受到上述诸多因素的制约，形式化庭审的形成与我国"重实体、轻程序"的刑事司法观念息息相关。

（1）我国传统文化中始终存在一种重视实体正义的同时却忽视程序的倾向。"庭审中心主义"之下的实体正义大厦完全建立在公平程序这一地基之上：因为后者是前者不可动摇的立足点，离开了后者支撑的前者恰如无本之木、无源之水，随时都存在向公共权力、社会舆论以及所谓"民意"折腰的危险。如此，轻"程序"，不仅无法突出"实体"之重，而且实践中常常构成对于后者的背离与践踏。离开程序保障的实体公正，如同盲人骑瞎马，离预定的目标且行且远。

（2）作为现代国家治理体系重要组成部分的"法治"能力（依据法律治理国家的能力）存在明显欠缺。对当代中国社会而言，法治作为治国方略的确立，固然意味着在社会组织形态上的巨大进步，但处于"疲软"状态之法治，则将使其所要求的配套措施沦为形同虚设、毫无作用的技术构建。

（3）当前中国的司法实践，尚未全面认可司法的特别属性，仍然还需在观念转换上下功夫。依据司法特性，法律应当成为法官裁判的唯一标准，其应当依法也应当只依据法律对于诉讼的两造在事实及法律两方面的争议作出独立、公正之判断和裁决。最早由司法实践中发展起来的非法证据排除规则使人们得以重新审视"重实体、轻程序"的传统司法理念，其将人们对于程序的认识与强调提升到一个新的高度，并使程序逐渐摆脱

第四章 我国刑事庭审实质化改革前面临的困境及改革举措、成效

其对于实体之传统依附,程序公正得以与实体公正相颉颃,程序之独立价值开始显现,因而对诉讼法之发展和改革产生了深远影响,被诸多法治发达国家奉为诉讼法改革之圭臬,遂成为一条普遍的证据裁判原则。基于此,绝大多数法学学者都呼吁我国应当积极顺应这一世界进步潮流,主张非法证据排除规则在中国落地生根。为此,许多学者为非法证据排除规则在中国落户进行着前期准备,开展了大量的理论研究和实证研究工作。"精诚所至,金石为开",学界的不懈努力最终赢得了立法的回应:"两个证据规定"于2010年7月1日起开始施行,使学界和司法实务界看到了希望,切实在中国司法实践中确立了非法证据排除规则,2012年《刑事诉讼法》亦把这一成就吸收了进去。

二、庭审实质化的相关法律不健全

我国于1996年修正的《刑事诉讼法》引入了对抗制辩护制度,2012年修正的《刑事诉讼法》在这一方向做了进一步努力,建立了庭前会议制度,完善了证据规则,强化了辩护制度等,但是这些规定距离庭审实质化"证在法庭""辩在法庭""判在法庭"的要求还有一定差距。很多制度的相关法律法规相对简略,导致难以在实践中被有效适用。这从2012年规定的刑事庭前会议制度中可见一斑。我国刑事诉讼法仅用一款规定过于简单,"了解情况,听取意见"的功能预设,适用范围、适用程序、效力规定的缺失等都导致这一制度在司法实践中鲜有适用。庭审实质化要求贯彻直接言词原则,但我国保障证人出庭的法律法规相对缺失。法庭调查、质证环节等相关法律法规不足,导致司法实践受到影响。

三、刑事庭审虚化问题相对突出

庭审虚化是指法官对证据和案件事实的认定以及被告人刑事责任的确定不是通过庭审完成，而是由庭前或庭后完成。[1]审判程序应是整个刑事诉讼的中心，但庭审虚化却使得庭审成为一种形式。在我国长期的刑事审判实践中，"庭审虚化"问题相对突出，具有一定的普遍性。1996年《刑事诉讼法》修改时，理论界和立法者均认为当时庭审"先入为主""先判后审""先定后审"，导致开庭审判走过场。[2]于是，1996年《刑事诉讼法》改革开庭前的审查程序，将开庭前的实体性审查改为程序性审查，同时增强庭审对抗性。但是，1996年《刑事诉讼法》改革取得的效果甚微。2012年《刑事诉讼法》修正时，立法者继续朝此方向努力，认为"审判是决定被告人是否构成犯罪和判处刑罚的关键阶段"，[3]并改革了证人出庭制度等多种制度。庭审虚化是长期存在且未能被有效解决的制度性问题，[4]刑事庭审虚化主要表现在以下四个方面：

（一）庭前准备环节缺失

庭审实质化要求"证在法庭""辩在法庭""判在法庭"，要求控辩双方充分对抗，在举证、质证的基础上，正确判断证据，认定案件事实。这一要求的实现离不开集中审理原则的确立，

---

[1] 何家弘："刑事庭审虚化的实证研究"，载《法学家》2011年第6期。

[2] 胡康生、李福成主编：《中华人民共和国刑事诉讼法释义》，法律出版社1996年版，第171页。

[3] 王兆国："关于《中华人民共和国刑事诉讼法修正案（草案）》的说明"，载陈光中主编：《〈中华人民共和国刑事诉讼法〉修改条文释义与点评》，人民法院出版社2012年版，第512页。

[4] 何家弘教授曾将我国刑事庭审虚化现象概括为举证的虚化、质证的虚化、认证的虚化、裁判的虚化四个方面。参见何家弘："刑事庭审虚化的实证研究"，载《法学家》2011年第6期。

第四章 我国刑事庭审实质化改革前面临的困境及改革举措、成效

充分有效的庭前准备是庭审得以集中连贯进行的前提条件。[1]庭前准备主要是完成开庭前的程序性准备事项以及控辩双方主要争议点的确立,而主要争议点的确立离不开控辩双方通过庭前证据开示而实现的案件信息的沟通,在我国,庭前准备则主要是指控方向辩方开示相关证据。但是1996年修正的《刑事诉讼法》适用后,在我国刑事司法活动中,限制辩护律师阅卷权的现象仍较为常见;在法庭正式开庭审理前,控辩审三方极少有机会就案件的诉讼争点和关键证据进行沟通交流,"证据突袭"现象频现。庭前准备环节的缺失导致实践中庭审程序频繁中断,审核证据、查明案件事实效率较低,法官更多依赖书面卷宗裁判案件。为了改变我国长期司法实践中这一庭审虚化的状况,突出庭审的中心地位,我国刑事诉讼做了很多努力,而庭前会议的增设可谓我国庭审模式吸收英美对抗制的一大创举,是2012年《刑事诉讼法》修改的一大亮点,赋予了控辩审三方信息交流、明确争议点的时间和机会,也是推进以审判为中心的诉讼制度改革的重要一环。

(二) 证人出庭率不高

证人是以其感知证明案件发生的主体,证人证言是刑事诉讼中认定证据和事实的重要证据形式。但我国刑事司法实践中,证人出庭率不高。2012年《刑事诉讼法》虽然完善了证人出庭制度,力图实现庭审对证人证言的实质审查,充分发挥证人对案件事实的证明作用,改变庭审形式化的现状,但是新法适用以来,我国刑事诉讼中的证人出庭率依然较低。如山东省菏泽市巨野县人民法院2013年共审结411件刑事案件,其中有证人证言的案件287件,但审判阶段证人出庭的案件仅3件,占全部

---

[1] 于增尊:"为刑事审限制度辩护——以集中审理原则之功能反思为视角",载《政法论坛》2014年第6期。

审结案件的 0.7%。[1]这在一定程度上代表了全国刑事案件证人的出庭现状。在 2012 年修正的《刑事诉讼法》生效后的 1 月至 4 月间，全国刑事案件证人的出庭比例为 0.12%。[2]证人不出庭，法庭一般以书面证人证言代替，作为我国定案所依据的主要证据种类的证人证言审查形式化。证人出庭率低原因多样。法律法规的缺失是其中一项因素。一份关于刑事证人出庭的调查报告显示，证人出庭率并未因强制作证制度而上升，[3]所以，应当从文化背景和司法惯习中寻求原因。我国"无讼""和谐""大同"的观念影响颇深，许多证人不愿作证；受超职权主义诉讼模式的影响，长期以来，我国刑事诉讼中对侦查机关工作状况的公正性高度信任，赋予传闻证据以证据能力；[4]审判人员担心出庭证人所作证言不同于庭前书面证人证言，从而造成庭审中断，影响诉讼效率，不太希望证人出庭；公诉人员担心出庭证人突然改变证言，突破审前预期，打乱整个控诉步调，造成庭审中的不利局面，使得庭审结果"不可预期性"，从而更是不愿证人出庭。总之，多种因素导致司法实践中证人出庭率低，难以实现庭审实质化"证在法庭""辩在法庭"的要求。

---

[1] 田源、杨继伟："新刑诉法实施后证人出庭率低的原因分析"，载 http://www.chinacourt.org/article/detail/2014/04/id/l285118.shtml，2018 年 3 月 5 日访问。

[2] 参见最高人民检察院作出的《关于 1 至 4 月全国检察机关侦查监督、公诉部门执行修改后刑诉法情况通报》。

[3] 根据北京市尚权律师事务所 2013 年的调研显示：证人出庭的强制性明显不足。55.3%的受调查者认为，"大多数案件法院虽同意证人出庭，但不使用强制力作为后盾；证人是否前来凭其自愿"；23.2%的受调查者认为，"法院视证人与案件事实的关联性大小而决定是否强制传唤证人"；只有 15.4%的受调查者认为，"法院强制证人出庭制度贯彻正常"。参见史琳玉、杨欣："新刑诉法实施中的'辩审冲突'——北京市尚权律师事务所对新刑诉法实施状况的调研研讨"，载《法律与生活》2014 年第 17 期。

[4] 龙宗智："本月评点：中国作证制度之三大怪现状评析"，载《中国律师》2001 年第 1 期。

第四章　我国刑事庭审实质化改革前面临的困境及改革举措、成效

（三）辩方参与率不高

庭审实质化要求"辩在法庭"，要求控辩双方充分对抗，在此基础上，通过举证、质证，实现对案件证据和事实的认定，但是无论在1996年《刑事诉讼法》还是2012年《刑事诉讼法》修改后，我国刑事诉讼辩护律师参与率仍旧很低。刑事辩护覆盖范围有限。长期以来，律师辩护率徘徊在30%左右。[1]尽管刑事诉讼中法律援助的范围已经得到了扩大，但律师界愿意从事法律援助业务的律师为数甚少。在没有职业律师提供帮助的情况下，控辩对抗难以真正实现。长远而言，重大、疑难、复杂、不认罪案件的被告人都需要有律师辩护，所以，我国刑事辩护律师的数量亟待加强。另一方面，辩护人法律职业能力参差不齐，有效辩护率低。庭审真正实质化的实现，不仅取决于程序设计是否合理，还受到控辩能力的影响；实践证明，从事法律援助和刑事辩护的律师的辩护经验和技巧参差不齐。法律职业能力不高甚至缺乏专业的刑事辩护经验，难以驾驭庭审实质化所赋予的各项诉讼权利和义务。

辩方参与率低的现状与我国法律法规对辩护职能的发挥保障不力有重大关系。司法实践中，刑辩律师会见难、阅卷难、调查取证难。以调查取证权的实施为例。辩护律师的调查取证权受到法律法规以及司法实务部门内部规定的限制，自行调查取证或申请法院重新调查取证的比例不高；辩方调查取证集中于实物证据，针对言词证据行使调查取证权顾虑很多。律师取证难，辩护人的作用没有得到有效发挥，难以落实庭审实质化"辩在法庭"的要求。辩护律师不仅履行权利困难，而且长期以来面临着"高风险低收益"的处境，考虑"风险与收益"的比

---

[1] 顾永忠："以审判为中心背景下的刑事辩护突出问题研究"，载《中国法学》2016年第2期。

例问题,很多律师宁可办理琐碎的民事案件,也不愿从事高风险的刑事案件。《全国律师协会维权工作报告》的统计显示,1999年至2001年间,全国律协共收到各级律师协会及律师报来的维权案件79起,律师涉嫌罪名集中在"辩护人妨害作证罪""诈骗罪""贪污罪"。〔1〕2008年10月,辽宁省营口市中级人民法院二审审结的广州律师马某东诈骗案件更是将刑辩律师的权利保障推向了风口浪尖。众望所归,2012年《刑事诉讼法》修改完善了对辩护律师的权利保护,但是"新三难"问题,即辩护律师在法庭上"发问难、质证难、辩论难"〔2〕继而出现。辩护律师依法履行职责是推进庭审实质化、防范冤假错案的重要保障,没有辩护律师参与,因诉讼条件及能力上的限制,被告人难以与公诉人抗衡,庭审便会成为检察官的单方面立证过程。〔3〕改变辩方参与率低的困境势在必行。

(四)举证形式化、质证空洞、庭后认证

庭审实质化要求法庭审理中必须有供裁判者查明案件事实的有效机制。从证明和裁判的角度来看,这应是供裁判者借助证据对案件事实进行回溯性认识的方式,要求庭审中有足够的证据信息供给以及庭审中有对证据进行详尽展示和有效调查的方式,以使得裁判者对所获得的证据信息进行评价,并通过思维重构形成对证据事实的转换整合,最终根据所确信的证据事实完成对案件事实的确认。〔4〕但我国司法实践中,长期以来,证据裁判原则难以贯彻,导致庭审虚化,具体而言,包括以下

---

〔1〕《中国律师年鉴》编辑委员会编辑:《中国律师年鉴(2001~2003)》,人民法院出版社2005年版,第281页。

〔2〕罗坷:"律师事业正当时",载《人民法院报》2015年8月24日。

〔3〕龙宗智:"庭审实质化的路径和方法",载《法学研究》2015年第5期。

〔4〕吴宏耀:《诉讼认识论纲——以司法裁判中的事实认定为中心》,北京大学出版社2008年版,第67页。

第四章 我国刑事庭审实质化改革前面临的困境及改革举措、成效

几点：

首先，举证形式化。根据我国《刑事诉讼法》的规定，侦查机关负责收集证据，查明案件事实，检察机关承担证明被告人有罪的责任，虽然检察机关同时也是《宪法》规定的法定监督机关，但控诉责任使得检察机关在审查起诉过程中难以不偏向有罪证据。另一方面，因为刑事辩护律师的调查取证权很少实施，而主要倾向从阅卷权行使过程中获得材料，而所阅的"卷"却是控诉证据，所以，在庭审过程中，辩护方出具的证据数量与控诉方相比，相去甚远，实践中的很多庭审变为控诉方的单独举证。

其次，质证空洞。刑事庭审过程中的质证本应是对证据的质疑，以有助于法官正确地审核证据，认定事实。但在我国司法实践中，"选择性宣读式"举证和"笼统概括性"质证使得控辩双方在证据调查方面缺乏有效对抗，证据的证明力以及承载的事实信息无法被充分揭示。[1] 除了以上原因外，质证空洞主要缘于我国人证不出庭，传闻证据在认证、裁判中广泛适用，庭前所作书面证据成为法官认定事实、定罪量刑的根据。证人、鉴定人、侦查人员等人证不出庭，其中证人不出庭现象较为严重。

最后，庭后认证。认证是审判法官的职责，属于法官自由心证的范畴，认定证据通常有当庭认证和庭后认证两种方式。当庭认证是在控辩双方充分举证、质证之后随即作出，能够充分体现审判过程的公开、公正，增强了司法的透明度，但是这一方式要求法官具备较高的法律素质和较强的逻辑判断和实践能力，并能中立地裁判案件。在我国司法实践中，当庭认证一

---

[1] 陈实：《我国刑事审判制度实效问题研究》，北京大学出版社 2015 年版，第 53 页。

般限于控辩双方没有争议的证据;稍有争议的证据,一般留待庭后解决,庭后认证更多地依赖于案卷中的各种笔录。从认证的证据数量而言,庭后认证远远多于当庭认证。庭后认证虽然体现了审判人员对证据审核的谨慎,但更多的是使得公众形成了审判人员难以独立裁判的认识。这一认证方式不符合庭审实质化"判在法庭"的要求,有悖司法权公正行使的需要,更不利于对刑事被告人权利的保护。

第二节 我国刑事庭审实质化改革试点的举措

推进庭审实质化改革,关键在于庭审方式从空虚化到实质化的转变,但实际涉及范围不仅仅局限于庭审方式自身,还包括其他配套措施、保障制度的革新,总之,通过庭审实质化改革的众多举措,力图实现"证在法庭""辩在法庭""判在法庭",以达致司法水平持续提升及司法文明取得质的进步之终极目的。我国庭审实质化改革发轫于成都市中级人民法院于2015年2月在全国率先进行的试点探索,其后在四川全省推广,与此同时,浙江温州等地的庭审实质化改革亦取得了不菲的成绩。试点法院在庭审实质化改革中做了多方面的有益探索。如成都市中级人民法院自开展庭审实质化试点改革以来,积极探索推行庭审实质化的各项具体措施,突出强调庭审在查明案件事实中的作用,通过采用对证据的现场质证及对证人的交叉询问等措施,更好地查明了案件事实,其改革成效得到了最高人民法院的肯定。[1]

---

[1] 刘春华:"不认罪和翻供案件为重点最大限度防范冤假错案",载《四川日报》2016年4月1日。

第四章 我国刑事庭审实质化改革前面临的困境及改革举措、成效

一、多措并举强化庭审中心主义理念

理念是行动的先导。按照美国联邦最高法院著名大法官小奥利弗·温德尔·霍姆斯的看法,"理论之于法律的教条,犹如建筑师之于建房的工匠,乃其最重要的一部分"。[1]试点法院在改革试点过程中争取党政支持,注重多措并举强化庭审中心主义理念。

首先,考虑到公安司法机关在刑事诉讼中的优势地位,试点法院注意通过党政多种渠道强化公安司法机关的相关理念。温州市法院在庭审实质化改革过程中极力推动温州市委将"庭审中心与证人出庭"这一试点改革内容纳入温州市委《关于全面深化法治温州建设的意见》以及2015年温州市委政法委系统重点改革项目,从组织层面上实现对改革工作的充分重视和支持,强化庭审中心主义理念,确保公安司法机关对庭审实质化改革工作的重视和支持。将公检法联席会议制度常态化,以积极争取公安部门、检察院的支持,与其联合制定文件对证人、鉴定人和警察出庭作证进行规范,及时评估、解决实践中出现的问题,统一各方的认识与做法,以形成改革合力。

其次,通过示范效应强化庭审实质化的理念。针对检察官、警察、律师等法律职业共同体在刑事庭审实质化理念上存在的偏颇,成都、温州两市多家法院的院领导带头亲自审理疑难复杂案件,通过示范效应促进理念转变。院领导亲自参与的典型案件之庭审,引起社会各界和各大新闻媒体的高度关注,从而

---

[1] "Theory is the most important part of the dogma of the law, as the achitect is the most important man who takes part in the building of a house", quoted in Edward S. Corwin, *The "Higher Law" Background of American Constitutional Law*, Cornell University Press, 1955, p. 1.

对参与侦查和出庭作证的人民警察、参与庭审的检察官及律师的专业技能提出了更高的要求，倒逼成都、温州两市法律职业人员及时提升职业素养，转变固有观念，树立刑事庭审实质化的新理念。

再次，大力推行侦查人员出庭作证制度，有效引导侦查人员依法侦查观念的养成，从而促成理念的转变。人民警察出庭并接受法庭讯问，可以直接感受到所有搜查的证据必须接受法庭对其合法性、真实性之判断，所有侦查行为都需经过法院的审判，从而倒逼其不断提高侦查质量，加快实现他们的理念从"以侦查为中心"向"以审判为中心"的转变。此外，成都、温州两地中级人民法院还通过公安机关组织人民警察观摩有侦查人员、证人出庭作证的庭审，积极推动公安机关办案理念和机制的转变。

最后，以专题活动来强化司法人员对庭审中心主义理念的认同。针对庭审过程中审判人员对庭审过程处理不规范、不到位等问题，温州市中级人民法院通过庭审规范化促进庭审实质化。温州市中级人民法院于2013年在全省首次编撰《法庭审理常见事件指导手册》，将其发放给每位法官，并开展为期3个月的庭审督察活动，2015年又结合试点经验编制了《各类案件一审程序庭审提纲》以规范庭审活动。同时联合市委政法委召开"以庭审为中心"为主题的法学沙龙和司法论坛，举办庭审中心主题征文活动，邀请专家做主题报告。通过以上多种形式的宣传和引导，增强司法人员对"以庭审为中心"理念的理解和认同。[1]

---

〔1〕 有关成都市法院和温州市法院庭审实质化试点工作的经验介绍，可参见《成都法院刑事庭审实质化改革试点工作调研报告》《温州法院推进庭审实质化改革试点工作调研报告》，引自中华人民共和国最高人民法院刑事审判第一、二、三、四、五庭主办：《刑事审判参考》（总第103集），法律出版社2016年版，第199~234页。

二、法院建章立制初具规模

改革是社会利益再分配的过程。为了确保、稳固及进一步提升改革成果，所有改革，无论大小，都应当在其进行到一定程度时，实现对此前临时举措的超越，建章立制，将之转化、提升为一般规则，然后通过规则的普遍性特征来推进改革平稳、有序地继续运行，所以，改革天然地和变法联系在一起。古今中外，概莫能外。商鞅变法、王安石变法如此，现在我国的刑事庭审实质化改革亦如此。自 2016 年以来，成都市龙泉驿区人民法院围绕庭审实质化的具体要求，出台了一系列具有一定普遍指导意义的操作规范，包括制定并试行了《刑事诉讼庭前会议操作规范》《刑事诉讼证据开示操作规范》《刑事诉讼非法证据调查程序操作规范》《刑事诉讼举证规则》《刑事诉讼人证出庭操作规范》《刑事庭审实质化改革一审裁判文书制作规范》《刑事案件繁简分流和专业化审判的实施办法》《刑事案件繁简分流的若干规定》等 12 个规范相关制度和具体操作规则的规范性文件。[1] 由此，法院在刑事审判阶段的所有诉讼流程和重要环节基本做到了有章可依，初步实现了庭审实质化操作的技术指引。与此同时，成都市公安机关、检察机关、司法行政部门分别依据自己的职责范围制定了 13 份相关的规范性文件，并先后联合发布了 4 份规范性文件，对其自身的办案流程及它们之间相互沟通协调事宜进行了必要的规范。这些规范性文件，覆盖了刑事案件办理的全部环节和所有流程，为相关部门办理刑事案件及其在办案过程中相互沟通协调提供了规范上的保障，从而基本实现了办案全程的有章可依。其他的许多试点法院亦

---

[1] 龙宗智：" 庭审实质化需技术与规则并重"，载《检察日报》2016 年 11 月 22 日。

如此。江苏省徐州市鼓楼区人民法院为落实庭审实质化改革,进行了制度创新,制定了包括《庭前会议操作规范》《证据开示操作规范》《证人、鉴定人出庭作证操作规范》等在内的共计12个改革文件。[1]

三、不断探索庭审实质化的实践措施

(一) 充分发挥庭前会议功能

庭审实质化有赖于充分的庭前准备。庭前会议制度是2012年《刑事诉讼法》新增设的庭审准备程序。虽然有《刑事诉讼法》的明确规定,但在庭审实质化试点改革之前的司法实践中,只有极少数案件召开了庭前会议;而大多数刑事案件在正式庭审之前,并未召集庭前会议。这样,在制度设计中本来作为庭审集中、高效进行重要准备的庭前会议,事实上被空置,与集中、高效的庭审预期尚有距离。考虑到这些现实,成都市法院在庭审实质化试点改革中充分发挥庭前会议的功能,着力于解决主体资格、申请回避、排非过滤、交换证人名单、清理争点等问题。庭前会议中控辩双方已经达成的合意,庭审中则通常不予变更而直接予以确认。同时增加庭前会议报告程序,也即在庭审之前形成庭前会议报告,用于庭审时的集中或分段宣读,从而实现庭前会议与庭审程序的有机衔接。并且,该法院在其大量的庭审实质化试点经验的基础上,还注意提炼、升华,将之总结,形成规范性文件,出台了覆盖审判阶段全部诉讼环节的《庭前会议操作规范》之类的规范文件。[2]成都市龙泉驿区

---

[1] 王晓红:"徐州鼓楼法院创新推进庭审实质化",载《江苏法制报》2017年7月31日。

[2] 魏军、王晓燕、刘冰玉:"为庭审实质化改革贡献'成都经验'",载《四川法制报》2017年1月4日。

第四章 我国刑事庭审实质化改革前面临的困境及改革举措、成效

人民法院在实践中,根据其审判工作实际,大胆突破、勇于创新,对该市中级人民法院的有关规范文件进行具体化并予以适当扩展。为更好地建构"以庭审为中心"的审理机制,该院从扩大庭前会议功能入手,厘定了庭前会议与紧随其后的庭审程序的衔接机制,以此来完善正式开庭审判之前的庭前准备程序,特别制定、出台了贴合自己实践的《庭前会议流程》。其中,强调庭前会议的重点应被放于如下四个方面:①对于案件争点的整理;②对于程序性争议事项的处理;③调取证据与人证出庭事项的处理;④预先制定庭审时的证据调查方案。温州市中级人民法院在庭审实质化改革试点中与该市检察院联合出台、发布了《庭前会议工作规则(试行)》,明确了庭前会议的适用范围,规定了启动方式,规范了具体的会议流程,并确认了法律效力。以此为基础,其辖区的乐清等地法院纷纷制定实施细则,进一步明确了庭前会议操作流程。就施行情况考察,庭前会议在证据开示制度之推行,非法证据排除原则之适用以及对于程序性事项之裁判等中的诸多功能均得到较为充分的发挥。

(二)力推证人出庭

证人不出庭,或者准确地说,证人很少出庭已经成为我国刑事审判实践中的一个痼疾。尽管2012年《刑事诉讼法》的修正细化了证人出庭作证的相关规定,但从理论界的研究和实务界的反馈而言,这部分修正的内容并没有得到很好的贯彻,推行证人出庭制度仍然困难重重。

试点法院在庭审实质化改革中注重落实直接言词原则,扩大证人、鉴定人、有专门知识的人和侦查人员出庭的范围,重点推进证人出庭作证。上海市高级人民法院已经明确将证人、鉴定人出庭工作的改进作为庭审实质化改革的关键环节。浙江省温州市乐清市人民法院推动乐清市委政法委和政府法制办细

化考核要求，并由乐清市人民法院进行考核。该法院同时积极帮助人民警察进行出庭培训，以提升人民警察应对出庭的能力。温州市中级人民法院在 2012 年《刑事诉讼法》修改后新增加的专家辅助人等专家出庭作证制度的基础上，制定相关规定，确定专家证人出庭作证的长效机制。同时，迎难而上，以家庭暴力案件作为突破口，努力探索保障专家证人出庭的相关措施。在曹某故意杀人案和姚某香故意杀人案等家庭暴力刑事案件中，促成反家暴专家、最高人民法院中国应用法学研究所陈敏研究员出庭作证，以解释家庭暴力犯罪行为的特点及规律，这使得被害人家属、社会公众在很大程度上认可了家庭暴力因素在本案中的影响。所以，相关案件的审理过程和审判结果均较好地实现了法律效果和社会效果的统一，并得到了《人民法院报》、中央电视台等全国性媒体的正面报道。

为了落实证人出庭保障机制，试点法院普遍明确制定了证人、鉴定人出庭费用补助申请和发放的工作规程。温州市中级人民法院依据《浙江省机关工作人员差旅费管理规定》和浙江省司法厅的有关规定，确定浙江省内普通证人出庭作证的补助标准为 130 元/天/人，省外证人出庭作证的补助标准为 180 元/天/人，鉴定人出庭的补助标准为市内 300 元/天/人，市外 500 元/天/人，住宿费、交通费则依照《浙江省机关工作人员差旅费管理规定》的标准执行。此外，试点法院还简化出庭补助的审批流程，缩短其下发时间，出庭作证人员于庭审结束后即可到法院财务部门签字领取补助。温州市中级人民法院、瑞安市人民法院法院、平阳市人民法院三家试点法院为满足证人出庭的需要，还对法庭内部设施进行了改造，配置了相关硬件设施。温州市中级人民法院编制了《刑事案件证人出庭作证统计表》，附于每个案卷之后，以此收集、统计证人出庭相关信息，以助于

第四章 我国刑事庭审实质化改革前面临的困境及改革举措、成效

及时掌握并解决实践中的困难和问题。

此外,试点法院还创新了证人出庭作证的方式。试点法院先后试行了包括视频作证、遮蔽容貌、不公开作证等在内的证人作证的全新方式。对于确有必要保护其真实身份的证人,采用庭前预先核实其身份、庭审过程中远程视频作证、使用隔离装置遮蔽其容颜以及在判决书中不披露其真实身份等诸多举措,既鼓励证人出庭作证,亦加强对证人保护之效。在受贿类案件中,让行贿人以远程视频方式作证,对消除证人疑虑,认定被告人的犯罪事实起到了举足轻重的作用。

(三) 强化辩方权利保障

我国刑事案件中,由于犯罪嫌疑人、被告人的学历水平普遍不高,对法律缺乏相应了解,导致相当部分刑事案件被告人的诉讼能力不足。为了构建控辩对抗的庭审格局,保护犯罪嫌疑人及被告人的诉讼权利,试点法院进一步扩大指定辩护范围,提高辩护律师参与庭审的比例。试点法院以强化辩方权利保障作为推动改革的重要措施,比较而言,温州市中级人民法院的做法显得尤其突出。温州市中级人民法院在庭审实质化改革试点过程中,对有可能判处 3 年以上有期徒刑的被告人一律指定辩护人;鹿城区人民法院则为所有适用刑事速裁程序的被告人指定了辩护人,从形式上全面保障这些被告人得到辩护。2012年,浙江省高级人民法院、浙江省司法厅联合下发《关于加强刑事案件指定辩护工作的若干意见》后,温州市、县(区)两级人民法院即将指定辩护申请纳入"即办制"范畴,同时明确了权利告知、条件审查、申请转递等程序。此外,温州市中级人民法院积极推动市委、市委政法委协调司法行政部门大力支持指定辩护工作,联合市司法局印发《关于加强刑事案件指定辩护工作暂行办法》,将扩大指定辩护范围的工作规范化、制度

107

化。温州市中级人民法院在提高律师参与刑事庭审被告人辩护比例的同时，高度重视律师诉讼权利的保障工作，下大力气解决 2012 年《刑事诉讼法》修正、颁布后律师所反映的"新三难"问题。为此，乐清、文成等基层人民法院先后召开以"构建法官与律师良性互动关系、共同促进司法公正"为主题的律师座谈会，同时开展"百名律师评法院"活动，严格贯彻、落实浙江省高级人民法院、浙江省人民检察院、浙江省公安厅、浙江省司法厅印发的《关于刑事诉讼中充分保障律师执业权利的若干规定》，对律师的反馈意见紧抓回复并予以落实。温州市中级人民法院还出台了规范性文件，创设律师免检通道、提供卷宗免费复印服务、及时通知律师案件进展情况、充分保障律师的庭审权利、建立投诉反馈机制。2015 年下半年伊始，在刑事案件卷宗电子化的基础上，温州市中级人民法院开始推行律师阅卷电子化，律师凭律师证、委托书等证件、手续，可以直接在档案室的公共电脑上面查阅、复制刑事案件的电子卷宗。这些措施均在不同程度上强化了对辩方权利的保障。

（四）完善示证、质证方式

试点法院多措并举，完善示证、质证方式，以查明案件事实，确定刑事责任。严格落实"四个在法庭"的要求，除不宜于当庭出示的技侦证据之外，所有证据均需当庭举证、质证。突出了重点，对证据进行分流处理：对于诉讼两造均认可的证据，为简化其调查程序，进行集体出示，而将举证、质证的重点置于两方存在较大争议的证据之上。对于这些证据，需要挨个举证，并逐项分别进行质证，从而真正实现重点围绕"争点"进行展开。[1]除证人出庭外，推动多媒体综合示证成为四川省

---

〔1〕 吴忧："防范冤假错案　实质化庭审'辨是非'"，载《四川日报》2017年 9 月 1 日。

第四章 我国刑事庭审实质化改革前面临的困境及改革举措、成效

检察机关完善举证、质证方式的重要举措。四川省资阳市人民检察院依托电子卷宗研发的"出庭一体化平台"示证系统得到最高人民检察院在全国范围的推广。在郑某栋故意伤害一案的庭审现场,资阳市雁江区人民检察院公诉人员通过"出庭一体化平台"示证系统,熟练地进行举证、质证,除了将常见的物证、书证、现场勘查笔录、鉴定意见等证据通过多媒体进行展示,还播放了执法记录仪视频。在此基础上,双方围绕刺伤被害人并致其死亡的结果是否确系被告人所为、被告人之行为是否应定性为正当防卫及被告人是否成立自首等问题展开充分辩论。2016年,四川省总计659件案件通过多媒体载体对证据进行了生动、直观的展示,实现了"将证据展示在法庭"。[1]另外,四川省高级人民法院为了提升举证、质证的公开性与对抗性,专门联合检察院与司法厅下文,明确要求在四川全省法院系统推进示证的多媒体展示方式。[2]成都市龙泉驿区人民法院在强化示证的基础上,开始完善质证程序,其试行的交叉询问规范对庭审实质化的开庭效果起到了巨大的促进作用。

(五)鼓励当庭认证与裁判

在能够满足证据规则的前提下,试点法院鼓励法官尽量当庭认证,提升当庭宣判率,以防止重蹈庭审"虚化"的覆辙。各试点法院在刑事案件当庭认证及当庭宣判率的推进上均取得了较大的成绩。2016年5月至2017年5月,上海市人民法院刑事案件当庭宣判率达到74.48%,同比提高了0.95%(2015年

---

[1] 刘德华、史兆琨:"抛弃'卷宗主义'推进庭审实质化",载《检察日报》2017年7月6日。

[2] 聂敏宁、姜郑勇:"四川 力推庭审实质化改革",载《人民法院报》2017年3月12日。

为 73.53%)。[1]温州市中级人民法院的情况可以参见下表：

年份	当庭宣判案件数	同期一审结案数	当庭宣判率
2013 年	7192 件	15 237 件	47.2%
2014 年	8052 件	15 621 件	51.5%
2015 年	8105 件	13 589 件	59.6%

由此可见，2013 年、2014 年及 2015 年这三年中，温州市中级人民法院的当庭宣判案件数、当庭宣判率两项指标均居浙江省前列。成都市中级人民法院及辖区法院自 2015 年 2 月开始试点，截至 2016 年初，其改革成效已经初步显现，详情参见下表：[2]

证人出庭案件数	证人出庭人数	当庭认证率	当庭宣判案件数	同期案件数	当庭宣判率
502 件	784 人	81.96%	304 件	687 件	44.25%

同时，成都市的法院系统还特别强调不以当庭宣判率作为庭审实质化的评判标准、考核指标，以避免法院为追求当庭宣判率而强行作出草率的当庭宣判。对于复杂案件，则避免当庭宣判，仍然采用传统定期宣判的做法。[3]其中，成都市中级人民法院在 2015 年试点中的成绩尤其典型，详情参见下表：[4]

---

[1] 熊秋红：“审判中心视野下的律师有效辩护”，载《当代法学》2017 年第 6 期。

[2] 聂敏宁、姜郑勇：“四川 力推庭审实质化改革”，载《人民法院报》2017 年 3 月 12 日。

[3] 杨傲多：“成都刑事庭审实质化试点调查”，载《法制日报》2016 年 5 月 18 日。

[4] 中华人民共和国最高人民法院刑事审判第一、二、三、四、五庭主办：《刑事审判参考》（总第 103 集），法律出版社 2016 年版，第 199 页。

第四章 我国刑事庭审实质化改革前面临的困境及改革举措、成效

同期刑事案件总数	当庭认证案件总数	当庭认证率		当庭宣判案件总数	当庭宣判比率
83 件	42 件	全部认证 39 件	46.99%	34 件	40.96%
		部分认证 3 件	3.61%	50.6%	

第三节 我国刑事庭审实质化改革试点的成效

庭审实质化改革试点以来,取得了较为明显的成效。以成都市法院为例,其试点两年来的详情参见下表:

试验示范庭总数	律师参与辩护案件总数	人证出庭案件总数	出庭人证数	当庭认证案件总数	当庭宣判案件总数
454 件	454 件	337 件	569 人次	347 件	236 件
比率	100%	74.23%		76.43%	51.98%

与此同时,成都市法院系统试点案件的服判率攀升至91.85%,上诉率下降到区区的8.15%,只有2件案件被二审改判。[1]由于成效明显,四川省开始推广庭审实质化改革,截至2016年底,四川省已有94个中基层人民法院启动刑事庭审实质化改革,共开示范庭审结案件687件1367人,一审服判息诉率升至94.2%,比非试点刑事案件服判息诉率高出4.06%。[2]温州、广州、徐州等地庭审实质化试点也成绩斐然。总之,全国庭审

---

[1] 杨金忠、王虹:"成都庭审实质化改革取得实效",载《成都日报》2017年2月15日。
[2] 聂敏宁、姜郑勇:"四川 力推庭审实质化改革",载《人民法院报》2017年3月12日。

实质化改革试点取得了显著成效，2017年11月最高人民法院所作的《关于人民法院全面深化司法改革情况的报告》对此予以了充分肯定。具体而言，庭审实质化试点取得了如下五个方面的成效：

一、强化了庭审中心主义理念

改革试点法院将法官审判观念的转变及其庭审能力的提高相结合，通过各项具体措施，推进刑事审判法官程序公正观念的强化和庭审中心意识的养成，促使他们注重庭审、研究庭审，从而推动了审判方式的变革。[1]四川省的试点法院以公检法联席会议作为平台，通过组织观摩庭审、召开座谈会等方式对侦查人员出庭作证进行引导和宣传，深化了司法人员对侦查人员出庭作证制度的理解和认识，强化了公检法各相关机关对该项工作的重视和支持，[2]进而有效地将庭审中心主义与侦查人员出庭作证的先进理念输送并真正融入司法工作的各个环节中，使庭审中心主义逐渐深入人心，进而又助推了公安、检察机关办案理念、机制的转变。通过庭审实质化改革，司法工作人员开始逐渐明确处理好惩罚犯罪与保障人权、实体公正与程序公正等关系的重要性，开始摒弃过时的"重打击、轻保护""重实体、轻程序"等传统司法观念，强化了"庭审中心主义"的司法理念，从而确保了司法改革稳步推进。

---

〔1〕 龙宗智："庭审实质化需技术与规则并重"，载《检察日报》2016年11月22日。

〔2〕 郑斯斯："关于乐清市人民法院推行侦查人员出庭作证情况的调研"，载http://yueqing.zjcourt.cn/art/2016/8/4/art_ 1221255_ 5337256.html，2018年3月5日访问。

第四章 我国刑事庭审实质化改革前面临的困境及改革举措、成效

二、显著提高了案件审理质量

庭审实质化改革由于采取了诸多具有可操作性的技术手段，因而使得案件审理质量得到了明显的提升。

（1）通过强化人证出庭制度可以在相当程度上厘清控辩双方对于事实的争议，从而帮助法庭更有效地认定事实。当部分刑事案件存在客观证据不足时，何以建立法官的内心确信，从而对案件进行事实认定，并由此对案件本身进行裁判？显然只能求助于主观人证。此时人证对法官内心确信的形成及案件的裁判起着至关重要的作用。人证出庭作证是刑事庭审实质化的关键所在，在试点过程中，关键证人"应出尽出"已成核心共识。成都市中级人民法院加大保障力度，对于作证存在风险的特殊人证，在庭审过程中采用技术手段的人证作证方式，消除其顾虑，促使其出庭作证，包括了所有人证种类，效果良好。可以从下表中得出该结论：

年份	示范庭证人出庭率[1]	同期非示范庭证人出庭率[2]	全国平均人证出庭率（估计）	非示范庭律师辩护率[3]	全国平均律师辩护率（估计）
2015年	68.67%	8.57%	低于5%	23.15%	20%~30%
2016年	73.23%				

成都之外的其他一些地方的试点效果同样显著，如最高人

---

[1] 施杰："推进庭审实质化改革"，载《团结报》2017年9月28日。
[2] 郭彦主编：《理性 实践 规则：刑事庭审实质化改革的成都样本》，人民法院出版社2016年版，第175页。
[3] 郭彦主编：《理性 实践 规则：刑事庭审实质化改革的成都样本》，人民法院出版社2016年版，第259页。

民法院发布的《人民法院司法改革案例选编（一）》显示：温州市、县两级人民法院以证人出庭作证为突破口，创新推进庭审实质化试点改革，试点案件中证人出庭的案件比率达到63.5%，证人出庭率也升高至68.8%。作为试点的温州市中级人民法院及瑞安、平阳基层人民法院这三家试点法院的具体情况如下表：

年份	通知人证出庭案件数	实际人证出庭案件数	通知出庭人数	实际出庭人数	实际出庭人证之构成（共计107人）				
					证人	鉴定人	侦查人员	专家证人	被害人
2015年	157件	72件	333人	107人					
比率	——	45.86%		32.13%					
与非试点法院比较	402%	——	444%	227%	65人	20人	10人	4人	8人

与此形成鲜明对照的是，在试点改革的前一年，即2014年，温州市中级人民法院、瑞安、平阳这三家人民法院全年只有2名证人在2起案件中出庭作证。观察上面表格可以得出以下两点结论：第一，出庭作证人证类型丰富，包括了当下我国《刑事诉讼法》所规定的所有的人证类型；第二，值得注意的是，在通知到庭的人证中，除普通证人和被害人之外，其他三种类型的人证的通知到庭率均为100%。[1]

（2）对存在瑕疵的证据进行不同程度的补正。在刑事诉讼过程中，被告人会由于部分证据的瑕疵，如证据来源可疑及取

---

[1] 中华人民共和国最高人民法院刑事审判第一、二、三、四、五庭主办：《刑事审判参考》（总第103集），法律出版社2016年版，第218页。

第四章 我国刑事庭审实质化改革前面临的困境及改革举措、成效

证过程的程序存在漏洞,提出诸多辩解。以往通行的做法是通过公安机关提供情况说明进行补正,但这难以令被告人信服。在庭审实质化改革实践中,通过传唤侦查人员出庭作证,控辩审三方对其进行质证可以有效补正案件中的证据瑕疵。例如,在[2015]温乐刑初字第418号蒋某某贩卖毒品一案中,被告人提出了查获的毒品毛重小于净重的问题,由此认为取证程序不合法。法庭则传唤侦查人员方某某、林某某出庭作证,经过质证,认定查获的毒品疑似物当场称重以及其后的装袋封存过程均经过人证及被告人的确认,在送检之前,毒品则交由物证室保管,期间不存在开封的情况,至于查扣毒品毛重小于净重的问题则系当场称重的电子秤计量误差所致。可以说,两位侦查人员的当庭作证挽救了存在瑕疵的定案的关键证据。最终,此证据被法院确认有效,被告人也当庭自愿认罪。[1]

(3) 帮助法庭有效分析和采信专业意见。在我国当前刑事诉讼中,鉴定意见之类的专业性意见对于定罪量刑的作用已经日益增长。法官此时需要具备专业知识的鉴定人的帮助,他们出庭作证可以加深法官对于专业性问题的理解,从而更好地定罪量刑。例如,在[2014]温乐刑初字第492号张某某等人故意伤害一案中,公安机关对被害人的伤情在不同时间共计作出了轻伤、重伤两份鉴定结论。两位鉴定人出庭分别对两份鉴定结论作出了说明,证实两份鉴定意见得出不同结论缘于鉴定时间节点不同,它们之间并不矛盾。这两位鉴定人在庭审中发表的专家意见,对法庭回应当事人对鉴定意见的异议,并最终采

---

[1] 中华人民共和国最高人民法院刑事审判第一、二、三、四、五庭主办:《刑事审判参考》(总第103集),法律出版社2016年版,第220页。

信相关证据起到了至关重要的作用。[1]

(4) 无罪判决比率上升。就案件处理结果进行考察,刑事庭审实质化改革前,由于法官严重依赖书面卷宗,尤其是检察机关移送的控诉材料,导致庭审在一定程度上流于形式,控辩双方意见对判决结果仅具有参考作用;改革后,法官办案开始转向以庭审为中心,"证在法庭""辩在法庭",直至"判在法庭",庭审程序发挥了实质性功能,控辩举证、质证对判决结果开始产生重大影响。其直观表现在于成都市的法院系统在试点改革前后对于无罪案件的处理方式上,详情参见下表:[2]

年份	无罪案件总数	宣告无罪及比率		撤诉处理及比率	
2014年(改革前)	14件	4件	29%	10件	71%
2015年(改革年)	17件	8件	47%	9件	53%
同期对比	增加3件	上升18%		下降18%	

所以,从以上表格可以推知,作为控方的检察院,在庭审实质化改革开始之后,其对于无罪判决的接受程度明显上升。

三、保障了被告人、辩护人的权利

司法实践证明,由于体现了对人权的司法保障,贯彻了"庭审中心主义"和证据裁判原则,所以庭审实质化改革可以在最大程度上防止冤假错案之发生。[3]自2016年3月31日,四

---

[1] 中华人民共和国最高人民法院刑事审判第一、二、三、四、五庭主办:《刑事审判参考》(总第103集),法律出版社2016年版,第220页。

[2] 中华人民共和国最高人民法院刑事审判第一、二、三、四、五庭主办:《刑事审判参考》(总第103集),法律出版社2016年版,第202页。

[3] 刘春华:"不认罪和翻供案件为重点最大限度防范冤假错案",载《四川日报》2016年4月1日。

第四章 我国刑事庭审实质化改革前面临的困境及改革举措、成效

川省高级人民法院在全省法院系统推广刑事案件庭审实质化改革起,该省法院把不认罪以及认罪后又翻供的案件作为庭审实质化改革的重点,着力解决各个环节的证据问题,为保障被告人和辩护人的权利,采取多种措施推动证人出庭作证。在庭审实质化的改革试点中,温州市试点法院亦采取了多种措施保障被告人、辩护人的权利。一方面,通过强化法律援助制度保障被告人的辩护权。2015 年温州市、县(区)两级法院于此取得的成绩详见下表:[1]

2015 年项目	指定辩护			3 年以上有期徒刑案件的辩护			
	总人数	总人数省内位次	同比增长	辩护率	辩护率省内名次	同比增长	增速省内位次
数据	2955 人	第一	5.95%	97.02%	第二	15.65%	第一

还需专门用下表来展示温州市刑事庭审实质化改革的背景,以加深对于温州市法院改革意义的理解:

办理刑案总数	刑事审判任务	外来人口刑案数	外地籍贯被告占比	申请法律援助案件数
约占全省的 20%	全省最重	全省第一	全省最高	省内最多

此外,上面表格没有反映的是,在温州市中级人民法院近三年来办理的刑事一审案件中,所有被告人均得到了律师的刑

---

[1] 中华人民共和国最高人民法院刑事审判第一、二、三、四、五庭主办:《刑事审判参考》(总第 103 集),法律出版社 2016 年版,第 220 页。

事辩护。

另外,通过规范证人出庭作证制度贯彻直接言词原则,保障被告人、辩护人的诉讼权利。通过证人出庭作证,不仅保障了被告人、辩护人的质证权利,促进了服判息诉比率的提升,还帮助防范了冤假错案的发生。[2013]温乐刑初字第386号何某某盗窃案即体现了这一点。由于出庭接受询问的侦查人员无法合理反驳辩护人提出的讯问笔录系其被刑讯逼供的产物,因而申请排除其主张,最后检察院只能撤回起诉。

同样,在成都市法院的改革试点中,被告人都得到了律师辩护,[1]而辩护律师被赋予了较之过去更充分的举证权、质证权,[2]因而,增强了被告人、辩护人的辩护能力,保障了其诉讼权利。

四、"倒逼"提升了法律职业共同体的业务能力

刑事庭审实质化改革对公检法相关人员、律师的职业技能和职业能力均提出了更高的要求。随着庭审实质化改革的推进,对法律职业共同体的倒逼效应已经开始显现。

(1)倒逼提升了法官的职业素养。庭审实质化试点改革所要求的当庭认证、当庭宣判,对于法官的职业素养提出了远超过去庭审形式化时代的要求,因而倒逼法官不断提升其综合审判素质和庭审驾驭能力。具体言之,包括如下三个方面:

---

[1] 成都市的试点法院建立了普遍化的法律援助机制。在法庭启动一起案件的实质化审理程序后,如果被告人没有委托律师,或不在法定的指定辩护范围的,均由法院通知当地法律援助中心,后者在3日内指派法律援助律师参与试点案件的辩护。

[2] 以质证权为例,传统的质证方式是公诉人举证后,辩护律师对书面证据的"三性"提出意见,而在实质化庭审中,辩护律师主要通过对人证的交叉询问、专家辅助人出庭作证、庭审实验等方式进行质证,从而更有效地发现指控证据存在的问题。

第四章 我国刑事庭审实质化改革前面临的困境及改革举措、成效

第一，刑事审判法官的庭审意识得以提高。侦查人员出庭作证，使法官在办理刑事案件时，开始认可并注重"事实查明在法庭"这一要求。对刑事案件事实的查明，法官以往主要依靠书面卷宗笔录，随着庭审实质化诸多配套制度的推进，证人出庭作证对法官内心确信的建立的帮助越来越大，使之可以更加有力地回应当事人的质疑，同时也为今后庭审实质化进一步改革做好了铺垫。经过庭审实质化试点改革，对有一定争议、需要人证出庭作证的案件，审判法官开始倾向采用通知相关人证出庭，当场接受各方质证的方法来真正有效地核实案情。由此可见，审判法官"以庭审为中心"的意识有了明显提升。[1]

第二，法官的庭审控制能力得以提升。在以往的司法实践中，刑事审判证人出庭的案件数量极少，庭审主要是对书面证据进行质证，庭审现场变数不大。庭审实质化改革则要求"证在法庭""辩在法庭"，要求侦查人员出庭作证，同时接受控辩审三方的质证，突发情况发生的概率大增，因而对法官庭审控制能力提出了更高的要求。刑事庭审实质化试点改革之初，部分法官对此疑虑重重。伴随侦查人员出庭人数与试点案件数的持续增加，经过实践锻炼，加之不断总结经验教训，法官对于证人出庭刑事案件的庭审控制能力已经得到一定程度的提高。[2] 2015 年成都市法院系统推行的试验示范庭共审理案件 83 件，对审判进行全方位的改革，由于突出了重点环节，促使控辩双方的对抗性不断增强，法官驾驭庭审能力有了显著提升。

第三，法官的证据审查能力得到锻炼。出庭证人的证言、

---

[1] 中华人民共和国最高人民法院刑事审判第一、二、三、四、五庭主办：《刑事审判参考》（总第103集），法律出版社2016年版，第221页。

[2] 中华人民共和国最高人民法院刑事审判第一、二、三、四、五庭主办：《刑事审判参考》（总第103集），法律出版社2016年版，第221页。

鉴定人当庭发表的意见是定罪量刑的重要依据，相应地，对相关证人证言、鉴定意见的审查、判断、认定自然成为案件审判中的重要环节。考察试点发现，法官的相关能力在此过程中得到了充分锻炼。特别需要指出的是，为尽快适应庭审实质化改革的需要，成都市中级人民法院积极推进刑事案件审判的改革，实行审判专业化，对于各类专门案件，由专业化的法庭负责审理；此外，除审理案件外，专业化合议庭还要梳理案件相关问题，以备将来类似案件可以得到类似化处理，收获类似的裁判结果。[1]

（2）促进了控辩双方职业能力的提高。一方面，庭审实质化改革敦促公诉机关审慎应对，严格把控案件质量。庭审实质化改革促使公诉人更加审慎、周密地审查案件证据，证据不足的案件在审查起诉阶段将被剔除在外，起诉到法院的案件在证据收集上将更加客观、全面；庭审实质化迫使公诉人在庭审前认真梳理证据，制定更加周密的方案应对庭审，从而相应提高了庭审质量；庭审实质化还促成公诉机关理念的改变，使其理性对待庭审时发生的案件事实变化，接受审判结果。庭审实质化重视对侦查行为的诉前监督。侦查人员被要求出庭作证后，检察机关开始加强监督侦查机关的证据收集工作，逐步完善同步录音、录像制度，保障书面言词证据的真实性。这些做法都不同程度地提高了证据质量，同时也有效震慑了无故翻证和蓄意伪证行为。[2]另一方面，庭审实质化促使辩护人秉承职业道德，更认真、充分地准备庭审，从而提升了辩护的有效性。庭

---

〔1〕 中华人民共和国最高人民法院刑事审判第一、二、三、四、五庭主办：《刑事审判参考》（总第103集），法律出版社2016年版，第221页。

〔2〕 郑斯斯："关于乐清市人民法院推行侦查人员出庭作证情况的调研"，载http://yueqing.zjcourt.cn/art/2016/8/4/art_1221255_5337256.html，2018年3月5日访问。

第四章 我国刑事庭审实质化改革前面临的困境及改革举措、成效

审实质化强调"证在法庭""辩在法庭",对辩护人的职业能力和专业水平提出了新挑战,亦考验其应对突发事件的能力。司法实践表明,经过庭审实质化改革的淬炼,辩护人的刑事辩护更加慎重、专业,其辩护水平有了较为明显的提升。

(3)庭审实质化促进了侦查人员专业能力的提高,使其侦查过程规范化,更契合诉讼法对于侦查程序之规定。庭审实质化试点改革的实践已经向我们表明,侦查人员被要求作为人证出庭作证、接受主要来自辩方的询问,多源于被告人对物证的收集程序、自己的到案经过、讯问合法性或证据收集的合法性提出异议等程序性事实。侦查人员出庭作证,契合了侦查证据合法性的要求,促使侦查取证过程规范化,对警察的工作要求及个人素质形成一种无形但却真实的监督。[1]实践表明,公安机关对参与庭审时发现的取证不到位、不合法等问题事后也进行了规范化处理。法院进一步在判决书中对于侦查的规范化予以阐明,并以司法建议的方式进行反馈,在维护被告人的合法权益之余,也对警察树立依法、规范侦查的观念起到了引导作用。从刑事案件的处理流程看,切实启动了排除非法证据程序,警察出庭作证,促成侦查人员理念的更新,使其更注意取证行为、取证过程的规范化,使用各种科技手段保存好相关取证合法的证据。如福建省泉州市惠安县人民检察院出台了《自侦案件关键证人同步录音录像规定(试行)》,将同步录音录像范围从被告人扩展至关键证人,防止关键证人出现证言突变。

总之,庭审实质化试点改革的推行,在一定程度上切实提高了包括法官、检察官、辩护律师在内的法律职业共同体的职业素养和专业能力。

---

[1] 杨傲多:"成都刑事庭审实质化试点调查",载《法制日报》2016年5月18日。

五、有效促进了刑事审判社会效果和法律效果的统一

庭审实质化试点改革,在实现法律效果的同时,也收获了上佳的社会效果。庭审实质化的优点之一在于,由于当事人在庭审过程中确实进行了有效参与,所以其更容易接受裁判结果,有效促进了当事人服判。在庭审实质化改革过程中,侦查人员出庭作证促成当事人对法庭的定罪量刑更加心服口服,减少了上诉率。数据显示,证人出庭率达到 68.3%,当庭宣判率上升至 50%,上诉率下降了 7.9%。[1] 截至 2016 年 10 月 15 日,成都市法院推行的试验示范庭共审理案件 219 件,试点案件上诉率为 4.57%,仅 1 件案件被改判,改革成效得到社会和法律职业共同体的广泛认同。[2] 济南市天桥区人民法院试行庭审实质化改革后,服判息诉率上升至 96.5%,上诉率下降了 60%。[3] 总之,实践证明,试点法院在保障办案质量和保障人权方面的成效有目共睹。

温州市中级人民法院在提升当庭宣判案件数、当庭宣判率的同时,尤其重视当庭宣判案件的质量与社会效果。在法院领导担任审判长主审的重大复杂案件、涉及信访人群的敏感案件的审理中,也开始采用当庭宣判的方式,有效彰显了司法的公开透明,因而取得了良好的社会效果。

正如 20 世纪末审判辛普森这一"世纪审判"大案所揭示的那样,实质化的审判较之形式化的庭审,要消耗太多的司法资

---

〔1〕 刘晓燕、陈睿、徐献:"刑事庭审实质化改革试点研讨会在蓉举行",载《人民司法》2015 年第 20 期。

〔2〕 周夕又:"试点至今 案件上诉率仅 4.57%",载《四川法制报》2016 年 10 月 20 日。

〔3〕 王贵东:"罪与刑 庭上明——山东济南天桥区法院力推庭审实质化",载《人民法院报》2014 年 12 月 30 日。

第四章 我国刑事庭审实质化改革前面临的困境及改革举措、成效

源,所以其实际适用范围极其有限,更多具有一种样板示范的功能。在美国,大多数刑事案件是通过各种分流程序进行处理的,如警察裁量、简易审判和辩诉交易等。我国也同样借鉴了来自美国的经验,在庭审实质化的过程中,力推案件分流。以成都市各级法院为例,其在庭审实质化的改革试点中实行案件的繁简分流和"轻案快办"制度。2015 年,成都市、县(区)两级法院在案件分流上取得了明显成绩,[1]实现了对人、财、物诉讼资源的良好分配,合理利用了司法资源,详见下表:

项目	简易程序案件占比		简单案件(大约)		复杂案件(大约)	
	基层人民法院	市中级人民法院	占比	办案人数占比	占比	办案人数占比
数据	74.65%	63.88%	2/3	1/3	1/3	2/3

总之,庭审实质化改革取得了明显的成效,其相关理念开始逐渐为人们所接受和认同,在公众接受活生生的司法教育的同时,通过关键证人出庭作证机制的推行,倒逼检察官、辩护律师以及以公安人员为代表的侦查人员提升相关专业能力,改善了人们脑海中趋于固化的传统司法形象。[2]同时,由于被告人和辩护人实质参与了庭审,明显提升了被告人的诉讼权利保障,增加了被告人对有罪判决结果的理解与认同,从而促进其认罪伏法。所以,庭审实质化改革较好地实现了社会效果和法律效果的统一。

---

〔1〕 杨傲多:"成都刑事庭审实质化试点调查",载《法制日报》2016 年 5 月 18 日。
〔2〕 曾昌文:"成都首例院长当审判长 开审典型案例",载《四川法制报》2016 年 4 月 21 日。

第五章
我国刑事庭审实质化改革试点中新出现的问题及化解对策

刑事庭审实质化改革试点是在我国部分地区开展的暂时性、局部性的试验，以检验庭审实质化改革方案的效果和可操作性。实践表明，改革在取得一定的成效之外，确实也遇到了一些问题，应当在正视问题的基础上寻求化解的对策。

第一节 我国刑事庭审实质化改革试点中的问题

实践表明，庭审实质化试点法院在保障办案质量、保障人权方面取得的成效有目共睹，但试点过程中遇到的问题也不少。四川大学左卫民教授经过对试点法院的实证研究，发现了庭前会议效果不佳、证人出庭价值不均衡、律师参与度不高等诸多问题。[1] 庭审实质化改革毕竟处于试点阶段，各地庭审实质化改革启动条件不同，且试行时间长短各有差异，改革举措不一，进行客观评价难度较大，很多问题仍需要司法机关在实践中不断发现、探索、总结、完善。

---

[1] 陈学勇："以庭审实质化改革为契机不断推进刑事审判理论创新——中国审判理论研究会刑事审判理论专业委员会 2017 年年会暨庭审实质化改革专题研讨会综述"，载《人民法院报》2017 年 11 月 15 日。

第五章　我国刑事庭审实质化改革试点中新出现的问题及化解对策

一、庭审繁琐冗长与庭审实质化对效率的要求相左

庭审拖沓、冗长、繁琐绝非庭审实质化的应有之义，庭审实质化是要在效率的基础上实现司法公正，寻求司法公正与效率的最佳平衡。庭审实质化主要适用于疑难案件中的被告人不认罪案件或重罪案件，通过控辩双方平等、充分对抗，贯彻直接言词原则，通过"证在法庭""辩在法庭"，力图实现"判在法庭"；但庭审实质化并不意味着庭审法官不做任何庭审准备，不整理诉讼争点，任由控辩双方杂乱无章地随意举证、[1]示证，造成庭审拖沓、冗长，无限拖延。庭审实质化改革固然追求诉讼公正，但并非置诉讼效率于不顾。实践证明，庭审实质化改革中庭审拖沓、冗长主要缘于庭前准备的不足和庭审衔接机制弱化，尤其是庭前会议制度功能发挥的欠缺。

推进庭审实质化改革凸显了庭前会议的重要性，必然要求充分发挥庭前会议的重要作用。庭前会议应当预先解决正式审判中重要的程序性事项，并实现控辩双方的充分沟通，整理诉讼争点，防止庭审的不当中断，提高审判效率。庭前会议制度于2013年初在实践中正式适用之时，我国众多学者和司法实务人员就刑事庭前会议的适用情况做过实证调研，但结果不尽人意。在2015年开始试点的庭审实质化改革过程中，庭前会议的适用效果亦不理想。各级法院在庭前会议制度的功能定位、召开与否、与庭审的衔接、案件争议点的整理以及效力问题等存在诸多认识差异。四川大学左卫民教授经过对西南省份的调研发现：庭前会议适用率较低；基层人民法院的适用比例低于中级人民法院和高级人民法院；一审的适用率低于二审；同一审级中，

---

[1] 赵艳霞：" '看得见的正义'：刑事庭审实质化之司法进路"，载《山东审判》2017年第1期。

低级别法院的适用率低于高级别的法院。而且，实践中，适用庭前会议制度对提高庭审效率、保障被告人的权利、增强庭审对抗性效果甚微。[1]中国政法大学卞建林教授通过对北京、无锡、盐城三地部分法院和检察院的实证调研，亦得出当前庭前会议在司法实践中存在适用率偏低、制度认同度不高的现实状况。[2]

对庭前会议的功能定位，学者和司法实务人员存在认识差异；而功能定位的偏差又直接导致了实践中庭前会议适用的两种极端：其一，庭前会议适用事项范围不清，内容不明，并且无处理和决定的效力，导致适用率较低，难以发挥为正式庭审清障的程序功能，还易使先期接触控方证据和意见的审判人员产生心证预断。在事关庭审效率提高的"了解程序性问题、了解或询问排非情况、了解质证意见和其他证据问题"等庭前会议内容中，因为庭前会议所作决定的效力未明，许多问题仍有待庭审作出决定，导致正式庭审拖沓、冗长，故难以提高庭审效率。其二，庭前会议僭越正式庭审的功能，作出实体性处理决定，不限于管辖、回避等程序性事项，对定罪量刑的相关事实和证据亦僭越处理，呈现出"实体化"倾向。这在近几年司法实务中时有发生。著名刑辩律师田文昌批评道"庭前会议代庭审，公开审判成匿名审判"，[3]造成正式庭审严重形式化。无论是庭审繁琐冗长抑或庭审形式化，都说明庭前会议的功能定位出现偏差。而功能定位的偏差造成庭前准备的不完善，有碍正式庭审功能的实现，亦与庭审实质化所追求的公正与效率平

---

〔1〕 左卫民："未完成的变革 刑事庭前会议实证研究"，载《中外法学》2015年第2期。

〔2〕 卞建林、陈子楠："庭前会议制度在司法实践中的问题及对策"，载《法律适用》2015年第10期。

〔3〕 田文昌："要实现审判为中心，亟须解决机制障碍"，载http://www.360doc.com/content/16/0507/14/37063_557017707.shtml，2018年2月20日访问。

第五章 我国刑事庭审实质化改革试点中新出现的问题及化解对策

衡的理念相悖。

造成庭前会议适用的这两种极端的原因多样。首先，从理念的角度而言，缘于以审判为中心理念的缺失。在司法实践中，侦查中心主义影响仍然很大，庭审中心主义理念尚未确立。[1] 其次，控辩审三方主体对庭前会议制度的功能、适用程序、效力等方面的认识存在分歧。公诉人、辩护人皆担心在庭前会议中过早暴露己方的策略，会造成不必要的麻烦，或者影响案件的审判结果。最后，立法设计的不完善限制了庭前会议功能的发挥。从法官审判案件的需求着眼，《刑事诉讼法》确立了庭前会议制度，却忽视了控辩双方的利益诉求。尽管有2012年修正的《刑事诉讼法》第182条第2款的规定，以及最高院《解释》Ⅰ第183条、第184条（在本书第三部分的"立法探究历程"中已有介绍）、最高检《规则》Ⅰ第430条、[2] 第431条[3] 的补充，但2018年《刑事诉讼法》修正时并未对此进行修改，关于庭前会议制度的规定仍不完善，庭前会议处理事项不明，法律效力未定，加剧了控辩审三方对庭前会议制度的消极适用。"三项规程"中的《人民法院办理刑事案件庭前会议规程（试行）》部分填补了以上不足，但学界和司法实务界仍应进一步予以关注和健全。总之，制度不完善抑制了庭前会议功能的发挥，

---

[1] 叶锋："审判中心模式下庭前会议的司法困境与出路——基于F省F市运行现状的实证分析"，载《法律适用》2015年第12期。

[2] 最高检《规则》Ⅰ第430条规定："人民法院通知人民检察院派员参加庭前会议的，由出席法庭的公诉人参加，必要时配备书记员担任记录。"

[3] 最高检《规则》Ⅰ第431条规定："在庭前会议中，公诉人可以对案件管辖、回避、出庭证人、鉴定人、有专门知识的人的名单、辩护人提供的无罪证据、非法证据排除、不公开审理、延期审理、适用简易程序、庭审方案等与审判相关的问题提出和交换意见，了解辩护人收集的证据等情况。对辩护人收集的证据有异议的，应当提出。公诉人通过参加庭前会议，了解案件事实、证据和法律适用的争议和不同意见，解决有关程序问题，为参加法庭审理做好准备。"

影响了庭审的进程,妨碍了庭审实质化效率的发挥。

二、证人出庭作证随意与庭审实质化的严肃性背离

证人出庭作证的随意性与庭审实质化的严肃性相悖,主要表现在以下两个方面:证人出庭作证的证言随意性大、可采性低,法官决定证人出庭的自由裁量权随意性大。

一方面,证人出庭作证的证言随意性大、可采性低。证人出庭后所作证言与其在侦查机关所作的证言相悖,庭后公诉机关核实时,该出庭证人又作出与侦查机关询问的书面证言一致的表述,自相矛盾的原因为"抹不开面子,作了有利于被告人的证言"。[1]温州市中级人民法院在庭审实质化改革试点中反映的这一问题十分突出:部分出庭作证证人证言可采性低,在辩方申请出庭的16名证人中,10名是被告人的亲友,7人当庭所作证言因与在案的其他证据不符或有其他瑕疵而未获采纳。[2]究其原因,证言真实性保障机制欠缺首当其冲。另外,实践表明,办案机关极少对伪证行为审查处理,这在一定程度上也使得个别证人误认为,作伪证不会得罪被告人,即使被审查出来亦不会受到法律追究。

证人出庭作证证言随意的现象与我国立法的缺陷——未出庭证人的证言效力不明息息相关。《刑事诉讼法》第61条[3]与

---

[1] 赵艳霞:"'看得见的正义':刑事庭审实质化之司法进路",载《山东审判》2017年第1期。

[2] 中华人民共和国最高人民法院刑事审判第一、二、三、四、五庭主办:《刑事审判参考》(总第103集),法律出版社2016年版,第223页。

[3] 《刑事诉讼法》第61条规定:"证人证言必须在法庭上经过公诉人、被害人和被告人、辩护人双方质证并且查实以后,才能作为定案的根据。法庭查明证人有意作伪证或者隐匿罪证的时候,应当依法处理。"

第五章　我国刑事庭审实质化改革试点中新出现的问题及化解对策

第 195 条[1]冲突明显。该冲突在 1996 年《刑事诉讼法》中即已存在，2012 年《刑事诉讼法》再次修正时却并未重视，这就"为刑事审判实践中证人不出庭作证打开了方便之门"。[2]2012 年《刑事诉讼法》第 187 条第 1 款[3]对未出庭证人的证言效力并未予以明确。根据最高院《解释》Ⅰ第 78 条第 3 款[4]的规定，即使符合上述条件的证人未出庭，证言并不必然不能作为定案根据。[5]关于这一问题，最高院《解释》Ⅱ第 91 条第 3 款并未作任何修改。同时，最高检《规则》Ⅰ第 441 条第 2 款[6]以司法解释的形式确认了未出庭证人的证言效力，最高检《规则》Ⅱ第 405 条第 2 款明确了这一规定。从 2012 年《刑事诉讼法》对未出庭证人的证言效力不明，到最高院《解释》Ⅰ和Ⅱ对未出庭证人的证言效力的模糊态度，再到最高检《规则》Ⅰ和Ⅱ明确确认未出庭证人的证言效力，明确了未出庭证人的证言没有丧失其证据可采性，通过公诉人的宣读可以成为定案的根据。

---

[1]　《刑事诉讼法》第 195 条规定："公诉人、辩护人应当向法庭出示物证，让当事人辨认，对未到庭的证人的证言笔录、鉴定人的鉴定意见、勘验笔录和其他作为证据的文书，应当当庭宣读。审判人员应当听取公诉人、当事人和辩护人、诉讼代理人的意见。"

[2]　陈光中、陈学权："中国刑事证人出庭作证制度的改革"，载《中国法律》2007 年第 5 期。

[3]　2012 年《刑事诉讼法》第 187 条第 1 款规定："公诉人、当事人或者辩护人、诉讼代理人对证人证言有异议，且该证人证言对案件定罪量刑有重大影响，人民法院认为证人有必要出庭作证的，证人应当出庭作证。"

[4]　最高院《解释》Ⅰ第 78 条第 3 款规定："经人民法院通知，证人没有正当理由拒绝出庭或者出庭后拒绝作证，法庭对其证言的真实性无法确认的，该证人证言不得作为定案的根据。"

[5]　汪海燕："论刑事庭审实质化"，载《中国社会科学》2015 年第 2 期。

[6]　最高检《规则》Ⅰ第 441 条第 2 款规定："对于经人民法院通知而未到庭的证人或者出庭后拒绝作证的证人的证言笔录，公诉人应当当庭宣读。"

另一方面，法官决定证人出庭的自由裁量权随意性大。2012年修正的《刑事诉讼法》引入了对抗式诉讼模式的些许制度，在一定程度上反映了直接言词原则，规定了证人出庭作证的条件。2012年《刑事诉讼法》第187条第1款为证人出庭设置了三重条件——有异议、有重大影响、有必要，其中法官认为有出庭必要是证人出庭的必要条件。可见，证人是否出庭，除了"有异议""有重大影响"外，还应由法官判断是否有出庭作证的必要，法官掌握了证人是否出庭的决定权。赋予法官自由裁量权，一定程度上架空了控辩双方在证人是否出庭问题上的协商途径；同时法律对这种裁量权的行使条件未置一词，如满足什么条件，法官认为证人有出庭的必要，法官采取什么方式让证人出庭，有无书面答复，同意证人出庭与否是否需要在庭审中交代理由等。如此，导致法官决定证人出庭的自由裁量权随意性增大。另外，证人不出庭的后果约束力不强。2012年《刑事诉讼法》第187条第3款[1]明确规定了鉴定人拒不出庭作证的法律后果，但第187条第1款却没有规定证人拒不出庭的法律后果，反而通过最高检《规则》Ⅰ和Ⅱ确认了未出庭证人的证言效力，这一缺陷更加剧了法官决定证人出庭与否的随意性。总之，我国《刑事诉讼法》有关证人出庭的相关规定与以直接言词为核心的实质化庭审的要求相龃龉。

三、控辩交锋平缓与庭审实质化的有效对抗矛盾

庭审实质化要求"辩在法庭"，要求控辩平等交锋，实质对

---

[1] 2012年《刑事诉讼法》第187条第3款规定："公诉人、当事人或者辩护人、诉讼代理人对鉴定意见有异议，人民法院认为鉴定人有必要出庭的，鉴定人应当出庭作证。经人民法院通知，鉴定人拒不出庭作证的，鉴定意见不得作为定案的根据。"

第五章　我国刑事庭审实质化改革试点中新出现的问题及化解对策

抗,在控辩对抗中查明案件事实、认定证据、辨别真伪,形成法官心证。可见,庭审实质化倡导通过控诉、辩护的技术理性地对抗,强调集中审理、当庭认证、当庭宣判。但实践表明,部分辩护人与公诉人对抗时,激情有余而技术不足,控辩交锋平缓,难以形成有效对抗。[1]这主要缘于控辩审三方的职业能力欠缺,难以适应庭审实质化有效对抗的要求。庭审实质化要求控辩双方在现有规则的基础上平等对抗,对于抗辩双方的专业化要求较强,亦要求审判人员增强驾驭庭审的能力,提升在庭审中及时作出合法性判断、审查证据、应用法律和制作文书等的专业化水平。但以成都市法院庭审实质化改革试点的状况观之,当前控辩审三方的职业能力难以适应庭审实质化所要求的司法技术、诉讼技艺。对于新规则运用不够熟练的问题突出,控辩审在不同程度上对于交叉询问规则、非法证据排除规则等新规则的运用还不够熟悉、理解不够深刻,导致庭审进行得不够顺利。控辩审三方职业能力的欠缺突出表现在对人证的交叉询问过程中。在庭审实质化改革试点过程中,部分试点地区出台了人证的交叉询问规则,"三项规程"中的《人民法院办理刑事案件第一审普通程序法庭调查规程(试行)》吸收了试点地区的经验,详细地规范了人证的交叉询问。但是实践表明:控辩双方明显不熟悉交叉询问规则,缺乏交叉询问的技巧,滥用反对权;审判人员对于该规则亦是理解力不够,难以有效掌控庭审交叉询问程序的全局,为查明案件事实,部分法官甚至对人证频繁发问,[2]法官过多介入询问又使得对抗的意味有所减

---

[1] 赵艳霞:"'看得见的正义':刑事庭审实质化之司法进路",载《山东审判》2017年第1期。

[2] 万毅、赵亮:"论以审判为中心的诉讼制度改革——以C市法院'庭审实质化改革'为样本",载《江苏行政学院学报》2015年第6期。

弱。总之，法官对于新规则掌握、应用熟练度不够，导致对当庭认证和裁判难以达到得心应手的程度。所以，为了实现庭审实质化所要求的有效对抗，控辩审三方的诉讼能力和诉讼技巧都有待提高。

四、质证难、当庭认证率、宣判率低与庭审实质化的要求不符

庭审实质化要求"证在法庭"，未经质证不得认证，但试点过程中，质证难的困境依然突出。质证难主要缘于对固有工作模式的沿袭，缘于卷宗主义的影响，在司法实践中主要表现为以书面形式为主的举证方式。如前所述，我国刑事诉讼中证人出庭率极低，部分出庭证人作证随意，难以有效贯彻直接言词原则，这就限制了辩方质证权的开展。[1]为了扭转这一局面，试点法院曾进行了有益的尝试。作为试点之一的成都市中级人民法院在庭审实质化改革取得成效的基础上制定了人证调查规则，[2]力图实现有效质证，但困境依旧。另外，法官庭外核实证据的权力加剧了司法实践中庭审质证难的困境。根据《刑事诉讼法》第154条[3]的规定，必要的时候可由审判人员庭外单独核实证据。庭外单独核实证据，将造成裁判文书无法说理，抓放两难，庭审虚化，本是法庭在不得已情况下采取的手段。

---

[1] 林国强："以审判为中心的诉讼制度下庭审实质化改革研究"，载《湖北警官学院学报》2017年第2期。

[2] 杨傲多："成都刑事庭审实质化试点调查"，载《法制日报》2016年5月18日。

[3] 《刑事诉讼法》第154条规定："依照本节规定采取侦查措施收集的材料在刑事诉讼中可以作为证据使用。如果使用该证据可能危及有关人员的人身安全，或者可能产生其他严重后果的，应当采取不暴露有关人员身份、技术方法等保护措施，必要的时候，可以由审判人员在庭外对证据进行核实。"

第五章 我国刑事庭审实质化改革试点中新出现的问题及化解对策

但实践中，在许多情况下，侦查人员以侦查涉密为由不移送相应采用技术侦查、特情手段侦破案件的证据，迫使法庭庭外核实技侦证据，从而造成裁判文书无法说理。

庭审实质化改革试点中，当庭认证率低，宣判率低，与庭审实质化的要求不符。庭审实质化要求"证在法庭""判在法庭"，要求通过控辩双方的对抗实现双方的充分交锋，通过公开、公正的举证、质证完成法庭调查和法庭辩论，使得案件事实真相得以明了，通过当庭认证、当庭宣判的方式，增强法律的权威，教育、警示公民。反之，如果充分对抗、辩论后没有当庭认证和宣判，对公民教育和警示作用则会大打折扣。较之前的庭后认证，虽然庭审实质化改革试点已然有了进步，但当庭认证率低，宣判率低，与庭审实质化"判在法庭"的要求尚有距离。

第二节 刑事庭审实质化改革试点中所遇问题的化解对策

一、从功能入手规范庭前会议制度

庭审实质化有赖于充分的庭前准备，促使庭审围绕事实认定、法律适用方面的争议焦点展开，力图实现庭审的集中、高效，以防止法庭的拖沓和盲目。为了实现这一目的，应当重视庭前准备中庭前会议功能的充分发挥。为适应庭审实质化的要求，借鉴成都市中级人民法院的试点经验，根据"三项规程"中的《人民法院办理刑事案件庭前会议规程（试行）》之规定，应当从庭前会议设置的功能着手完善我国刑事庭前会议制度。2021年3月生效的最高院《解释》Ⅱ第226条至第233条从功能入手对庭前会议与庭审衔接作了完善规定。

(一)厘定庭前会议的功能

所谓"功能",是指事物的功效和作用。从设立庭前会议的立法初衷考虑,庭前会议的功能应定位于以下三点:信息交流、解决程序性事项、整理争点。首先,庭前会议通过双方证据开示的方式为控辩双方提供充分交流和信息共享的平台,能有效解决案件信息不对称性的问题,确保控辩双方平等对抗,平衡诉讼信息,有利于信息交流,防止庭审中的证据突袭。鉴于司法实践中,辩方阅卷权、会见权、调查取证权的行使有限,召开庭前会议对于辩方而言,意义更为重大,能确保辩方获悉控诉证据,以更有效地做好对抗准备。[1]其次,针对疑难复杂、证据较多、案情较复杂的刑事案件,庭前会议应着眼于解决管辖、回避以及非法证据排除等程序性事宜,其中非法证据排除是解决程序性问题中的重点。最后,整理诉讼争点,确保庭审质量的优质和高效。庭前会议使得控辩双方在开庭前对事实、证据、法律适用重点予以整理,排除无争议的问题,明晰双方的争议焦点,明确正式审理的范围,使得庭审围绕刑事案件的主要争点有重点地进行,能提高审判的效率。[2]只有庭前明确了案件的主要争点,法庭调查和法庭辩论环节才更有针对性,质证才能更充分,法官才能有效地把控庭审,真正实现充分、有效的审理。

总之,庭前会议最大的制度价值在于辅佐庭审程序成为审判程序中最核心、最关键的环节,[3]有效避免证据突袭和庭审

---

[1] 汪海燕、殷闻:"审判中心视阈下庭前会议功能探析",载《贵州民族大学学报(哲学社会科学版)》2016年第3期。

[2] 宋英辉、陈永生:"刑事案件庭前审查及准备程序研究",载《政法论坛》2002年第2期。

[3] 左卫民:"未完成的变革——刑事庭前会议实证研究",载《中外法学》2015年第2期。

第五章 我国刑事庭审实质化改革试点中新出现的问题及化解对策

无序,而不能弱化庭审,更不能取代庭审。"三项规程"中的《人民法院办理刑事案件庭前会议规程(试行)》亦认同了此项功能定位,将庭前会议明确界定为庭审准备程序。

(二) 明晰庭前会议的适用对象

在功能定位的基础上,应当明晰庭前会议的适用对象是解决程序性事项。刑事诉讼中存在程序争议、证据争议和实体争议等三类,应当明确,庭前会议只能解决部分程序性争议,如管辖、回避、公开审理、审判程序等,[1]《人民法院办理刑事案件庭前会议规程(试行)》亦肯定了这一观点。证据争议和实体争议是庭审应当审理并作出裁决的范畴,并不属于庭前会议解决事项的范畴。庭前会议的处理事项应严格限定为程序性事项,不得讨论和处理涉及对被告人定罪、量刑的实体性事项,如证据的证明力、案件事实的认定以及法律适用问题等,这一范围设定从立法定位中可见一斑。庭前会议的程序设计允许法官在开庭前,在控辩双方同时参与的情况下,就案件的程序性问题集中听取意见。[2]这一立法定位有助于明确庭审重点,提高庭审效率。如前所述,我国《刑事诉讼法》对庭前会议的适用对象表述不清,应当从功能入手解释《刑事诉讼法》第 187 条第 2 款中"等"字的外延。庭前会议是庭前准备程序的重要组成部分,并非正式庭审程序,从该制度的立法理由来看,其

---

〔1〕 陈卫东教授认为,庭前会议的适用对象至少涵盖以下九个方面:管辖、审判程序的选择、证据展示与调取、申请鉴定、案件与证据的主要争执点、证据调查的范围和方法、审判方式的选择、延期审理、附带民事诉讼等。参见陈卫东、杜磊:"庭前会议制度的规范建构与制度适用——兼评《刑事诉讼法》第 182 条第 2 款之规定",载《浙江社会科学》2012 年第 11 期。

〔2〕 全国人大常委会法制工作委员会刑法室编:《关于修改中华人民共和国刑事诉讼法的决定条文说明、立法理由及相关规定》,北京大学出版社 2012 年版,第 215 页。

着眼于通过处理相关程序性事项，提高庭审效率，保证庭审质量。换言之，庭前会议只是正式庭审前的一个准备阶段，并非正式庭审。[1]

所以，为实现上述立法意图，应当将庭前会议的处理事项严格限定于相关程序性争议，细化《刑事诉讼法》第187条第2款规定，修改最高院《解释》Ⅰ第184条第3款和最高检《规则》Ⅰ第431条，剔除实体性事项，扭转当前庭前会议"实体化"的倾向，真正实现"判在法庭"，从而最终实现刑事庭审实质化。最高检《规则》Ⅱ第395条[2]明确了检察机关参加庭前会议解决有关程序问题；2021年生效的最高院《解释》Ⅱ第228条即从庭审准备程序的功能设置出发，明确了法院应当在庭前会议上向控辩双方了解情况和听取意见的诸多程序性事项。

(三) 明确庭前会议的适用范围

刑事庭前会议的适用范围不能过大，亦不能太小，太小则丧失了其存在的功能和意义，难以起到提高庭审效率的目的；适用范围太大则浪费司法资源，有损审判中心主义的考虑。所以，合理划定其适用范围至关重要。为提高诉讼效率、保障司法公正，满足打击违法犯罪、维护社会稳定的需要，应合理划定庭前会议的适用范围，保证其存在的空间，在这个空间中，既提高诉讼效率、优化诉讼资源，又能处理好公诉、庭前准备

---

[1] 陈光中主编：《〈中华人民共和国刑事诉讼法〉修改条文释义与点评》，人民法院出版社2012年版，第261页。

[2] 最高检《规则》Ⅱ第395条规定："在庭前会议中，公诉人可以对案件管辖、回避、出庭证人、鉴定人、有专门知识的人的名单、辩护人提供的无罪证据、非法证据排除、不公开审理、延期审理、适用简易程序或者速裁程序、庭审方案等与审判相关的问题提出和交换意见，了解辩护人收集的证据等情况。对辩护人收集的证据有异议的，应当提出，并简要说明理由。公诉人通过参加庭前会议，了解案件事实、证据和法律适用的争议和不同意见，解决有关程序问题，为参加法庭审理做好准备。"

第五章 我国刑事庭审实质化改革试点中新出现的问题及化解对策

和庭审的关系。庭前会议适用范围的确立可以从域外相关规定中寻求借鉴。国外庭前会议的适用范围以必要性为限，刑事庭前会议没有必要适用于所有的刑事案件。对于书面审理的案件，如德国的处刑命令程序，针对特定的轻微刑事案件，法官能够根据检察官的书面定罪量刑建议书直接书面审查并作出处罚令。[1]这是一种针对轻微刑事案件的快速的书面审判方式，没有召开庭前会议的必要。法国的处理违警罪的简易程序、意大利的刑事命令程序及日本刑事诉讼中的略式程序等亦有类似的规定。

所以，对于追求诉讼效率的认罪认罚的轻微刑事案件，没有必要召开庭前会议；庭前会议制度一般应当适用于被告人不认罪不认罚，控辩双方对定罪证据、量刑证据或有罪证据、无罪证据争议较大，疑难复杂或者具有重大社会影响的刑事案件。最高院《解释》Ⅱ第226条在最高院《解释》Ⅰ第183条的基础上，进一步明确了庭前会议的适用范围，但是兜底性的"需要召开庭前会议的其他情形"仍然需要完善。

（四）确定庭前会议决定的效力

庭前会议决定的效力未定是导致庭前会议整体适用率低的一个重要原因。如前所述，现行《刑事诉讼法》并未规定庭前会议中所作决定的效力，最高院《解释》Ⅰ第184条亦未规定庭前会议笔录的效力。法律和司法解释的空白导致司法实践的百态，庭前会议中已经解决的事项再次出现于庭审过程中的现象时有发生。庭前会议中作出的决定没有法律效力，在正式法庭审判程序中，控辩双方都可以随意推翻已经在庭前会议中达成的共识，再将其在庭审中提出，利用证据突袭对方，导致庭

---

[1] 马贵翔、胡铭："处刑命令程序的价值与实现评析"，载《政治与法律》2006年第4期。

137

审重复,浪费司法资源,损害了法律的威严,也打击了控辩双方参加庭前会议的积极性,最终导致庭前会议流于形式。左卫民教授实证考察了重庆地区刑事庭前会议的适用情况,发现重庆地区三级法院庭前会议的适用率仅为0.3%。[1]域外庭前会议适用的成功经验亦从反面力证了明确所作决定效力的重要性。

总之,完善庭前会议制度以促进庭审实质化,首当其冲的是明确庭前会议的效力。应当明确规定,庭前会议中控辩双方达成的合意,庭审中一般不予变更,"三项规程"中的《人民法院办理刑事案件庭前会议规程(试行)》第19条第2款[2]即从侧面肯定了庭前会议中决定的效力。确立庭前会议决定的效力,才能完善庭前会议制度,并促进庭审实质化的高效实现。最高院《解释》Ⅱ第233条对庭前会议中控辩双方达成一致意见的事项的效力作了完善规定。

(五) 规范庭前会议的程序

明晰庭前会议的主持人是规范庭前会议程序的重要方面。域外许多国家的法律规定,为了防止法官的预断和偏见,主持庭前准备的法官不能是审理该案的法官,但也有许多国家的刑事诉讼法并未作出此类规定。实行职权主义抑或当事人主义的许多国家都有庭审法官主持庭前准备程序的制度设计。[3]如德国,主持庭前准备的法官可以(并且很可能)主持法庭审判,有权对案件作出判决。[4]实行"精密司法"的日本,庭审法官不受防止预

---

[1] 左卫民:"未完成的变革 刑事庭前会议实证研究",载《中外法学》2015年第2期。

[2] 《人民法院办理刑事案件庭前会议规程(试行)》第19条第2款规定:"对于控辩双方在庭前会议中没有争议的证据材料,庭审时举证、质证可以简化。"

[3] 韩红兴:《刑事公诉庭前程序研究》,法律出版社2011年版,第204页。

[4] 陈光中主编:《21世纪域外刑事诉讼立法最新发展》,中国政法大学出版社2004年版,第494页。

第五章　我国刑事庭审实质化改革试点中新出现的问题及化解对策

判的限制,能够积极地开展活动以正确地追诉犯罪。[1]该制度在我国何去何从仍存争议。有学者从防止预断的角度认为,主持庭前会议的法官不能是审理该案的法官,可以设立预审法官或由立案庭法官主持庭前会议。但笔者认为,鉴于我国案多人少,司法资源短缺的国情的限制,由承办法官主持庭前会议更具有现实合理性。承办法官通过主持庭前会议能确定庭审重点,把握庭审要点,保证庭审质量,提高诉讼效率。这在当前司法资源有限、审判任务繁重的特定时空背景下,更具可行性。[2]况且,员额制改革推进完成,一线审判法官的整体素质得以提升,更加支持了由承办法官主持庭前会议的可行性,《人民法院办理刑事案件庭前会议规程(试行)》第3条第1款[3]亦支持了这一观点。除此以外,最高检《规则》Ⅱ第394条[4]明确了出席法庭的公诉人参加庭前会议的程序问题。

　　应当明确庭前会议程序与庭审程序的衔接机制,以实现庭前会议程序功能的正常发挥,保障实质化庭审的实现。处理衔接机制的关键在于厘清庭前会议的功能。如前所述,庭前会议的功能定位于信息交流、解决程序性事项和整理争点。这一功能定位决定了庭审中应当通过正式的程序确定庭前会议的内容,

---

〔1〕　[日]田口守一:《刑事诉讼法》(第5版),张凌、于秀峰译,中国政法大学出版社2010年版,第207页。

〔2〕　叶青:"审判中心模式下庭前会议程序的再造研究",载《贵州民族大学学报(哲学社会科学版)》2016年第5期。

〔3〕　《人民法院办理刑事案件庭前会议规程(试行)》第3条第1款规定:"庭前会议由承办法官主持,其他合议庭成员也可以主持或者参加庭前会议。根据案件情况,承办法官可以指导法官助理主持庭前会议。"

〔4〕　最高检《规则》Ⅱ第394条规定:"人民法院通知人民检察院派员参加庭前会议的,由出席法庭的公诉人参加。检察官助理可以协助。根据需要可以配备书记员担任记录。人民检察院认为有必要召开庭前会议的,可以建议人民法院召开庭前会议。"

如此才能保障庭审的质量和效率。刑事庭审实质化改革试点中通过会议报告、笔录的形式确定了庭前会议的议定事项。"三项规程"中的《人民法院办理刑事案件第一审普通程序法庭调查规程（试行）》在明晰庭前会议主持人的基础上，设立庭前会议报告制度，规定法庭调查前，由主持庭前会议的承办法官宣读庭前会议报告，对庭前会议相关内容作出说明，让合议庭及诉讼当事人对相关事项全面了解。这一做法在我国更具可行性。其相关内容在最高院《解释》Ⅱ第 226 条至第 233 条中得以进一步明确。

二、从实效出发提升证人出庭作证质量

实践证明，庭审实质化最大的难点仍然是有争议案件中的证人出庭问题。[1]证人出庭作证是刑事庭审实质化的核心所在，是庭审调查的重点。为了实现证人能出庭、敢出庭、愿出庭，保证出庭后的作证质量，切实提升审判实效，应当从以下几个方面入手：

（一）明确证人出庭范围

无论对于查清案情，抑或保障被告人的对质权，证人出庭作证都具有重要意义。[2]考虑到司法资源的有限性以及司法实践的可操作性，要求全部案件证人出庭作证，既无必要，也不具有可行性，关键证人出庭作证的立场更符合我国的刑事司法状况。面对我国法院系统当前案多人少、简单轻微案件比例较大、审判资源有限、刑事诉讼高耗的现状，应当从实际出发，根据我国刑事案件实际情况和难易程度、被告人是否认罪、证

---

[1] 龙宗智：“庭审实质化需技术与规则并重”，载《检察日报》2016 年 11 月 22 日。

[2] 汪海燕：“论刑事庭审实质化”，载《中国社会科学》2015 年第 2 期。

第五章　我国刑事庭审实质化改革试点中新出现的问题及化解对策

人证言对案件审理的重要性等因素综合考虑，确立是否应当通知证人出庭的基本原则。司法实践中，乐清市人民法院围绕着"有范围""有影响"这两个标准来审查证人出庭作证的必要性，值得借鉴。

笔者认为，应从两个方面着手明确证人出庭范围，具体如下：其一，明确限定"范围"，明确严格适用直接言词原则的案件类型。一是在普通程序案件中，公诉人、辩护人对重要证人证言有异议的，相关证人应当出庭；二是被告人可能判无期徒刑、死刑案件的重要证人，无论有无异议，都有必要出庭接受质证，以推动庭审实质化改革的进程。明确原则上不通知证人到庭的案件类型：被告人认罪且其他证据足以证明犯罪事实的；证言陈述稳定、对方对证言未提出异议的；证言证明事实有其他客观证据足以证明的。其二，"有影响"，即指被告人不认罪案件中证人证言前后有变化，对定罪量刑证据链有关键作用或与其他在案证据存在矛盾等情形的案件，证人应当出庭。应当明确，为了避免法院裁量权的不当行使，"人民法院经审查认为有必要"不再是通知证人出庭的必要条件。"三项规程"中的《人民法院办理刑事案件第一审普通程序法庭调查规程（试行）》第13条第1款[1]亦明确了这一认识。除了从正面明确证人出庭的范围，还应当从消极方面强调证人不出庭的违法性制裁措施，明确程序性后果，即应当出庭作证而未出庭的证人证言不具有证据能力，不能在法庭上出示，亦不能作为定案的根据。

---

[1]《人民法院办理刑事案件第一审普通程序法庭调查规程（试行）》第13条第1款规定："控辩双方对证人证言、被害人陈述有异议，申请证人、被害人出庭，人民法院经审查认为证人证言、被害人陈述对案件定罪量刑有重大影响的，应当通知证人、被害人出庭。"

（二）完善证人证言真实性保障机制

针对司法实践中证人容易被威胁或者收买，到庭后随意改变证言的现象，实行重大案件关键证人讯问全程同步录音录像制度，有效震慑无故翻证和蓄意伪证行为。除了这一程序性的规定，笔者认为完善证人证言真实性保障机制应当主要从完善证人宣誓和强化伪证罪两个角度入手：

一方面，设立证人宣誓台，建立证人法庭宣誓制度，签订具结书承诺如实作证，提高证人的作证庄严感和责任感。庭审宣誓作为司法仪式，能够维护司法权威、诉讼权威，培育法律信仰，实现庭审证据调查实质化的功能。[1]随着社会和文明的不断进步，宣誓制度逐渐与人的道德良心相联系，进而发挥制约作用，对证人如实作证具有心理强制的功能。通过庄严的宣誓程序，唤醒证人的良知，促使其充分认识到如实作证的重要意义和强烈的使命感，同时庭审宣誓产生的外在压力也能降低证人作伪证的可能性。当前刑事诉讼中的宣誓程序表现为证人在保证书上签字，与域外的证人宣誓程序迥然有别。考虑到证人宣誓对于保障出庭证言真实性的重大作用和域外刑事庭审宣誓的经验，我国应当建立全新的、仪式化的证人法庭宣誓制度。就实践而言，近年来，我国已经在积极探索建立"宪法宣誓"制度。[2]2018年2月，第十二届全国人大常委会第三十三次会议表决通过了《关于实行宪法宣誓制度的决定》，完善了宪法宣

---

[1] 郭天武、陈雪珍："庭审宣誓制度的解析与建构"，载《广东社会科学》2017年第5期。

[2] 十八届四中全会决定建立"凡经人大及其常委会选举或者决定任命的国家工作人员正式就职时应公开向宪法宣誓"的宪法宣誓制度。具体参见中共中央《关于全面推进依法治国若干重大问题的决定》。

第五章 我国刑事庭审实质化改革试点中新出现的问题及化解对策

誓制度。[1]司法实践中,自2001年起,福建、辽宁、广东、广西、江苏、四川等地法院已进行了积极探索,但仍未在我国全面推广。对此,应当仿照"宪法宣誓"制度,建立证人在法庭上的宣誓程序,以完善证人证言真实性保障机制。

另一方面,强化惩戒,规范对伪证违法犯罪的打击力度。发现证人不合理翻证、有故意作伪证嫌疑的,加大查处和责任追究力度,有效震慑伪证行为,确保出庭证人证言的可靠性。完善对刑事诉讼中的伪证行为的处理应着眼于以下两个方面:其一,根据伪证行为的危害程度和违法犯罪主体进行不同处罚。轻微的伪证行为应当采取民事手段或行政手段进行处理,坚持刑法谦抑原则,不宜将其犯罪化,但对导致严重后果的伪证行为依然需要追究刑事责任。其二,强调以对具体案件的处理产生实质影响作为伪证罪的构成要件。主观故意难以证明,客观上对案件产生实质性影响可以作为认定犯罪构成与否的重要标准。[2]如此,既不会扩大打击范围,又能有效震慑伪证行为,有利于完善证人证言真实性保障机制。

(三)厘清庭前书面证言与法庭证言的关系

《刑事诉讼法》第192条对证人出庭的审查标准规定过于模糊,第195条及最高检《规则》Ⅰ第441条第2款和最高检《规则》Ⅱ第405条第2款变相确认了庭前证言笔录的证据能力和证明力,这加剧了证人出庭难的困境,导致证人庭上证言的随意性增大。所以,保障证人出庭作证质量,应当处理好庭前

---

[1] 第十二届全国人大常委会第三十三次会议表决通过了《关于实行宪法宣誓制度的决定》,该决定规定:"地方各级人民代表大会及县级以上各级人民代表大会常务委员会选举或者决定任命的国家工作人员,以及各级人民政府、监察委员会、人民法院、人民检察院任命的国家工作人员,在依照法定程序产生后,进行宪法宣誓。"

[2] 束斌:"论完善刑事诉讼出庭证人如实作证的法律保障",载《中国检察官》2014年第13期。

书面证言与法庭证言的关系。实践证明，因为庭审环境的压力、证人记忆力、表达力的参差不齐以及庭审询问主体的语态、神情等影响，证人出庭后所作的法庭证言，很多情况下与庭前书面证言不同或差异巨大。此时，认证时如何取舍至关重要，不仅关系到证人出庭作证的功用，也进一步影响着庭审实质化的开展：重视法庭证言将促进证人出庭作证；反之，则会妨碍证人出庭。[1]所以，应妥善处理矛盾证言的取舍。笔者认为，为保障证人出庭以推进庭审实质化，应当明确：在书面证言和法庭证言发生矛盾时，应确立法庭证言证明力从优的原则；最高院《解释》Ⅰ第78条第2款[2]亦认同了这一原则，最高院《解释》Ⅱ第91条第2款[3]亦然。法庭证言证明力从优的原则契合了庭审中心主义的诉讼理念，体现了证据裁判原则，明确了证人出庭作证的重大意义，有利于实现庭审实质化。应当明确，因为庭前书面证言产生的程序缺乏法庭证言当庭作出的公开性、严肃性，未经庭审质证程序，其证明力应予以适当限制。若庭前证言和法庭证言相矛盾，承认庭前证言的证明效力时务必谨慎。

(四) 强化作证教育

加强证人作证的教育和引导对于提高作证质量十分重要。据报道，美国司法部前都长米斯在1987年的伊朗门听证作证前，受到司法部长达30小时的排练；美国前总统克林顿在与莱

---

〔1〕 龙宗智："庭审实质化的路径和方法"，载《法学研究》2015年第5期。

〔2〕 最高院《解释》Ⅰ第78条第2款规定："证人当庭作出的证言与其庭前证言矛盾，证人能够作出合理解释，并有相关证据印证的，应当采信其庭审证言；不能作出合理解释，而其庭前证言有相关证据印证的，可以采信其庭前证言。"

〔3〕 最高院《解释》Ⅱ第91条第2款规定："证人当庭作出的证言与其庭前证言矛盾，证人能够作出合理解释，并有其他证据印证的，应当采信其庭审证言；不能作出合理解释，而其庭前证言有其他证据印证的，可以采信其庭前证言。"

第五章　我国刑事庭审实质化改革试点中新出现的问题及化解对策

温斯基的性丑闻案听证前,也接受了这种形式的排练。律师如此大费周章地进行"证人彩排"的主要目的,就是在法庭调查中使该证人能够很好地完成作证任务,既提供有利于己方的信息,又能应对对方律师提出的尖锐、古怪的问题。[1]到庭作证,对多数证人而言,都是首次,不少证人因为不了解相关规定、审理程序和要求,作证时产生紧张、畏惧等心理而无法客观陈述证言,或者存在以想象、猜测等代替客观陈述等情形,影响证言质量。所以,应采取有效的举措提高证人作证质量,确保证人如实、准确地作证。首先,通过多种方式对证人进行法治教育,使其了解相关规定、审理程序和要求。如惠安县人民法院于 2015 年制作了《作证那些事儿》动漫宣传片,利用轻松活泼、通俗易懂的方式进行宣传教育,使证人对作证义务、要求、相关程序有较为明确的认识。其次,加强个别教育引导。通过了解证人的性格、心理、文化程度、职业等因素以及电话、当面沟通交流,深入把握证人心理,引导教育其如实客观作证。最后,加强心理疏导工作。聘请专门的心理辅导师,对因犯罪行为受到严重心理伤害或存在其他心理障碍的证人,开展说服劝导工作,帮助其缓解紧张情绪。总之,可以通过多种方式教育引导证人,提高证人出庭作证的质量。

三、从专业化着眼提高诉讼主体的职业能力

专业化是庭审实质化改革有效推进的重要保障。司法是专业性的活动,应当符合司法权消极性、被动性、终结性的特征,但不能由此"将司法改革视为'系统内部'的改革,也不能将其理解为'司法技术'的改革,更不能将其简单地看成是司法

---

[1] 左卫民、周长军:《刑事诉讼的理念》(最新版),北京大学出版社 2014 年版,第 132 页。

权力再分配的改革"。[1]真正意义上建立起专业素养高、办案效率高的司法队伍是保障庭审实质化改革有效落地的关键。刑事法庭是检察官、辩护人、法官行使控辩审职责的法定场所,较之于传统、封闭的卷宗审查,具有专业性、公开性、复杂性的庭审程序更集中地体现了控辩审三方主体的职业能力,对其提出了更高的要求:法官是中立的裁判者,主导庭审过程,是实现"判在法庭"的主体,所以其应当具有庭审驾驭能力、信息萃取能力、证据运用能力;检察机关是控诉机关和庭审实质化的主要助力者;辩护人是被告人权利的专门维护者和庭审实质化的重要推动者,在刑事诉讼的庭审实质化改革中起着重要的作用。强调"证在法庭""辩在法庭""判在法庭"的实质化庭审方式离不开控辩审三方的有效参与,强调充分举证、质证,对控辩审三方的知识体系、职业能力提出了更高的要求,应当从专业化角度着眼,提高三方诉讼主体的职业能力。2021年《最高人民检察院工作报告》强调,强化素质能力建设,推动检察官与法官、警察、律师等同堂培训,促进法律职业共同体形成共同法治理念。

(一)提升法官专业能力

实现、推进"证在法庭""辩在法庭""判在法庭"的庭审实质化,法官作用的发挥至关重要。在以审判为中心的诉讼制度改革以及庭审实质化改革的过程中,法官应当主动扭转传统的"重实体、轻程序"观念,努力提升专业能力,强化庭审驾驭能力,掌握信息萃取能力,培养证据运用能力,具体而言:

(1)掌握一定的法庭驾驭能力。作为主导庭审程序的主体,法官应恪守裁判中立原则,提高庭审驾驭能力,当庭掌控庭审

---

[1] 徐静村:"法检两院的宪法定位与司法改革",载《法学》2017年第2期。

第五章 我国刑事庭审实质化改革试点中新出现的问题及化解对策

全局,着力提升司法人员法庭询问、质证、认证和处理程序性事项的能力,重点检查不适当限制辩方质证与辩护的行为。法官在掌控庭审过程中应把握三个方向,以协调好控辩审三方关系:一是注意发问方式,避免站在公诉方的立场,把法庭变成纯粹的询问场所;二是注重引导功能,强化庭审指引,构建控辩对抗的庭审格局,使控辩双方围绕争点展开调查与辩论,使得出庭证人、鉴定人、侦查人员配合法庭调查证据;三是提高当庭驾驭能力,控制庭审节奏,及时明确制止不合理发问和无关重复发问,妥善处置突发情况。

(2)培养案件信息的提取和筛选能力。庭审实质化要求"证在法庭""判在法庭",要求控辩双方在庭上平等对抗,运用证据积极交锋,要求证人出庭,贯彻直接言词原则。所以,作为法庭主导的法官会在庭审过程中获取到繁杂的证据材料、多样的案件事实、真假难辨的各种信息。在这一过程中,法官对案件主要证据和事实信息的提取和筛选能力至关重要:去伪存真,筛选核心有益信息,才能最终发现案件真实,从而作出公正的裁判;如果不具备此种信息提取和筛选能力,则会导致庭审混乱无序,浪费控辩审三方的时间、经济和机会成本,难以对案件证据和事实作出正确的判断,造成法院公信力的丧失,最终使得庭审实质化的目的落空。

(3)提高法官运用证据的能力。"证在法庭""辩在法庭"是庭审实质化的基本要求,庭审实质化要求在控辩双方积极对抗、充分质证的基础上认定证据、发现案件事实。所以,法官应当具有敏锐的直觉,能够在明确了解案件争点的基础上判断证据的证明力。在这一过程中,如果法官不能通过举证、质证把握案件事实的发展过程,抓不住关键证据,不能正确适用证据裁判原则,将导致案件庭审进程的混乱,导致浪费诉讼资源,降低诉讼效率,并危及实体公正的实现。但实践表明,部分法官不熟悉我国刑事诉讼中的证据裁判原则,以致难以在刑事案件中准确适用这一规则。[1]所以,在庭审实质化改革过程中,法官应当强化证据意识,学习证据规则,并在司法实践中不断培养运用证据认定案件事实的能力,以图有效组织法庭举证、质证和正确认证。

应当明确,法官拥有庭审驾驭、案件信息萃取、证据运用的能力并非一日之功,需要经过长久的理论学习和长期的实践锤炼才能获取,但庭审实质化改革的进程如火如荼,亟须拥有专业职业能力的法官。为了尽快实现法官职业能力的专业化,对法官进行专业化分组,实行裁判工作、事务性工作相分离的方式是当下的必然选择。尝试法院统一设立综合保障组、快速裁判组、未成年人审理组、专业审理组,将案件划分为立案审查、审前准备、开庭审判、送达报结等四个阶段,加强衔接责任落实,每个阶段都由专人负责,互相配合。综合保障组配备3名法官助理和3名司法雇员,集中办理所有刑事案件的事务性工作,包括集中立案、集中分案、集中排期、集中通知、通知辩护人、委托审前调查、开具执行书、归档报结、集中收监等十项审判辅助性工作。此外,组内亦根据在押被告人、取保被告人等不同情况指定专人负责,加快事务性工作处理速度。快速裁判组配备2名法官,专门负责办理简易程序和被告人认罪的普通程序案件,力图实现90%以上案件当庭宣判,当庭宣判案件2日内送达判决书,生效后3日内开具执行文书。未成年人审理组负责审理被告人和被害人为未成年人、65周岁以上老人、妇女的案件。专业审理组负责审理适用普通程序的案件,

---

[1] 叶青:"以审判为中心的诉讼制度改革之若干思考",载《法学》2015年第7期。

第五章　我国刑事庭审实质化改革试点中新出现的问题及化解对策

强调精审慎判，注重庭审实质化审理，积极实行证人出庭作证改革，宽严相济惩戒犯罪。此外，专业审理组的每名法官都应有其主要审理的几类案件，以确保案件间的量刑平衡，并通过专业法官会议，将审理经验分享给其他法官。瑞安市人民法院在这方面的实践经验值得推广。总之，通过法官的专业化分组审理，尽快提升法官专业化的职业能力。

（二）强化辩方力量

庭审实质化要求"证在法庭""辩在法庭""判在法庭"，要求控辩双方积极对抗，强化辩方力量，保障辩护律师的有效辩护。有效辩护是指律师为被追诉人提供认真而富有意义的辩护，且最大限度地保护其合法权益。[1]有效辩护的理念源自美国，可以从《美国宪法第六修正案》中获得法律支持，其通过判例不断予以强调，并在 Evitts v. Lucey 案件中得到明确："若辩护人不能提供有效律师帮助，则与无辩护人无异。"[2]有效辩护不仅保障被追诉人有律师辩护人，而且保证其辩护权得到有效履行，保障辩护人能与公诉人实现有效对抗，符合庭审实质化"辩在法庭"的要求，契合了庭审实质化改革中保障人权以及维护司法公正的功能定位。另一方面，庭审实质化也为有效辩护提供了保障。庭审实质化要求"判在法庭"，要求法官当庭认证和宣判，法官独立行使权力、中立裁判是其应有之义，法官提高控庭能力为有效辩护的实现创设了外在环境空间。在实质化庭审过程中，强化辩方力量，实现辩护律师的有效辩护需要从以下两方面着手：

（1）保障律师的参与性。庭审实质化适用于部分有争议案

---

[1] 杨建广、李懿艺："审判中心视域下有效辩护的构成与适用——兼论念斌案对被告人获得有效辩护的启示"，载《政法学刊》2017年第1期。

[2] Evitts v. Lucey, 469. U. S. 387 (1985).

件，要求认定证据、查明事实、控辩意见发表、裁判结果形成在法庭，保障律师的参与以实现控辩对抗。若没有辩护律师参与，被告人因为诉讼能力和条件的限制，难以与控方抗衡，所以，律师介入庭审是保障被告人权利的需要。

一方面，律师的参与使得被追诉人更加全面地掌握信息。在我国司法实践中，犯罪嫌疑人、被告人因为审前羁押而人身受限，在掌握案件信息角度难以与公诉人实现共享，律师介入刑事诉讼能有效补救这一点，使被追诉人避免因信息不对称而作出错误的意思表示。2012年修正的《刑事诉讼法》扩大了律师参与诉讼程序的权利，丰富了辩护律师获取案件信息的能力。通过律师行使阅卷权和自审查起诉阶段起向犯罪嫌疑人核实证据的权利，可以使得被追诉人在开庭之前从辩护律师处了解案件情况，知晓自己案件的指控事实、证据情况，保障被追诉人间接实现阅卷权，减少因信息不对称而导致的认罪认罚和程序选择的盲目性和被动性。

另一方面，律师的专业性、职业性能更有效地保障犯罪嫌疑人、被告人的权利。笔者有幸于2016年在我国部分城市调研，[1]结果显示：在关于被告人学历调研的200份有效问卷中，有17人，占比为8.5%的被告人学历是文盲；有95人，占比为47.5%的被告人学历是小学或初中；有53人，占比为26.5%的

---

〔1〕 北京师范大学刑事法律科学研究院"刑事诉讼中认罪认罚从宽制度司法实证研究"课题组于2016年3月至10月在北京、郑州、烟台、成都、芜湖等地进行问卷调查，涉及北京市人民检察院第一分院、北京市朝阳区人民法院、北京市昌平区人民检察院、安阳市中级人民法院、郑州市中级人民法院、莱阳市人民法院、烟台市芝罘区人民法院、烟台市芝罘区人民检察院、烟台市牟平区人民法院、蓬莱市人民法院、成都市武侯区人民法院、成都市高新区人民法院、芜湖市中级人民法院等。并通过法官、检察官向被告人发放《"刑事诉讼中认罪认罚从宽司法实证研究"课题问卷（被告人卷）》260份，回收206份。

第五章 我国刑事庭审实质化改革试点中新出现的问题及化解对策

被告人学历是高中；有35人，占比为17.5%的被告人的学历是大学及以上。可见，我国小学、初中学历的犯罪嫌疑人、被告人占比最大，其法律知识极其贫乏，对所涉案件的实体后果和程序预期很难有正确、客观的把握，不具备与检察机关公平对话的能力。辩护律师参与刑事诉讼，成为被追诉人与检察官之间的桥梁，与检察官实现了有效沟通，依法达成一致意见，进而向法院提出相应建议，意义重大。保障律师参与刑事诉讼的关键是加大法律援助的力度，提高指定辩护率。为解决刑事案件律师辩护率低的情况，促进司法公正，2017年底，最高人民法院、司法部联合发布了刑辩律师全覆盖的文件，明确刑事案件审判阶段的律师辩护全覆盖。为确保刑事案件律师辩护全覆盖落到实处，该文件规定了众多保障举措，为保障我国刑事案件律师的参与提供了法律依据。

（2）保障辩护职能的有效履行。在提高律师参与刑事庭审比例的同时，应该重视律师诉讼权利的保障，进一步保障律师的阅卷、会见、调查取证等权利，着力解决律师反映的"新三难"问题，保护律师的合法权益，实现刑事辩护的实质化。实现辩护律师的有效辩护，还应当保障律师对于详细的量刑指导意见的知情权。量刑知情权是律师量刑辩护实质化的前提，律师若不了解、不知悉、不掌握量刑方法、量刑过程，难以实现有效的量刑辩护，难以平衡与控诉方的力量对比。公安司法机关除了应当保障辩护律师知情权、阅卷权、取证权、质证权等权利的切实履行，还应为其履行权利提供便利，如此，才能平衡控辩双方力量，最终保障被告人的合法权益。保障辩护职能的有效履行，除了要求公安司法机关为律师履行职业权利提供良好的外部环境以外，律师自身亦应当提高职业能力。在执业过程中，律师应当以事实为依据、以法律为准绳，依照《刑事诉讼法》《律师法》等法律法规规范，诚信地履行辩护职责，不断学习，提高辩护的技术水平和质量，实现与控方的有效对抗，推进发现案件事实，切实维护被追诉人的合法权益，并促进司法公正和庭审实质化的实现。

(三) 提高公诉能力

庭审实质化要求"辩在法庭"，要求"落实直接言词原则"，控辩对抗是其基本要求，提高公诉能力是其应有之义。具体而言，提高公诉能力体现在以下两个方面：

(1) 提升检察官的业务素质。第一，在庭审实质化改革背景下，庭审活动较之于以往的庭审方式更具对抗性，证据的认证结果和庭审结果更具不可预测性，在这一过程中，检察机关的败诉风险增大，提高其业务素质势在必行。第二，庭审实质化要求履行有效辩护，律师的辩护能力和辩护质量将大大增加，公诉人只有提升其业务素质才能真正与之抗衡。第三，庭审实质化改革必然会减弱检察机关的传统优势，审前辩护律师得以更早介入刑事诉讼流程，通过庭前会议，辩方可以更全面地知悉控方证据，辩护证据更受重视，辩护能力增强，此种情形必然要求公诉人提高公诉能力。

考虑到当前的司法实践状况，提高检察官的业务素质主要应从以下方面着手：

首先，提高审查证据的能力。在庭审实质化背景下，检察机关应当积极转变证据审查方式，改"书面审查"为"亲历性审查"。检察机关是法定的公诉机关，审查证据、事实、材料是否符合提起公诉的条件是其职责。在以往的司法实践中，检察机关的审查方式以书面审查为主，但鉴于庭审实质化强调控辩对抗，书面审查的方式已经不能满足这一需要，所以，应当对作为审查起诉和庭审时准备提交的主要证据由公诉人亲自向相

第五章 我国刑事庭审实质化改革试点中新出现的问题及化解对策

关人员核实,判断证据的证据能力和证明力,以便更加充分地实现控辩对抗。

其次,提高举证能力。应在提升传统举证能力的基础上,重点提高检察官利用多媒体示证的能力,以更直观、更有效地阐述控诉事实和证据。督促检察官加大教育培训,拓展其知识面,进一步优化其知识结构等,有利于提高其举证能力。

最后,提升质证能力。庭审实质化强调控辩对抗,强化质证,为了更有效地履行控诉职责,检察官应当有意识地强化培养询问技巧和逻辑思维。可以尝试在日常工作中采取实训的方式,有目的地培养询问和反询问的能力、庭审阐述事实和证据的能力。提升检察官的业务素质除了提高其审查证据、举证和质证的能力以外,检察官出庭支持公诉前的积极准备亦必不可少,积极的开庭准备能增强控诉方胜诉的概率。审判前的准备工作是日复一日运转的案件中成功地交叉询问生长的土壤。[1] 公诉人应当在开庭前积极撰写公诉意见书,制定详细的举证提纲,准备质证材料,设计质证问题,确立应对辩护的策略,再次确认出庭证人情况,保障证人到庭,确保控诉证据的出示和控诉职责的顺利发挥。

(2) 提高公诉人应对突发情况的能力。在庭审实质化改革中,公诉人应不断加强工作中的应变能力。庭审实质化要求"证在法庭""辩在法庭",控辩双方公开、积极、有效对抗,强调证人出庭、直接言词、当庭质证和认证、当庭宣判。所以,相较于传统的证人不出庭的卷宗主义的庭审模式,在庭审实质化背景下,庭审结果的不可预见性增强。故而,公诉人应当加强庭审过程中的应变能力,敏锐地调动己方掌握的证据、事实、

---

[1] [美] 约翰·W. 斯特龙主编,[美] 肯尼斯·S. 布荣等编著:《麦考密克论证据》(第5版),汤维建等译,中国政法大学出版社2004年版,第59页。

材料以应对对方的变化，尤其是冷静对待翻供和翻证。庭审过程中，被告人翻供，证人翻证在所难免，这其中既有申诉鸣冤的因素，又有记忆力出现偏差、害怕打击威胁的顾虑等因素。公诉人应当理性地对待这一情况，以冷静的态度层层分析，力争找出翻供、翻证的动机、破绽，将案件事实的真相呈现于法庭。除此以外，"证据突袭"也是庭审中常见的一种突发情况。因为庭前会议所作决定的效力未定，控辩双方可以在庭审中出示未出现在庭前会议中的对方未知的证据，虽然《人民法院办理刑事案件庭前会议规程（试行）》对这一问题进行了规范，但实践中这种"证据突袭"仍频频出现。面对这一状况，公诉人应当积极调动自己的法律知识储备，迅速做出应对预案。增强应变能力并非一蹴而就，亟须公诉人拓展法律基础知识，增长社会实践经验，培养冷静的心理素质。在当前的司法实践中，公诉人的业务能力、工作习惯、专业知识背景各不相同，为了尽快适应庭审实质化的要求，可以尝试按照出庭案件类型，把公诉人分组，让部分公诉人专攻某一类型的案件，着力培养其应对能力，并实现各组之间的定期沟通。部分庭审实质化改革试点地区的检察机关已经进行了相关探索，且取得了一定的成效。

四、从实质化着手健全适用证据裁判原则

庭审实质化强调"证在法庭""判在法庭"，强调当庭质证和认证，强调证据裁判原则的充分适用。面对庭审实质化改革试点中质证难、当庭认证率低、宣判率低的困境，贯彻证据裁判原则，完善举证方式，实现质证实质化和认证实质化至关紧要。

（一）完善举证方式

庭审实质化要求"证在法庭"，要求公诉人通过举证、质

证，实现控诉职能，帮助审判人员查明案件事实。为了有效完成举证责任，应当灵活运用多种举证方式。

（1）大数据时代背景下，应当注重运用多媒体举证系统。法院积极推进远程视频开庭和视频作证，将构建刑事诉讼远程视频系统作为重要任务进行部署安排，同时鼓励控辩双方通过多媒体系统做好出庭辩护和控诉工作。2020年、2021年新型冠状病毒肺炎疫情期间，法院系统积极探索信息化建设。2021年《最高人民法院工作报告》指出，疫情期间，智慧法院建设成果充分显现……北京、杭州、广州互联网法院在完善诉讼规则、创新技术应用、促进依法治网等方面不断改革探索。健全网上庭审、电子证据、异步审理等规则，保障在线诉讼依法规范进行。多媒体示证提高了信息传递的速度，有图文、音像，又有静态、动态证据，信息量大，能较为直观地反映问题。但是应当明确，多媒体示证并不能代替当庭出示证据，人证、物证出庭仍是庭审实质化的必然要求，多媒体示证仅是展示证据的辅助手段。所以，实践中，多媒体示证应当与常规举证方式结合使用。控辩双方为了更好地论证本方观点，阐释本方理由，可以通过更直观、更形象的多媒体举证方式。[1]实践也证明，多媒体示证对于论证控辩观点确实起到了一定作用。当然，多媒体示证离不开技术部门的支持和配合，法院应与技术部门合作开发多媒体示证模块，协调法院改建用于多媒体示证的法庭，为控辩双方的多媒体示证创设外部条件。

（2）分案件举证，对适用实质化庭审的案件，改变"批量举证"的做法，对控辩双方有争议的案件和证据，必须"一证一举一质"，保障庭审质量。选择最重要、最有证明力、最能支

---

[1] 王涛：“庭审实质化进程中的多媒体示证”，载《人民检察》2016年第8期。

持本方观点的精品证据,细化举证。无争议的事实、证据简化举证程序。对于控辩双方在庭前会议中确定存在争议的证据,属于言词证据的通知证人等出庭作证,探索证人、鉴定人与警察出庭作证的新模式。对于庭前会议中控辩双方不存在异议的证据,可以适度简化出示。对于控方怠于举证、质证,或举证、质证不到位的情况,庭审过程中予以必要提醒,引导控方依法举证、质证。

(3) 强化举证过程的说理性。控辩双方举证,并力图使法官形成对本方有利的认证,仅有简单的出示远远不够。我国庭审举证的主体是公诉人,所以,应当明确其举证责任。公诉人的举证责任应当包括出示证据,但出示之后的论证更为关键,公诉人通过举证之后的论证,阐述出示该证对本案定罪量刑的功能,使法官作出对本方有利的认证。

(二) 健全质证程序

刑事诉讼中的质证是控辩双方质疑、反驳和攻击对方证据的重要手段,是法官认证的重要途径。[1]根据《刑事诉讼法》第 61 条[2]和最高院《解释》Ⅰ第 63 条[3]的规定,质证是证据作为定案根据的必要途径。最高院《解释》Ⅱ第 71 条[4]更是以删除"但书"规定的形式明确了这一点。庭审实质化要求"证在法庭",可见,质证环节是庭审实质化的必然要求,有利

---

[1] 何家弘:"刑事庭审虚化的实证研究",载《法学家》2011 年第 6 期。

[2] 《刑事诉讼法》第 61 条规定:"证人证言必须在法庭上经过公诉人、被害人和被告人、辩护人双方质证并且查实以后,才能作为定案的根据。法庭查明证人有意作伪证或者隐匿罪证的时候,应当依法处理。"

[3] 最高院《解释》Ⅰ第 63 条规定:"证据未经当庭出示、辨认、质证等法庭调查程序查证属实,不得作为定案的根据,但法律和本解释另有规定的除外。"

[4] 最高院《解释》Ⅱ第 71 条规定:"证据未经当庭出示、辨认、质证等法庭调查程序查证属实,不得作为定案的根据。"

第五章　我国刑事庭审实质化改革试点中新出现的问题及化解对策

于减少冤假错案的发生,促进司法公正的实现。

在实质化庭审中,健全质证程序应当从以下方面入手:首先,保障对质权。所谓对质权,是指被告人与不利于自己的证人进行对质的权利,体现了对被告人诉讼主体地位的尊重,有利于实现司法公正。对质权在许多国家甚至被上升为重要的宪法性权利。[1]欲保障对质权,证人出庭必不可少。其次,突出控辩双方的交叉询问,实行混合式人证调查方式。落实庭审实质化"四个在法庭"的要求,除个别例外,所有证据均需当庭举证、质证。对无争议证据"打包"出示,对重大争议证据逐一举证、质证,使法庭调查和辩论环节围绕"争点"展开。再次,强化证据的审查运用。积极引用审判思维审查证据,既重视单向证据的审查核实,又注意全案证据的综合分析;既重视定案证据的正向证实,又注意合理怀疑的反向排除印证。充分发挥法庭查清事实、认定证据的功能,把传统的书面单向审查方式,转变到控辩双方参与的庭审调查上来,转移到以一审为重心的审查方式上来,细化质证程序,完善质证规则。最后,建立交叉询问规则。"三项规程"中的《人民法院办理刑事案件第一审普通程序法庭调查规程(试行)》对物证、书证等证据的举证、质证程序作了详尽的规定,规定了分类举证、质证的原则,这一交叉询问规则的实施必将推动庭审实质化改革。

(三)鼓励当庭认证

认证是法官通过对证据的审查,确认其证据能力和证明力的活动。认证有当庭认证和庭后认证之分。当庭认证是审判方式改革的要求和发展方向。[2]庭审实质化要求"判在法庭",

---

[1] 胡萌:"以审判为中心诉讼制度改革下庭审质证的完善",载《首都师范大学学报(社会科学版)》2017年第2期。

[2] 何家弘:"刑事庭审虚化的实证研究",载《法学家》2011年第6期。

即要求对控辩双方举证、质证的证据,在能够判明证据的客观性、关联性和合法性及证明力的前提下,尽可能当庭认证。但试点改革中,当庭认证率低,对于控辩双方没有争议的证据当庭认证,但对双方有争议的证据,则一般不作当庭认证,除非证据的证据能力和证明力的判断十分明了,或者虽有争议但并不关系到定罪量刑的重要问题,或者如果不能当庭认证,后续程序的举证、质证难以推进。[1]庭后认证体现了审判人员谨慎的认证方式,但是为了推进庭审实质化改革,应当加强当庭认证。合议庭可以在单个证据举证、质证后进行单独认证,亦可以在法庭调查结束时,结合全案证据逐一认证。同时,为了保障认证源于法庭的举证、质证,有必要阐释认证的理由。当庭认证使得法官对证据的审核判断以及对事实的认定以"看得见的方式"展示,并能进一步实现当庭裁判,推动了裁判实质化。"三项规程"中的《人民法院办理刑事案件第一审普通程序法庭调查规程(试行)》明确规定了法庭认证规则,要求"裁判说理在法庭",完善了庭审实质化改革中证据裁判原则的适用。

在当庭认证的基础上鼓励当庭宣判。当庭宣判是实现公正与效率的必然选择,体现了法官队伍素质的提高和法官的职业化水平,能有效降低诉讼成本,是巩固审判方式改革成果和深化改革的要求,[2]是树立法官和法院形象的有力举措。

应当明确,完善证据裁判原则的适用离不开集中审理原则的庭审适用。这一原则源自英美法系,但如今已成为世界范围内的一个普遍原则,不仅许多国家在刑事诉讼法中予以规定,甚至有的国家将其上升到宪法高度。法国、德国等国家的法律均规定了庭审不间断。法国法律规定,法庭审理应连续进行,

---

[1] 龙宗智:"庭审实质化的路径和方法",载《法学研究》2015年第5期。
[2] 景汉朝:《中国司法改革策论》,中国检察出版社2002年版,第179页。

第五章 我国刑事庭审实质化改革试点中新出现的问题及化解对策

但在法官和受审人需要休息时可以休庭。[1]集中审理是直接审理和言词审理原则的要求，因为只有连续不断地审理，才能贯彻直接审理和言词审理原则；如果审理时间太长且经常中断，则间断后的审理往往只能根据前一阶段审理的书面记录进行，有碍庭审中心主义。贯彻集中审理原则，强调庭审的连续性、持续性，有助于法官搜集资料、形成新鲜的心证，提高事实认定的准确性，提升审判效率。首先，集中审理有利于发现案件真实，实现司法公正。法官通过集中审理，通过控辩双方的举证、质证，审核、判断证据，形成对证据的证据能力和证明力的认定，当庭宣判，并当庭阐释裁判理由，能避免因为被打断而造成的记忆模糊、判断不定的状况。况且，集中审理引导出的当庭宣判使得庭外因素难以影响证据的认定、案件的判断等，使得法官能够仅根据证据中立地裁判案件，使得裁判结果具有中立性，并为裁判的正当性提供依据。其次，集中审理有助于提升司法公信力。刑事诉讼是检察机关代表国家追诉犯罪的活动，较之于侦查、审查起诉环节，只有庭审面向普通公众公开进行，集中审理案件，不更换审判人员，充分举证、质证，并进而认证、判决，才使得公众能够充分感知裁判的整个过程，并进而感知司法公正的实现。最后，集中审理原则有利于提升审判效率，通过集中审理，集中控辩审三方，集中证人等诉讼参与人，通过对案件证据和案件事实的集中审核、判断、认定，发现案件真实，提升诉讼效率。

---

[1] 宋英辉等：《外国刑事诉讼法》，北京大学出版社 2011 年版，第 25 页。

第六章
我国刑事庭审实质化改革后亟待完善的配套措施

　　庭审实质化改革试点取得了重大成果，这在十九大报告中可见一斑。2017年党的十九大报告在总结过去五年工作时明确肯定，以司法责任制为牛鼻子的基础性司法改革任务已形成基本制度，司法改革有效实施，取得重大成果。同时，十九大报告明确提出了"深化司法体制综合配套改革"，这是党中央在肯定本轮司法体制改革成绩的基础上对下一阶段司法体制改革方向的准确把握。司法体制综合配套改革将成为我国现阶段司法领域最重要的工作任务，不仅要求我们立足于新时代之上，立足于我国当前的司法实践中，还应对未来发展轨迹有明确的预测。作为司法改革重要组成部分的庭审实质化改革的配套保障制度亦提上日程。实践证明，在庭审实质化改革过程中，辅助性、协调性、精密性、保障性的相关配套保障措施还需进一步完善，唯有深化庭审实质化改革的配套保障措施，才能推动庭审实质化改革全面、有力、有序地进行；同时，某些庭审实质化改革措施及其配套举措在实施过程中，存在进度不平衡、完成度不高的问题。所以，完善改革配套保障措施能进一步全面、系统、深入推进庭审实质化改革，巩固现有改革成果，是既有改革的深化要求和必然发展。

　　完善庭审实质化改革的配套措施应围绕改革进行整体、保障、精细、配套性的健全,坚持党的领导,以人民为中心,应符合司法特性和规律,为庭审实质化改革提供"精细化配套和保障",着眼于解决庭审实质化改革中仍然存在的某些技术性问题,提升改革的完成度和均衡度。具体而言,应当遵循以下原则:

(1)应当遵循司法规律,体现权责统一、权力制约、公开公正、尊重程序的要求。公正是庭审实质化综合配套改革的根本价值追求。"司法公正不仅是司法改革的目标,更是司法的生命和灵魂。"[1]这就意味着公正在司法中具有重要地位,是司法改革的根本价值追求,完善司法改革配套保障制度的根本目的,在于努力让人民群众在每一个司法案件中感受到公平正义。

(2)为庭审实质化改革提供精细化配套保障。细节决定成败。主体工程抑或配套措施改革都不是孤立存在的,配套保障措施不落实终使得主体改革的功能难以有效发挥。所以,完善庭审实质化主体和配套保障制度改革,应当从整体上进行布局安排,注意各项措施、制度间的协调、平衡和配合关系。庭审实质化配套保障制度改革是对庭审实质化改革的完善和配合,应着眼于基础性改革中仍存在的某些技术性问题,提升庭审实质化改革的完成度和均衡度,使得庭审实质化改革在巩固现有成果的基础上,向全面、系统、深入推进。

(3)坚持顶层设计与基层探索相结合。宏观制度层面的设计最终要由中央统一安排,具体操作层面则要根据各地不同特点及司法改革推进的程度酌情分析研究,制定具体、有针对性的操作方案。庭审实质化配套保障制度改革的顶层设计,是党中央基于我国国情,运用司法客观规律对司法体制配套改革提出的理论指导与实践遵循。庭审实质化配套保障制度改革必须

---

[1] 殷兴东:"司法体制改革'三大'误区及综合配套改革八个方向——司法体制综合配套改革研究之一",载《甘肃政法学院学报》2018年第4期。

遵循党中央政策性的顶层设计,这是建设中国特色社会主义法治体系,实现适用法律统一、维护社会公平正义的基本要求。在此基础上,尊重各地的不同特点,鼓励基层发挥主观能动性,积极探索,推动和实现顶层设计与基层探索的良性互动。

2017年8月29日,中央全面深化改革领导小组第三十八次会议通过了《关于上海市开展司法体制综合配套改革试点的框架意见》,该意见的"总体要求"是"形成更多可复制、可推广的经验做法,为进一步完善和发展中国特色社会主义司法制度奠定坚实基础","努力实现更公正、更高效、更专业、更权威的司法,推进国家治理体系和治理能力的现代化",同时就司法体制综合配套改革,从规范权力运行、深化科技应用、完善分类管理、维护司法权威等四个方面提出了25项改革举措。同年11月,上海市高级人民法院制定了关于贯彻落实这一意见的实施方案,全面落实司法责任制,将25项改革举措进一步细化为117项。一系列改革举措表明,完善庭审实质化改革的配套措施应围绕促进司法权有效配置和职能发挥而进行。

本书从优化司法权力行使的配套制度中选取"证人出庭制度""刑事法庭空间布局",从发展多元解纷机制的配套制度中选取"程序分流",认为完善庭审实质化改革的配套保障措施主要应从以下三个方面入手:首先,庭审实质化改革的核心是贯彻直接言词原则,因而保障证人出庭的重要性不言而喻,鉴于我国当前保障证人出庭的立法方面的疏漏,完善保障证人出庭的配套措施势在必行。其次,刑事司法改革试点发生在刑事司法领域,创新性制度的试验,具有暂时性、局部性和创新性的特征,试点改革比一步到位的修律式改革更务实和更具有策略性。[1]

---

〔1〕参见刘辉:《刑事司法改革试点研究》,中国检察出版社2013年版。

第六章　我国刑事庭审实质化改革后亟待完善的配套措施

庭审实质化改革试点的价值亦在于此。实践证明，我国刑事庭审实质化改革试点中新出现的问题在2017年全国试点推广过程中亦有所反映。试点改革可以举全国之力致力于一事，但是如若在全国适用，鉴于我国地域宽阔、东中西部发展不平衡、南北地域差距较大的状况，试点中的问题所揭露出的困境将更加明显，矛盾将更加突出，所以，庭审实质化，最难推进的工作，并非试点，而是下一步的全面推进，协调好与程序分流这一配套制度的关系至关重要。具体而言，对适用实质化庭审的刑事案件，切实发挥庭审在认定事实、适用法律中的决定性作用；而对于被告人认罪的轻微案件则简化程序，以节约资源。最后，法庭空间是实现庭审实质化的外在环境，是刑事诉讼主体进行刑事庭审控辩审活动的空间，影响着审判、控诉、辩护等职能的充分发挥。庭审实质化改革欲力图保障审判程序在认定事实、判断证据、保护被告人权益、保障公正裁判中发挥决定性作用，除了制度的完善以及主体能力的提高，完善庭审实质化进行的法庭空间亦很重要。

第一节　保障证人出庭

庭审实质化要求"证在法庭""辩在法庭"，要求证人出庭，要求贯彻直接言词原则。多年来，庭审虚化饱受诟病，突出地表现在证人出庭难，书面证言在庭审中被广泛应用，法庭调查流于形式，控辩双方对证人的交叉询问和法庭质证难以开展，直接言词原则难以实现。在庭审实质化改革试点中，这个问题亦很明显。温州市中级人民法院在庭审实质化改革试点中反映这一问题十分突出：基层人民法院证人通知到庭率较低；普通证人的出庭率远低于其他类型的证人；各方申请证人出庭作证意愿较低。温州市各级人民法院在2015年试点过程中，发现近

1/2 的证人接到出庭通知时明确拒绝或以各种理由推脱。从证人类型看，试点法院的普通证人到庭率仅为 22.41%，而鉴定人、侦查人员等其他人证到庭率近 100%。瑞安、平阳两个基层人民法院一审刑事案件的证人实际到庭率分别为 13.33%、35.82%，远低于温州市中级人民法院 98.21% 的实际到庭率。[1] 成都地区法院亦反映，普通证人出庭率不高。另一方面，由于我国刑事诉讼并未区分控方和辩方证人，究竟应由控辩审三方中的哪一方保障证人出庭，各方存在分歧。目前法院一般都要与控方协商才能保证证人出庭，证人出庭的推动者主要是法院，但主动权相对而言仍在控方。保障证人出庭仍任重道远。

一、我国刑事证人出庭保障制度的现状与不足

当前我国刑事案件证人出庭率偏低，既有强制出庭制度的立法漏洞，亦有证人安全保护制度、证人出庭作证经济补偿制度的缺失，具体而言，包括以下几方面原因：

（一）强制出庭制度存在缺陷

2012 年《刑事诉讼法》第 188 条明确规定了我国刑事证人的强制出庭制度，[2] 最高院《解释》Ⅰ第 208 条[3] 对这一制度予以了进一步的细化，2018 年《刑事诉讼法》第 193 条和最高院《解释》Ⅱ第 255 条延续了上述规定。强制出庭制度是证

---

[1] 中华人民共和国最高人民法院刑事审判第一、二、三、四、五庭主办：《刑事审判参考》（总第 103 集），法律出版社 2016 年版，第 222 页。

[2] 2012 年《刑事诉讼法》第 188 条规定："经人民法院通知，证人没有正当理由不出庭作证的，人民法院可以强制其到庭，但是被告人的配偶、父母、子女除外。证人没有正当理由拒绝出庭或者出庭后拒绝作证的，予以训诫，情节严重的，经院长批准，处以十日以下的拘留。被处罚人对拘留决定不服的，可以向上一级人民法院申请复议。复议期间不停止执行。"

[3] 最高院《解释》Ⅰ第 208 条规定："强制证人出庭的，应当由院长签发强制证人出庭令。"

第六章　我国刑事庭审实质化改革后亟待完善的配套措施

人出庭的强制性规定，有利于保障我国刑事证人出庭，但是缺陷也很明显：

（1）拒绝出庭作证制度加剧庭审形式化。《刑事诉讼法》第193条规定的被告人的配偶、父母、子女免于强制出庭并不等同于近亲属有作证豁免特权。作证豁免是指在某些重大犯罪案件中，司法机关为促使涉案证人提供重要证据给予作证证人承诺，司法机关不得就该证人证言所涉及的罪行追究该证人的刑事责任。[1]但我国《刑事诉讼法》第193条只是免除了三类人员强制出庭的义务，并未免除其如实作证的义务，根据《刑事诉讼法》第62条的规定，[2]其一旦知悉案情，仍负有作证义务。配偶、父母、子女等三类特殊主体负有法定的作证义务，但不能被强制出庭，这就使得其在开庭前所作的证人证言笔录必将出现在法庭审理之中，使得直接言词原则受到挑战。

（2）违法行为处罚规定存有瑕疵。《刑事诉讼法》第193条规定，对无正当理由拒不到庭作证的证人予以训诫，在情节严重的情况下处10日以下的拘留，但并未规定对接受拘留处罚后仍拒不到庭的证人的处理，导致对屡罚不改、拒不到庭的证人没有处罚依据。

（3）我国人口流动性较强，基于拘留成本和执行人员执行困难的考虑，难以对异地拒不到庭的证人执行强制出庭制度。[3]实践中，囿于时间和精力，法官不可能一一查证证人拒不出庭的

---

[1] 沙春羽："试论证人出庭的法律保障"，载《辽宁师专学报（社会科学版）》2015年第5期。

[2] 《刑事诉讼法》第62条规定："凡是知道案件情况的人，都有作证的义务。生理上、精神上有缺陷或者年幼，不能辨别是非、不能正确表达的人，不能作证人。"

[3] 唐雅琴："我国刑事证人出庭作证保障制度研究"，云南大学2016年硕士学位论文，第27页。

理由，法院的法警队伍也不能满足追查证人下落并强制其出庭的要求。而公安机关的本职工作已十分繁重，难以要求其配合法院出警强制证人出庭。在 2015 年温州市法院改革试点过程中，发现法院通知出庭的证人中，有 92 名证人由于无法通知而没有到庭作证，占通知出庭人数的 27.62%，[1] 主要基于以下原因：其一，侦查机关在办案过程中忽视对证人身份信息、联系方式等信息的确认，造成无法联系到证人。其二，我国人口流动性大，外来人口多，本地的基层社区难以及时、有效地掌握证人去向，一旦证人离开案发地，更换联系方式后，难以再与之取得联系。其三，在部分刑事案件中，证人不想直接拒绝出庭，就采取变更联系方式、外出躲避等方式，使得法院无法及时通知其出庭。

（二）证人安全保护制度存在漏洞

根据我国《刑事诉讼法》的规定，证人出庭作证是对国家履行法定义务，国家应当保护其安全，如此，既维护了法律权威，亦体现了现代刑事司法的文明与进步。只有保障了证人及其亲属的人身安全，才能够解决证人出庭作证的种种顾虑，保证证人出庭作证的顺利进行。可见，证人安全保护制度是保障证人出庭制度的核心部分。2012 年《刑事诉讼法》第 62 条 [2]

---

[1] 中华人民共和国最高人民法院刑事审判第一、二、三、四、五庭主办：《刑事审判参考》（总第 103 集），法律出版社 2016 年版，第 222 页。

[2] 2012 年《刑事诉讼法》第 62 条规定："对于危害国家安全犯罪、恐怖活动犯罪、黑社会性质的组织犯罪、毒品犯罪等案件，证人、鉴定人、被害人因在诉讼中作证，本人或者其近亲属的人身安全面临危险的，人民法院、人民检察院和公安机关应当采取以下一项或者多项保护措施：（一）不公开真实姓名、住址和工作单位等个人信息；（二）采取不暴露外貌、真实声音等出庭作证措施；（三）禁止特定的人员接触证人、鉴定人、被害人及其近亲属；（四）对人身和住宅采取专门性保护措施；（五）其他必要的保护措施。证人、鉴定人、被害人认为因在诉讼中作证，本人或者其近亲属的人身安全面临危险的，可以向人民法院、人民检察院、公安机关请求予以保护。人民法院、人民检察院、公安机关依法采取保护措施，有关单位和个人应当配合。"

第六章　我国刑事庭审实质化改革后亟待完善的配套措施

明确规定了我国刑事证人的安全保护制度，最高院《解释》Ⅰ第209条[1]进一步对部分内容进行了细化。2018年《刑事诉讼法》延续了上述规定。虽然法律法规对刑事证人出庭保护的对象和范围、保护措施、保护主体等方面作了规定，但仍存在一些漏洞：

（1）证人保护的对象、客体、案件范围存在缺陷。根据《刑事诉讼法》和最高院《解释》Ⅰ，满足一定条件，应当保障刑事证人本人及其近亲属的安全。我国《刑事诉讼法》第108条明确限定了近亲属的范围，[2]但在现实生活中，姻亲、师徒、未婚朋友等都与证人存在密切关系，都可能因为刑事证人的出庭作证而成为被侵害的对象，但法律法规却没有将其纳入保护的范围，这难以很好地达到保护刑事证人的目的。我国对刑事证人的保护主要针对其人身安全，但在现实生活中，打击报复证人的手段多样，生命、健康等人身安全方面的威胁仅是一部分，实践中大量存在财产、名誉、地位方面的威胁，这同样会使证人产生强烈的心理负担，从而影响其出庭作证。我国相关立法将证人安全保护适用的案件范围限于危害国家安全犯罪等四类，案件范围过窄，保护证人的效果不佳。

（2）保护措施不足。《刑事诉讼法》第64条对证人安全保护措施规定模糊，列举了"不公开""不暴露""禁止接触"等五种刑事证人保护的措施，但这些保护措施的具体实施问题悬

---

[1] 最高院《解释》Ⅰ第209条规定："审判危害国家安全犯罪、恐怖活动犯罪、黑社会性质的组织犯罪、毒品犯罪等案件，证人、鉴定人、被害人因出庭作证，本人或者其近亲属的人身安全面临危险的，人民法院应当采取不公开其真实姓名、住址和工作单位等个人信息，或者不暴露其外貌、真实声音等保护措施。审判期间，证人、鉴定人、被害人提出保护请求的，人民法院应当立即审查；认为确有保护必要的，应当及时决定采取相应保护措施。"

[2] 《刑事诉讼法》第108条第6项规定："'近亲属'是指夫、妻、父、母、子、女、同胞兄弟姊妹。"

而未决。另外,我国法律对刑事证人保护措施规定较少,难以涵盖证人工作、生活等各个方面,难以全面保护出庭作证的刑事证人。

(3) 证人安全保护主体模糊。《刑事诉讼法》把安全保护的责任赋予公检法三机关,但哪个机关可以实施哪一种保护措施,三机关在司法实践中如何衔接等问题仍有疑问。

(4) 安全保护程序存在缺陷。事后的保护措施难以起到打消证人出庭顾虑的效果。另外,关于刑事证人何时提出保护申请、以什么方式申请、需要提供哪些证明资料、安全保护何时开始至何时止等诸多证人保护的具体程序设置等仍待我国相关法律加以完善。

(三) 证人出庭作证经济补偿制度存在不足

《刑事诉讼法》第65条[1]规定了证人出庭作证经济补偿制度,该条规定的增设使得我国诉讼制度更加完善,但又因为规定得仍较为笼统、模糊、粗糙,导致实践操作性较差。

(1) 经济补偿范围存在缺陷。《刑事诉讼法》和最高院《解释》Ⅰ第207条、[2]最高检《规则》Ⅰ第77条、[3]最高检《规则》Ⅱ第80条[4]都规定应当补助证人因作证义务而支出的交

---

[1] 《刑事诉讼法》第65条规定:"证人因履行作证义务而支出的交通、住宿、就餐等费用,应当给予补助。证人作证的补助列入司法机关业务经费,由同级政府财政予以保障。有工作单位的证人作证,所在单位不得克扣或者变相克扣其工资、奖金及其他福利待遇。"

[2] 最高院《解释》Ⅰ第207条规定:"证人出庭作证所支出的交通、住宿、就餐等费用,人民法院应当给予补助。"

[3] 最高检《规则》Ⅰ第77条规定:"证人在人民检察院侦查、审查起诉阶段因履行作证义务而支出的交通、住宿、就餐等费用,人民检察院应当给予补助。"

[4] 最高检《规则》Ⅱ第80条规定:"证人在人民检察院侦查、审查逮捕、审查起诉期间因履行作证义务而支出的交通、住宿、就餐等费用,人民检察院应当给予补助。"

第六章 我国刑事庭审实质化改革后亟待完善的配套措施

通、就餐、住宿等费用，但是对于因出庭作证所造成的"其他财产损失"，如误工费等没有规定，对因作证而导致刑事证人及近亲属遭受不法侵害而造成的人身伤害、财产损失，如医药费、丧葬费、误工费等亦没有规定，法律的缺失不利于对作证证人合法诉讼权益的保护。[1]

（2）经济补偿标准存在不足。我国地域辽阔，东西差异较大、南北区别明显，全国各地公民收入水平、消费水平差异明显，如何计算证人出庭作证的交通费、伙食费、误工费是需要明确的问题，而经济补偿的标准模糊使得司法实践中对此难以落实到位。

（3）经济补偿的经费来源不足。法律规定证人出庭作证补助由同级政府财政保障，但是我国地区差异较大，各地经济、生活水平发展不平衡，地方政府财政收入不同，保障司法经费的能力亦不相同。在经济不发达地区，如何实现刑事证人出庭作证经济补偿的保障是一个难题。根据法律规定，对有工作单位的刑事证人出庭作证，要求其工作单位不得克扣工资、奖金等工作报酬，由刑事证人所在单位承担因刑事证人出庭作证造成的误工费。但刑事案件中存在大量的自由职业者、农民等，他们因出庭而产生的交通费、误工费等理应得到补偿，但其没有工作单位，对此应如何处理，法律法规尚未予以明确。

（4）经济补偿的程序缺乏具体规定。刑事证人出庭作证经济补偿费用何时发放，依照什么程序发放，凭借什么凭证发放等程序，法律均没有作出规定，导致我国刑事证人出庭作证经济补偿制度的实践操作性不强。

---

[1] 蒋杰："刑事证人出庭作证保障机制研究"，广西师范大学2013年硕士学位论文，第32页。

二、我国证人出庭保障制度的完善

(一) 完善强制证人出庭制度

针对我国强制证人出庭制度的立法弊端，应当从以下几方面入手健全这一制度，以保障证人出庭作证：

(1) 建立刑事证人作证豁免制度。我国《刑事诉讼法》第193条规定的近亲属拒绝出庭作证制度强化了对庭前证人证言的采用，近亲属作证豁免集中体现了对人性的认同和尊重。基于人伦和保护家庭关系稳定的考虑，法律应当建立特定范围内的近亲属作证豁免制度——有利被告人的情形为例外，这契合我国"亲亲得相首匿"的法律传统，又与当前保护人权的刑事诉讼理念不谋而合。除此以外，某些职务关系存在的前提是双方的合理信赖，双方的信任是这些关系缔结的关键，如医师与患者间的信赖关系、刑事辩护律师与犯罪嫌疑人、被告人间的委托代理关系，所以，亦应免除其作证义务。应当明确，以上人员的作证特权亦应受到法律的制约，即当证人行使作证豁免权可能会严重危及国家、社会、公共利益及他人生命安全时，应当强制其必须到庭作证。[1]刑事证人作证豁免制度有效化解了我国当前强制出庭作证而导致的庭审形式化。

(2) 强化证人拒绝出庭的制裁措施。除训诫、拘留的制裁措施外，应增设罚款等制裁手段。对无正当理由拒不到庭的证人增加财产性处罚，由其偿付因拒不到庭而耽误庭审程序所造成的适宜费用。除此以外，还可以考虑将出庭作证与个人诚信挂钩，将拒不出庭作为严重影响个人诚信的不良行为，纳入社会诚信评价体系，一旦拒不出庭，就记入证人的征信记录。

---

[1] 唐雅琴："我国刑事证人出庭作证保障制度研究"，云南大学2016年硕士学位论文，第31页。

第六章　我国刑事庭审实质化改革后亟待完善的配套措施

（3）强化异地执行。鉴于异地执行成本高、可操作性差的弊端，尝试建立委托执行制度，委托拒不到庭的证人的经常居住地或住所地的公安机关或人民法院执行，必要的时候，请求基层社区组织予以帮助，共同完成对证人强制出庭和处罚措施的执行。

（4）实行说服自愿出庭与个别强制出庭相结合的制度。证人出庭作证体现了直接言词原则，是一种亲历性表达的过程。所以，即使被强制到庭，但仍不愿作证的证人可能采用一种消极、合法的不合作态度，影响证据的审核、事实的认定、裁判的顺利进行，对此可以通过事先电话沟通、见面劝说等方式，对证人进行思想教育，促使绝大部分证人主动配合法院工作到庭作证。

（5）细化具体执行程序。其一，由1名法官（或法官助理、书记员）与2名以上的司法法警执行。其二，为确保庭审顺利进行，建立强制证人出庭令制度，对部分确属案件的关键证人或重要证人陈述不清、证言前后反复等，且其出庭对定罪量刑有重大影响的，由人民法院签发强制证人出庭令，令状一经签发，立即执行。其三，由法官或书记员现场向证人告知不出庭的法律后果，证人仍然拒绝到庭的，由法警对其使用器械，强制其到庭。〔1〕其四，制作执行笔录，记录整个执行过程，邀请见证人到场见证。最高院《解释》Ⅱ第255条〔2〕在最高院《解释》Ⅰ的基础上对相关程序作了完善。

（二）健全证人安全保护制度

健全证人安全保护制度是保障证人出庭的首要任务，应当

---

〔1〕 叶青："构建刑事诉讼证人、鉴定人出庭作证保障机制的思考"，载《中国司法鉴定》2015年第2期。

〔2〕 最高院《解释》Ⅱ第255条规定："强制证人出庭的，应当由院长签发强制证人出庭令，由法警执行。必要时，可以商请公安机关协助。"

从扩大安全保护对象、规范安全保护措施、明晰安全保护主体、细化安全保护程序的角度入手完善刑事证人安全保护制度。

（1）扩大安全保护的对象和客体。根据我国国情，刑事证人保护对象除了刑事证人外，配偶、直系血亲、三代以内旁系血亲、姻亲、与证人有密切利害关系的人等都应当在保护之列。"有密切利害关系的人"的范围由证人保护机构根据实际情况而定。扩大对刑事证人安全保护的范围，对刑事证人的保护应当包括对其人身安全、财产权以及名誉权等的保护。扩大保护的案件范围，不限于危害国家安全犯罪等四类案件，其他的一些重大案件，如重大贪污贿赂案件、重大走私犯罪案件以及其他具有严重人身危险性的案件亦应属于保护的范围。公安司法机关应当结合证人受到威胁的严重程度、证人所涉犯罪的社会危害性来判断有无证人保护的必要。最高院《解释》Ⅱ第256条〔1〕删除了对证人安全保护制度适用的案件的限制，并对此予以了进一步明确。

（2）细化"不公开""不暴露""禁止接触"等保护措施，并扩大保护措施的种类。如"禁止接触"这一措施的贯彻执行需要落实后续程序保障措施，否则将难以执行。可以通过司法解释的方式明确规定，由哪一主体签发禁止令，依照程序，一旦违反禁止令如何处罚。借鉴域外规定，可以对违反禁止令的人员予以罚款、拘留等处罚。

（3）明晰保护主体。现行《刑事诉讼法》从诉讼成本和工

---

〔1〕 最高院《解释》Ⅱ第256条规定："证人、鉴定人、被害人因出庭作证，本人或者其近亲属的人身安全面临危险的，人民法院应当采取不公开其真实姓名、住址和工作单位等个人信息，或者不暴露其外貌、真实声音等保护措施。辩护律师经法庭许可，查阅对证人、鉴定人、被害人使用化名情况的，应当签署保密承诺书。审判期间，证人、鉴定人、被害人提出保护请求的，人民法院应当立即审查；认为确有保护必要的，应当及时决定采取相应保护措施。必要时，可以商请公安机关协助。"

第六章　我国刑事庭审实质化改革后亟待完善的配套措施

作习惯的角度着眼，将刑事证人保护主体明确为公安司法机关。受我国经济社会发展水平所限，仅凭法院、检察院的人力、物力无法承担审查起诉、审判阶段保护证人人身安全的职责，所以，应当充分调动公安机关的积极性。为确保公检法三机关刑事证人保护工作的顺利衔接，应建立起一套刑事证人及其关系密切之人的保护措施移送交接制度，以协调三机关的业务职能，充分、有效利用司法资源，完成保护证人安全的任务。

（4）细化保护程序。扩大保护期间，建立对证人的审前、审中、审后的全方位保护体系。审中、审后的安全保护不言而喻，审前的安全保护亦应重视。从审前证人同意出庭作证开始直到判决生效，安排特定专业人员对证人进行全天候保护，消除证人不敢出庭作证的顾虑。另外，应健全保密制度。建立侦诉审阶段对证人姓名、性别、年龄等身份信息等重要信息的保密制度，减少不必要的泄露，降低遭受威胁报复的可能性。具体程序而言，刑事证人只要认为自己可能因出庭作证，其本人或其关系密切之人的安全有遭到侵害的可能时，即可向公安司法机关提出保护申请，提交证明资料，受理申请的机关应在2日以内作出答复，有特殊情况的，立即予以答复。[1]公安司法机关根据申请和面临侵害的严重程度确定保护措施和保护期限，正式开展保护行动。

（三）完善证人出庭作证经济补偿制度

健全的证人出庭作证经济补偿制度是人权保障、民主发展的必然要求，应当从补偿范围、补偿标准、经济来源以及补偿程序等几方面完善刑事证人出庭作证经济补偿制度：

（1）明确经济补偿的范围。刑事证人因出庭作证所造成的

---

[1] 蒋杰："刑事证人出庭作证保障机制研究"，广西师范大学2013年硕士学位论文，第30页。

"其他财产损失"中的误工费、商业机会等直接由司法机关承担,并由政府财政予以补偿;刑事证人及其近亲属因作证而遭到不法侵害所造成的人身伤害或财产损失,应对打击报复的违法者或者犯罪人追究或处罚,但如果其没有能力或者短时间找不到,应先由国家补偿。

(2)确立经济补偿的标准。鉴于全国各地经济发展不平衡,经济补偿的数量受制于当地的经济水平与人民收入水平,难以采用全国统一标准,各地可以结合当地的经济发展水平、对不同案件情况制定不同的补偿标准,如可参照当地法警出差时的费用补助标准,根据证人的经济条件、交通距离等适当放宽财务标准,缩短领取流程。有条件的地方可以实行发放误工补贴与作证奖励相结合的激励机制,探索建立出庭奖励金制度,根据证人出庭对其工作收入的影响程度、证人的配合程度、证言采信程度、证言对查明案件事实和定罪量刑所起的作用等,视情况发放100元到2000元不等的奖励金,由政府予以支付,这样做有利于调动刑事证人出庭作证的积极性。

(3)明确补偿的经费来源。《刑事诉讼法》明确规定证人作证补助由同级政府财政保障,但是我国各地政府财政状况差异较大,为了推动证人作证制度补助制度的顺利开展,应尝试建立全国刑事证人出庭作证经济专项补偿基金,纳入国家统一财政预算,统一划拨,由法院统一管理,支付给证人。对没有工作单位的作证证人,鉴于刑事证人出庭作证是向国家履行公民义务,由国家按照一定标准向出庭作证的刑事证人补偿误工费。同时,要加强制度管理,防止控辩双方以支付补偿金的名义,变相贿买证人作伪证。

(4)细化经济补偿的程序。域外许多国家已经赋予证人出庭作证的经济求偿权,顺应时代潮流,我国司法实践中对此已然有了一些有益的探索,[1]但我国相关立法并未规定证人有此种权利,完善立法势在必行。具体程序方面,申请事先补偿的,刑事证人可以在开庭之前 7 日内提出申请,由法院根据证人的具体情况决定是否预付。确有必要事先支付的,法院应该在开庭之前向申请的证人送达经济补偿费;申请事后补偿的,法院应当告知其有权申请作证补偿,并在出庭作证后 7 日内向其提出申请,提供有关费用凭证,由法院审查核实,决定经济补偿的数额。

(四) 拓展、创新证人出庭作证的模式

深化科技应用是 2017 年 8 月中央全面深化改革领导小组提出的司法体制综合配套改革的重要方面,拓展、创新证人出庭作证的新模式是深化科技应用的应有之义,这在新型冠状病毒肺炎疫情期间的审判活动中得到了充分体现。2021 年《最高人民法院工作报告》提到,疫情期间,智慧法院建设成果充分显现,无接触式诉讼服务广泛应用,当事人足不出户就能参加诉讼……北京、杭州、广州互联网法院在完善诉讼规则、创新技术应用、促进依法治网等方面不断改革探索。健全网上庭审、电子证据、异步审理等规则,保障在线诉讼依法规范进行。在线庭审平均用时 36 分钟,比线下节约 2/3,案件平均审理周期 60 天,比线下缩短 1/4。2021 年《最高人民检察院工作报告》亦强调,应当更加贴近基层检察办案,运用大数据、人工智能、区块链、云计算等现代科技手段,深化智慧检务建设。通过拓展、创新证人出庭作证的新模式保障证人出庭主要体现在以下方面:

(1) 实行隐蔽作证与公开作证相结合的作证制度。发展屏蔽证人身份信息的作证方式。对在恐怖活动犯罪、毒品犯罪等

---

[1] 沙春羽:"试论证人出庭的法律保障",载《辽宁师专学报(社会科学版)》2015 年第 5 期。

证人容易遭受被告人打击报复的案件以及故意杀人案件等严重暴力犯罪案件庭审中出庭作证的证人,采取严密的个人信息保护措施。建立隐秘作证机制,通过化名作证、马赛克变声技术等现代化的技术手段、匿名作证方式避免证人的详细信息被泄露,对部分证人可以采取不暴露身份、外貌和声音的方式出庭作证。在直接出庭时,借助错位技术,对其身型、面貌用磨砂玻璃遮挡;在视频作证时,对其外表特征做模糊处理,对其声音采用变声处理,通过视频信号与法庭相连,避免出庭证人的身份信息被泄漏。在法庭的一侧专门建设证人作证区,包括证人专用通道、证人休息室、证人待证室、隐蔽作证室等四个部分,以保障隐蔽作证的实现。

(2) 实行远程视频作证与现场作证相结合的作证方式。有条件的地方应当配备高科技远程视频作证系统,对证人因路途遥远或客观原因无法到庭而又必须出庭的,通过远程视频进行实时作证,接受各方质证,法庭将庭审过程进行录音录像存档入卷。如此,能有效减轻证人的负担,提高庭审效率。

(3) 创新证人出庭作证的替代性方式。根据《刑事诉讼法》的相关规定,对于可能危及有关人员的人身安全,或者可能产生其他严重后果的证人证言或证人确实无法到庭的,建议采用召开庭前会议的方式由控辩审三方共同核查,这一方式既可以有效避免法官庭外调查的不公开性,又能够保障证人证言的真实性。对于出庭确实困难的证人,法院可以充分利用互联网媒介,采用其与法官视频交流,但其他法庭参与人仅能听到证人声音的方式作证,以实现在保障庭审顺利进行的同时保护证人的目的。

第二节 强化程序分流

一、强化程序分流的必要性

通过对我国庭审实质化改革试点举措、成效、问题的研究获知，庭审实质化改革的实践探索总体上局限于若干具体制度和程序、技术之中，以至于形成一种误区：只要庭审实质化改革的制度和程序本身的构建完善，庭审实质化就能实现。这些制度和程序对于推进庭审实质化改革的确具有重要意义，但庭审实质化在性质上而言却是关于刑事审判制度规范化和常态化运行的要求，而刑事审判制度不仅仅是若干程序和规则、技术的简单组合，而是一套具有结构性和功能性的制度系统。所以，推进庭审实质化改革并非局部性的技术性改良，而是关于刑事审判制度转型的系统性工程，应当从全局的视角考虑庭审实质化改革的完善，其中对于配套制度，尤其是程序分流的考量必不可少。

庭审实质化改革要求"证在法庭""辩在法庭""判在法庭"，要求贯彻直接言词原则，在追求公正的同时难免导致诉讼效率降低。以书面审理为主要特点的纠问式诉讼相较于对抗式诉讼效率高许多，所以，如果在我国彻底贯彻庭审实质化，势必会增加诉讼耗费，若没有充足的诉讼资源作为保障，庭审实质化难以贯彻、推行。面对刑事案件总量逐年增加的客观趋势，在庭审实质化改革中，对配套制度的构建完善不能漠视，尤其是程序分流的价值更是不容忽视。只有做好程序分流，坚持繁简分流，体现当繁则繁、当简则简，才能使得司法资源得到较好的充分整合利用；只有对被告人认罪、案情简单、轻微的刑事案件适用简易、速裁程序、认罪认罚从宽制度，才能对案情复杂和被告人不认罪的普通刑事案件适用实质化庭审方式，力图实现诉讼资源的良好配置。域外亦然，在美国，辩诉交易化解了美国 90% 以上的刑事案件，为极少数案件贯彻正当程序原则创造了条件；在德国，存在着类似于美国辩诉交易制度的协商性司法制度，这一制度在 20 世纪 80 年代末解决了德国全部刑事案件的 20% 至 40%，[1] 极大节省了司法资源。除此之外，德国还拥有刑罚命令程序等简易审判程序，亦能在一定程度上化解诉讼资源紧张与直接言词证据适用之间的矛盾。所以，借鉴域外经验，应将庭审实质化改革的实施限定在司法资源能够承受的范围内。面对刑事案件总量逐年增加的客观形势，为了实现司法资源的有效利用，使得有限的司法资源适用在追求司法公正的庭审实质化审判中，坚持程序分流，对于简单轻微案件适用较为简化的诉讼程序，完善审前分流和审判分流势在必行。近几年，我国已经充分认识到刑事诉讼程序中程序分流的重要性，这充分体现在认罪认罚案件的处理程序中。2018 年修正后的《刑事诉讼法》、2019 年生效的最高检《规则》Ⅱ、2020 年生效的公安部《规定》Ⅱ和 2021 年生效的最高院《解释》Ⅱ等相关法律法规均对认罪认罚从宽制度予以了详细规范。

二、我国刑事程序分流运行的现状

我国刑事诉讼从立案开始，经侦查、起诉、审判，终于执行阶段。笔者通过对我国刑事诉讼整体运行的分流功能的考察即以刑事诉讼的纵向进程为主线，以 2008 年至 2015 年这八年间全国刑事诉讼的有关统计数据为依据，[2] 分别解读了我国侦查、

---

[1] 程衍：“贯彻庭审中心主义之困境与解决”，载《河南警察学院学报》2015 年第 1 期。

[2] 除特别说明外，本书所列数据均来源于 2009 年至 2016 年《中国法律年鉴》，中国法律年鉴出版社出版。

第六章 我国刑事庭审实质化改革后亟待完善的配套措施

起诉、审判三个阶段的分流功能。

（一）公安机关侦查阶段的分流状况

表 6-1　2008 年至 2015 年公安机关立案、破案、对治安案件查处及移送审查起诉的案件数

年份	2015 年	2014 年	2013 年	2012 年	2011 年	2010 年	2009 年	2008 年
公安机关立案数	7 174 037 件	6 539 692 件	6 598 247 件	6 551 440 件	6 005 037 件	5 969 892 件	5 579 915 件	4 884 960 件
破案数及破案率	2 243 227 件（31.27%）	2 415 367 件（36.93%）	2 647 659 件（40.13%）	2 807 246 件（42.86%）	2 312 832 件（38.51%）	2 329 947 件（39.03%）	2 447 515 件（43.86%）	2 400 566 件（49.14%）
治安案件查处的案件数	10 971 620 件	11 202 612 件	12 746 493 件	13 310 741 件	12 563 823 件	12 122 138 件	11 053 468 件	8 772 299 件
公诉部门受理公安、国家安全、海关等机关移送起诉的案件数与人数［1］	——	——	1 068 923 件 1 559 092 人	1 159 089 件 1 800 498 人	——［2］	837 601 件 1 331 198 人	820 601 件 1 324 651 人	744 014 件 1 173 768 人

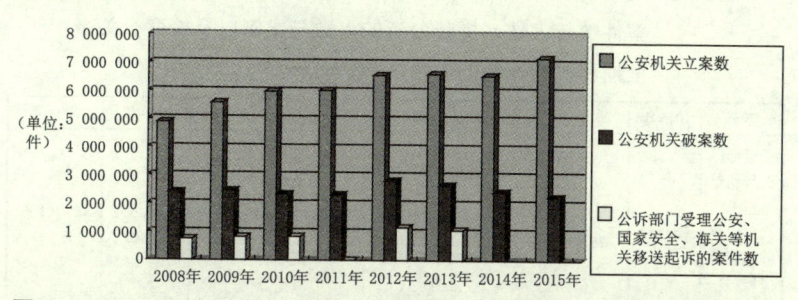

图 6-1　2008 年至 2015 年公安机关立案数、破案数、公诉部门受理公安、国家安全、海关等机关移送起诉案件数的趋势变化

---

〔1〕《中国法律年鉴》没有统计公安机关每年侦查终结移送审查起诉的数量，但这一数据可以从公诉部门受理公安、国家安全、海关等机关移送起诉的案件数中可见一斑。

〔2〕《中国法律年鉴》没有统计 2011 年、2014 年、2015 年公诉部门受理公安、国家安全、海关等机关移送起诉的案件数与人数。

表6-1、图6-1反映了刑事案件在公安机关侦查阶段的分流情况。从入口——公安机关破案数，到出口——侦查终结移送审查起诉，一方面反映出我国刑事案件在公安机关侦查阶段的分流现状，另一方面反映出我国刑事案件数量不断增长，公安机关破案率却接连下降的状况。从 2008 年至 2015 年，刑事案件立案数从 4 884 960 件剧增到 7 174 037 件，增长率为147%；破案率却从 2008 年的 49.14% 下降到 2015 年的 31.27%。立案数的增加，破案率的下降已经成为一种趋势，反映出公安机关工作任务的繁重（这可以从 2008 年至 2015 年查处的治安案件数量的上升中可见一斑），利用科学技术犯罪的案件不断增长亦增加了破案难度，刑事诉讼程序分流形势严峻。

（二）检察机关审查起诉阶段的分流状况

表6-2　2008 年至 2015 年公诉部门受理侦查机关（部门）移送的案件数与人数、提起公诉的人数与比例以及检察机关批捕和决定逮捕的人数

年份	2015 年	2014 年	2013 年	2012 年	2011 年	2010 年	2009 年	2008 年
公诉部门受理侦查机关（部门）移送的案件数与人数	——	1 139 141 件 1 626 404 人	1 106 768 件 1 612 251 人	1 196 530 件 1 852 074 人	961 363 件 1 470 589 人	873 864 件 1 379 969 人	804 729 件 1 331 122 人	855 101 件 1 368 049 人
提起公诉的人数（比例）	1 434 714 人	1 437 899 人（88.41%）	1 369 865 人（84.97%）	1 435 182 人（77.50%）	1 238 861 人（84.24%）	1 189 198 人（86.18%）	1 168 909 人（87.81%）	1 177 850 人（86.10%）
批捕和决定逮捕的人数	892 884 人	899 297 人	896 403 人	986 056 人	923 510 人	931 494 人	958 364 人	970 181 人

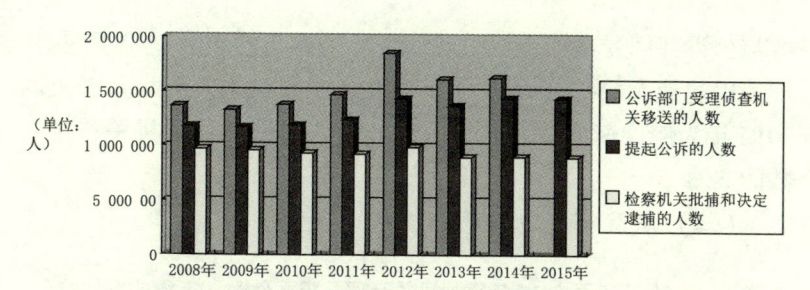

第六章 我国刑事庭审实质化改革后亟待完善的配套措施

图 6-2 2008 年至 2015 年公诉部门受理侦查机关移送的人数、提起公诉的人数以及检察机关批捕和决定逮捕人数的趋势变化

表 6-2、图 6-2 反映了刑事案件在检察机关起诉阶段的分流情况。从入口——公诉部门受理侦查机关或侦查部门移送案件的人数，到出口——提起公诉的人数，反映出我国刑事案件在检察机关审查起诉阶段分流功能的薄弱，亦表明我国刑事诉讼存在以下特点：

（1）我国刑事诉讼中公诉案件的起诉率高。这一结论可从公诉部门受理侦查机关移送的人数与提起公诉的人数中得出。即使以公诉部门受理侦查机关移送的人数与提起公诉的人数相差最大的 2012 年为例，提起公诉的人数仍占到公诉部门受理案件人数的 77.5%。

（2）逮捕这一强制措施相对于其他强制措施而言，适用率高。逮捕的人数在公诉人数中占比很高，取保候审、监视居住等其他强制措施的适用人数有限。从表 6-2、图 6-2 中可以发现：2008 年至 2015 年逮捕的人数与公诉人数差别不大，即使是逮捕人数与提起公诉人数差别最大，即逮捕率最低的 2015 年，逮捕的人数仍占到公诉人数的 62.23%；最高为 2008 年，逮捕率为 82.37%。

（3）逮捕这一强制措施在侦查阶段和审查起诉阶段适用率高。从表 6-2、图 6-2 中可以发现：2008 年至 2015 年逮捕的人数与公诉部门受理侦查机关或侦查部门移送的人数差别不明显，即使以逮捕人数与公诉部门受理侦查机关移送人数相差最大的 2012 年为例，逮捕的人数仍占到公诉部门受理侦查机关移送人数的 53%。

(三) 法院审判阶段的分流状况

表 6-3 2008 年至 2015 年审判机关受理一审案件数、审结的案件数、判处 5 年以下有期徒刑的人数及所占比例、无罪判决人数及比例、简易程序适用的案件数及比例

年份	2015 年	2014 年	2013 年	2012 年	2011 年	2010 年	2009 年	2008 年
审判机关受理一审案件数	1 126 748 件	1 040 457 件	971 567 件	996 611 件	845 714 件	779 595 件	768 507 件	767 842 件
审结的案件数	1 099 205 件	1 023 017 件	953 976 件	986 392 件	839 973 件	779 641 件	766 746 件	768 130 件
简易程序适用的案件数及比例	537 995 件 (47.75%)	520 555 件 (50.03%)	490 021 件 (50.44%)	404 384 件 (40.58%)	328 209 件 (38.81%)	286 837 件 (36.79%)	282 909 件 (36.81%)	286 259 件 (37.28%)
生效判决人数	1 232 695 人	1 184 562 人	1 158 609 人	1 174 133 人	1 051 638 人	1 007 419 人	997 872 人	1 008 677 人
判处 5 年以上有期徒刑直至死刑的被告人人数及所占比例	115 464 人 (9.37%)	111 658 人 (9.43%)	125 015 人 (10.79%)	158 296 人 (13.48%)	149 452 人 (14.21%)	159 261 人 (15.81%)	162 675 人 (16.30%)	159 020 人 (15.77%)
判处 5 年以下有期徒刑的人数及所占比例	541 913 人 (43.96%)	503 481 人 (42.50%)	484 511 人 (41.82%)	960 39 人 (8.18%)	95 043 人 (9.08%)	461 523 人 (45.81%)	459 621 人 (46.06%)	463 166 人 (45.92%)
判处 3 年以下有期徒刑的人数及所占比例	467 993 人 (37.97%)	430 664 人 (36.36%)	405 032 人 (34.96%)	395 574 人 (33.69%)	365 037 人 (34.71%)	——[1]	——	——

---

〔1〕《中国法律年鉴》并没有统计 2008 年、2009 年、2010 年判处 3 年以下有期徒刑的人数及所占比例。

第六章 我国刑事庭审实质化改革后亟待完善的配套措施

续表

年份	2015年	2014年	2013年	2012年	2011年	2010年	2009年	2008年
判处缓刑、拘役、管制及单处附加刑的被告人数及所占比例	556 259人 (45.12%)	549 392人 (46.38%)	395 983人 (34.18%)	504 423人 (42.96%)	422 934人 (40.21%)	367 679人 (36.5%)	357 147人 (35.79%)	367 806人 (36.46%)
免于刑事处罚的人数及所占比例	18 020人 (1.46%)	19 253人 (1.63%)	19 231人 (1.66%)	18 974人 (1.62%)	18 281人 (1.74%)	17 957人 (1.78%)	17 223人 (1.73%)	17 312人 (1.72%)
无罪判决人数及所占比例	1039人 (0.08%)	778人 (0.07%)	825人 (0.07%)	727人 (0.06%)	891人 (0.08%)	999人 (0.099%)	1206人 (0.12%)	1373人 (0.14%)

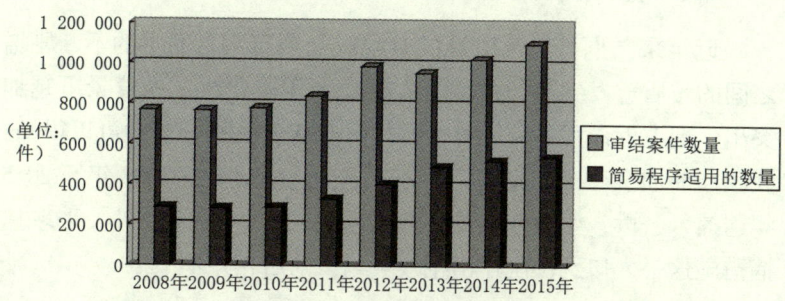

图6-3 2008年至2015年简易程序的适用比率与趋势

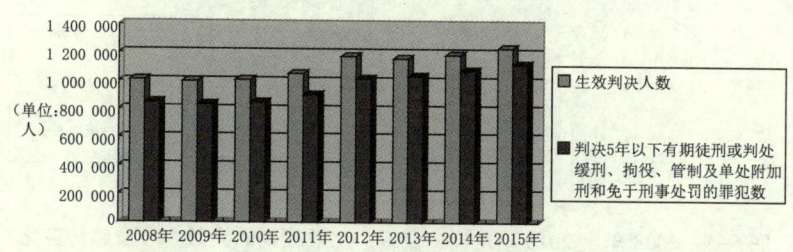

图6-4 2008年至2015年轻微刑事案件在生效判决人数中的比例与趋势

表6-3、图6-3、图6-4反映了刑事案件在审判机关的繁简分流情况。刑事案件在审判阶段的分流功能集中反映为一个矛

盾,即轻微刑事案件的数量在生效判决中的比例高于简易程序在审结刑事案件中的适用比例的矛盾。一方面,简易程序的适用比例小。图6-3反映出2008年至2015年简易程序的适用比率与审结刑事案件数量的巨大差距,2008年至2011年简易程序的适用比率为30%,即使在简易程序适用比率较高的2013年,简易程序的适用比率仅占审结刑事案件数量的50.44%。另一方面,在判决生效的人数中,判处5年以下有期徒刑的轻微刑事案件所占比率很大。具体而言,近8年来,所占比率最高的为2015年,为90.63%;最低的为2009年,比率为83.7%。

三、我国刑事程序分流运行的缺陷

近年来,刑事诉讼资源的有限以及刑事案件数量的不断剧增之间的矛盾愈发尖锐,这个矛盾在庭审实质化改革的背景下越加突出,刑事诉讼程序分流势在必行。但从上面的分析中可以得知,我国当前刑事程序分流功能十分有限,这从图6-5 2008年至2015年逮捕、公诉、生效裁判的人数中可见一斑:从侦查机关采取逮捕措施这一入口到法院作出生效裁判,前后相差不大。

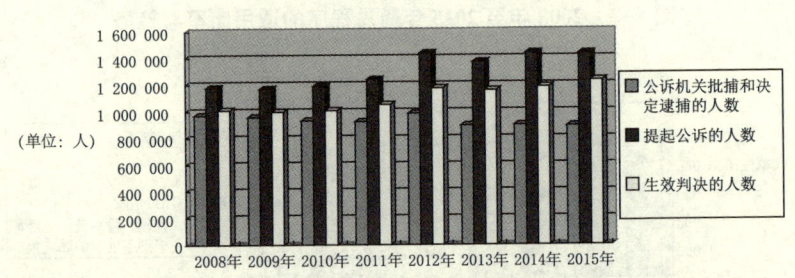

图6-5 2008年至2015年逮捕、公诉、生效裁判的人数[1]及趋势变化

---

〔1〕 这一统计数据有一定缺陷,逮捕的人数选取的是公诉机关批捕和决定逮捕的人数,生效裁判的人数亦包括了法院受理的案件,但这一统计能大致反映出逮捕、起诉、审判过程中人数的趋势变化。

第六章 我国刑事庭审实质化改革后亟待完善的配套措施

图 6-5 可形象地反映出我国刑事诉讼整体分流功能运行的缺失，尤其体现为审前起诉环节分流功能薄弱。具体而言，刑事程序分流功能运行的缺陷包括以下方面：

(一) 侦查阶段分流功能缺失

侦查阶段分流是对于认罪轻微刑事案件在侦查阶段由侦查机关根据法律规定的权限终止案件诉讼的制度。根据现行《刑事诉讼法》第 162 条第 1 款、[1]第 168 条[2]和第 290 条[3]的规定，对侦查终结的案件，侦查机关认为构成犯罪的，必须移交人民检察院审查决定是否起诉，无分流案件的权力，即使对于犯罪嫌疑人与被害人达成和解协议的轻微犯罪案件，亦没有主动分流的权力。公安部《规定》Ⅰ第 183 条、[4]最高检《规则》Ⅰ第 290 条、[5]最高检《规则》Ⅱ第 242 条对此作了同样

---

[1]《刑事诉讼法》第 162 条第 1 款规定："公安机关侦查终结的案件，应当做到犯罪事实清楚，证据确实、充分，并且写出起诉意见书，连同案卷材料、证据一并移送同级人民检察院审查决定；同时将案件移送情况告知犯罪嫌疑人及其辩护律师。"

[2]《刑事诉讼法》第 168 条规定："人民检察院侦查终结的案件，应当作出提起公诉、不起诉或者撤销案件的决定。"

[3]《刑事诉讼法》第 290 条规定："对于达成和解协议的案件，公安机关可以向人民检察院提出从宽处理的建议。人民检察院可以向人民法院提出从宽处罚的建议；对于犯罪情节轻微，不需要判处刑罚的，可以作出不起诉的决定。人民法院可以依法对被告人从宽处罚。"

[4] 公安部《规定》Ⅰ第 183 条规定："经过侦查，发现具有下列情形之一的，应当撤销案件：(一) 没有犯罪事实的；(二) 情节显著轻微、危害不大，不认为是犯罪的；(三) 犯罪已过追诉时效期限的；(四) 经特赦令免除刑罚的；(五) 犯罪嫌疑人死亡的；(六) 其他依法不追究刑事责任的。对于经过侦查，发现有犯罪事实需要追究刑事责任，但不是被立案侦查的犯罪嫌疑人实施的，或者共同犯罪案件中部分犯罪嫌疑人不够刑事处罚的，应当对有关犯罪嫌疑人终止侦查，并对该案件继续侦查。"

[5] 最高检《规则》Ⅰ第 290 条规定："人民检察院在侦查过程中或者侦查终结后，发现具有下列情形之一的，侦查部门应当制作拟撤销案件意见书，报请检察长或者检察委员会决定：(一) 具有刑事诉讼法第十五条规定情形之一的；(二) 没有犯罪

185

的规定。公安部《规定》Ⅱ对于这一规定未作修改。可见,在我国,拥有侦查权的机关无权分流案件,但是对于一些认罪的轻微刑事案件,如犯罪嫌疑人和被害人已然达成和解的刑事案件,是否有必要移送人民检察院审查起诉,是否应赋予侦查机关终结案件诉讼程序的权力,仍值得商榷。对此,可从国外侦查阶段较高的分流功能的适用中寻求借鉴,以完善侦查机关的分流功能。

(二) 审查起诉阶段分流功能薄弱

审查起诉阶段的程序分流,是指在审查起诉阶段对部分轻微刑事案件依法作出不起诉决定,不再追究犯罪嫌疑人的刑事责任,从而终结案件诉讼的处理方式。[1]根据我国现行《刑事诉讼法》,刑事案件在检察机关的分流主要根据我国的不起诉制度,包括法定不起诉、酌定不起诉、证据不足不起诉以及2012年《刑事诉讼法》第271条[2]增加的适用于未成年人的附条件不起诉和第279条规定的达成和解不起诉。检察机关在法定不起诉和证据不足不起诉中没有自由裁量的余地,其是因为欠缺相应的条件而必然终止诉讼,不属于刑事程序分流。只有酌定不起诉、附条件不起诉以及达成和解不起诉这三种制度表现出

(接上页)事实的,或者依照刑法规定不负刑事责任或者不是犯罪的;(三)虽有犯罪事实,但不是犯罪嫌疑人所为的。对于共同犯罪的案件,如有符合本条规定情形的犯罪嫌疑人,应当撤销对该犯罪嫌疑人的立案。"

〔1〕 胡东林、范小云:"认罪轻微刑事案件程序分流模式构建",载《中国刑事法杂志》2012年第9期。

〔2〕 2012年《刑事诉讼法》第271条规定:"对于未成年人涉嫌刑法分则第四章、第五章、第六章规定的犯罪,可能判处一年有期徒刑以下刑罚,符合起诉条件,但有悔罪表现的,人民检察院可以作出附条件不起诉的决定。人民检察院在作出附条件不起诉的决定以前,应当听取公安机关、被害人的意见。对附条件不起诉的决定,公安机关要求复议、提请复核或者被害人申诉的,适用本法第一百七十五条、第一百七十六条的规定。未成年犯罪嫌疑人及其法定代理人对人民检察院决定附条件不起诉有异议的,人民检察院应当作出起诉的决定。"

第六章 我国刑事庭审实质化改革后亟待完善的配套措施

检察机关的起诉裁量权,体现了刑事程序分流的思想。实践表明,尽管检察机关已经有三种程序分流的制度,但分流功能仍然较为薄弱。

鉴于篇幅所限,笔者选取审查起诉阶段程序分流的代表形式——酌定不起诉予以具体论述。当前酌定不起诉分流功能单薄,这从表6-2、图6-2中可见一斑:我国检察机关的起诉率较高,2008年至2015年间皆在80%以上,2012年起诉率最低,仍为77%。美国在辩诉交易的分流下保持了较低的起诉率,德国在1981年至1996年间的起诉率为19%至12.3%。[1]在我国,2016年《最高人民检察院工作报告》指出,2015年全国检察机关提起公诉1 390 933件,适用酌定不起诉和证据不足不起诉的合计76 565人,占比5.5%。可见,一方面,在司法实践中,酌定不起诉制度适用率极低,难以充分发挥审查起诉阶段程序分流的功能;另一方面,在司法实践中,"存疑照诉"现象普遍,很多案件勉强诉到法院,致使审判资源浪费,进而不仅影响了诉讼效率,又妨碍了司法公正的实现。[2]强化审查起诉阶段的分流功能势在必行。

(三)审判阶段分流功能软弱

为了优化诉讼资源,2012年《刑事诉讼法》修改完善了简易程序的适用,凸显了被告人的主体地位,扩大了简易程序的适用范围,但基于防止冤假错案的考虑,简易程序的构建仍较为保守,因而在司法实践中的适用也不甚理想。从表6-3、图6-3中可见,简易程序适用案件数量有限,繁简分流的功能效用并

---

〔1〕 顾永忠:"1997—2008年我国刑事诉讼整体运行情况的考察分析——以程序分流为视角",载《人民检察》2010年第8期。

〔2〕 苑宁宁:"我国刑事公诉程序分流现状研究",载《中国刑事法杂志》2012年第2期。

不明显。如图 6-4 所示,在判决生效的人数中,判处 5 年以下有期徒刑的轻微刑事案件所占比率很大。具体来看,2008 年至 2015 年这八年来,所占比率最高的为 2015 年,为 90.63%;最低的为 2009 年,比率为 83.7%。《刑事诉讼法》针对轻微刑事案件仅设置了简易程序,但简易程序对程序的简化作用有限,相较而言仍过于繁琐,致使轻微案件的审判资源大量挤占了普通刑事案件的资源设置,不符合"轻罪速审"的司法资源有效配置的需求,所以,刑事速裁程序应运而生。2014 年 6 月,全国人大常委会通过决定在全国 18 个城市试行刑事速裁程序,速裁程序对简易程序进一步简化,符合诉讼程序多元化及繁简分流的刑事诉讼改革价值取向。试点考察情况表明,刑事速裁程序减省了法庭程序,压缩了开庭时间,提升了诉讼效率,成效显著。但是,当前速裁程序的整体适用率并不高,[1]仍然存在适用范围过窄、从宽"优惠"幅度过低等问题。[2]为了改变审判程序分流功能软弱现状,实现优化诉讼资源的目的,认罪认罚从宽制度于 2016 年在我国开始试点。认罪认罚从宽制度试点改革是刑事速裁程序试点改革的进一步延伸,力图进一步强化审判分流的功能,但该制度本身尚有许多亟须完善的地方。2018 年修正的《刑事诉讼法》明确了"认罪认罚案件的审理""速裁程序",一定程度上强化了审判阶段的分流功能。

四、强化我国刑事诉讼程序分流功能的路径

化解纠纷是诉讼法追求的终极目的,亦是刑事诉讼法追求

---

〔1〕 廖大刚、白云飞:"刑事案件速裁程序试点运行现状实证分析——以 T 市八家试点法院为研究样本",载《法律适用》2015 年第 12 期。

〔2〕 刘广三、李艳霞:"我国刑事速裁程序试点的反思与重构",载《法学》2016 年第 2 期。

第六章 我国刑事庭审实质化改革后亟待完善的配套措施

的目标。在调解、和解、仲裁等众多的纠纷解决方式中，诉讼方式成本最高，其消耗当事人和公安司法机关大量的人财物等资源；而且，我国犯罪嫌疑人、被告人的审前刑事羁押率很高，长期的刑事羁押对于被追诉人的再社会化提出了挑战，亦不利于化解被告人与被害人之间的纠纷，不利于对被追诉人权利的保护，探索刑事纠纷的多元化解决方案势在必行。刑事政策的轻缓化已经成为世界范围内刑事制度发展和完善的导向，刑事纠纷多元化解决方案的探索亦应秉承轻缓化的方针，完善审前非刑事化分流和审中繁简分流。欲实现我国刑事诉讼程序良好、有效的分流功能，应当在尊重人类认识规律的基础上修改完善刑事诉讼程序中的可控因素，赋予公安司法机关一定主动分流的权力。刑事案件发生后，基于犯罪黑数的影响，较之于实际发生的刑事案件数量，报案率并不高，公安司法机关自行发现的刑事案件有限，这是刑事诉讼程序的首次自然分流，并非可控因素。立案是刑事案件的入口，是刑事案件的初步审查，区分了治安案件与刑事案件，具体而言，立案程序是刑事案件的开端，而刑事程序分流是指刑事案件的审前或审判繁简分流，所以，立案阶段并不存在刑事案件的程序分流。从侦查阶段开始，到审查起诉，直到审判程序，通过皆是可控的能够提高分流功能的程序。通过刑事案件分流功能的强化以及机制的确立，在刑事诉讼分流的可控阶段，把较多的资源适用于相对严重、被告人不认罪的疑难刑事案件中，而把大多数、简单轻微，同时犯罪嫌疑人、被告人认罪的刑事案件在审前分流出刑事诉讼程序，从而提高诉讼效率，节约诉讼资源。

（一）侦查阶段——扩大公安机关"出罪化"权力

依据我国现行《刑事诉讼法》，对于侦查终结的案件，公安机关都应该将案件交给检察机关，由其审查起诉，可见，公安机关没有分流案件的权力。即使是针对当事人和解的公诉案件，法律亦规定，对于双方达成和解协议的，公安机关应该将案件移交给检察机关，但对于此项规定是否合理，值得商榷。应当扩大公安机关"出罪化"权力，赋予公安机关在侦查阶段主动分流的权力，这可以从域外的立法中寻求支持。英美法系国家的侦查机关对决定是否适用程序分流具有较大的相对独立的权力；大陆法系国家，警察亦对程序分流起着非常重要的作用。德国侦查机关通常对未成年人、老人等轻微犯罪不实施侦查，通过分流予以处理。不论域外国家如何设置检警关系，警察都被赋予了一定的追诉裁量权，但一般只针对轻微案件。[1]化解我国当前司法资源有限与人民群众日益增长的权利要求之间的矛盾，扩大公安机关"出罪化"权力势在必行。

一方面，规范刑事案件解决的二元制。凡需要剥夺、限制人身自由的处罚皆由人民法院作出，此为一元化处罚体系，而我国是二元制的处罚体系。我国公安机关不仅在刑事诉讼中拥有广泛的限制、剥夺人身自由的权力，而且依据《治安管理处罚法》，亦具有相应的权力。鉴于历史的传统以及劳教制度废除后轻微案件处理的需要，二元制的处罚体系在维护社会秩序方面发挥着重大的作用。司法实践中，对于处于违法与犯罪边缘的案件，并不必然需要立案并移送审查起诉直至由法院审判，可将其作为治安案件予以处罚，如警告、训诫、赔偿等。对于极为轻微的刑事案件以《治安管理处罚法》予以处罚，既可以减少起诉、审判、执行的司法资源的耗费，亦有利于保护犯罪嫌疑人的实然权利，避免了羁押的交叉感染。况且，我国《刑事诉讼法》虽未赋予公安机关程序分流的裁量权，但实践中，

---

[1] 詹建红、李纪亮："困境与出路：我国刑事程序分流的制度化"，载《当代法学》2011年第6期。

第六章 我国刑事庭审实质化改革后亟待完善的配套措施

警察对哪些案件进入检察机关的审查范围具有决定权。[1]如表6-1所示，我国公安机关破案数与公诉部门受理公安、国家安全、海关等机关移送起诉案件数之间差距较大，可见，我国公安机关实际上拥有分流权，立法的缺失与实践的操作差距巨大，应当规范公安机关撤销刑事案件的权力，以法律的手段引导，替代以司法化的制度。况且，如表6-1所示，我国公安机关查处的治安案件数量巨大，公安机关在接触案件的时间上具有及时性，并能跟进案件的发展变化，相较于其他机关，公安机关处理轻微刑事案件更加有效，有利于轻微刑事案件的快速、高效解决，节约司法资源；有利于维护当事人的利益和缓解司法机关办案压力，化解矛盾，树立司法威信和形象；有利于使轻微刑事案件中的被害人得到及时的赔偿和治疗，防止矛盾的升级。[2]

另一方面，扩大和解撤销案件制度适用范围。2012年《刑事诉讼法》规定由公安机关侦查人员主持轻微刑事案件中的犯罪嫌疑人和被害人的和解，相较于检察人员和审判人员，侦查人员最早介入刑事案件，对该案件了解透彻，由其对双方已经达成和解协议，且被害人已经表示谅解的刑事案件作出撤案处理，既能及时化解纠纷，稳定社会秩序，又能减少案件移送检察机关审查起诉而导致的诉讼资源浪费。鉴于扩大公安机关行使的权力范围有可能导致权力滥用的风险，所以，当前，我国侦查阶段和解撤销案件的有罪撤案制度的范围原则上应仅限于针对特殊犯罪主体的轻微刑事案件。具体来说，应当首先在未成年人以及老年人和初犯、偶犯中试行，并规定一定的试行条

---

〔1〕 詹建红、李纪亮："困境与出路：我国刑事程序分流的制度化"，载《当代法学》2011年第6期。

〔2〕 李海峰、张凯文："公安机关对轻微刑事案件的处理机制探析"，载《安徽警官职业学院学报》2014年第2期。

件,如双方已经和解,进一步规定一定的考验期,以循序渐进地推进和解撤案制度。

(二)审查起诉阶段——规范酌定不起诉权

英美法系国家实行起诉便宜主义,对于刑事案件,检察官在决定是否提起公诉时,享有几乎不受制约的自由裁量权,即便犯罪证据确实充分,检察官基于提高诉讼效率、缓解法院审判负荷等公共利益的考虑,也可以不予起诉,不启动法院的审判程序。[1] 大陆法系国家亦通过不断扩大检察机关的起诉裁量权来提升诉讼效率,解决司法负荷,如赋予检察机关酌定不起诉和附条件不起诉的权力。在德国,几乎50%的刑事案件是由公诉人以自由裁量的形式作出决定而撤销案件的。[2] 依据我国现行《刑事诉讼法》,审前程序分流的权力只存在于审查起诉阶段,检察机关有不起诉的权力,酌定不起诉体现了一定的裁量权。2020年《最高人民检察院工作报告》指出,2019年,全国检察机关对不构成犯罪或证据不足的决定不批捕191 290人、不起诉41 409人,较5年前分别上升62.8%和74.6%。对情节轻微的涉疫犯罪落实从宽政策,依法不批捕576人、不起诉117人。扎实推进反腐败斗争。受理各级监委移送职务犯罪24 234人,同比上升50.6%。已起诉18 585人,同比上升89.6%;不起诉704人,退回补充调查7806人次,不起诉率、退补率同比分别增加1.1%和16.3%。

除了酌定不起诉以外,2012年修正的《刑事诉讼法》新增添的附条件不起诉和公诉案件和解程序亦体现了不起诉的裁量

---

〔1〕 左卫民、周长军:《刑事诉讼的理念》(最新版),北京大学出版社2014年版,第245页。

〔2〕 陈光中、[德] 汉斯-约格·阿尔布莱希特主编:《中德不起诉制度比较研究》,中国检察出版社2002年版,第33页。

第六章 我国刑事庭审实质化改革后亟待完善的配套措施

权,司法实践随即开展起来。2020年修订《未成年人保护法》《预防未成年人犯罪法》后,保护未成年人利益,守护儿童健康成长的观念愈加深入人心。2021年《最高人民检察院工作报告》表明,2020年检察机关起诉涉嫌犯罪的未成年人3.3万人。对罪行较轻并有悔改表现的附条件不起诉1.1万人,占办结未成年人案件总数的21%,同比增加8.3%。公诉案件和解程序亦在司法实践中适用起来。同时,2019年10月,党的十九届四中全会提出"健全支持民营经济发展的法治环境",依法保护企业家合法权益、营造企业健康发展法治环境,成为近年来检察机关的重点工作之一,鉴于此,2020年新型冠状病毒肺炎疫情期间,检察机关在全国选取部分地方开展企业合规改革试点。合规不起诉制度着眼于促进市场主体健康发展,是检察机关对以合规激励为核心的协商性司法模式的最新探索,是犯罪预防和社会治理一体化的刑事司法理念的具体体现,在当前复杂的国际大环境下,意义重大。2021年《最高人民检察院工作报告》谈及,2020年检察机关对企业负责人涉经营类犯罪,依法能不捕的不捕、能不诉的不诉、能不判实刑的提出适用缓刑建议,同时探索督促涉案企业合规管理,促进"严管"制度化……对企业则依法不起诉,促其规范经营。可见,合规不起诉制度已经取得了一定的成绩。鉴于附条件不起诉和公诉案件和解程序中以及企业合规不起诉裁量权的适用范围有限,所以,本部分仅就我国检察机关惯常拥有的、适用于全部刑事案件的酌定不起诉权在当前认罪认罚从宽制度适用的大背景下面临的挑战而应当作出的完善和应对作一探讨。

认罪认罚从宽制度适用于整个刑事诉讼过程,适用于审查起诉环节,所以,应当规范认罪认罚从宽制度中酌定不起诉权的适用。检察机关是认罪认罚制度适用的主导机关,[1]起着承上启下的作用,在审查起诉阶段应当全面审查案件的事实、证据,不能因为认罪认罚而降低案件的证明标准,严守"犯罪事实清楚,证据确实、充分"的刑事案件证明标准。同时,区分案件不同的性质、情节和社会危害,对犯罪性质和社会影响特别恶劣的,依法从严追诉、不予从宽;对轻罪案件特别是因民间纠纷引发的轻微刑事案件,尽量依法从简从快从宽处理。2021年《最高人民检察院工作报告》表明,2020年检察机关深入落实认罪认罚从宽制度。对依法可不批捕和犯罪情节轻微、不需要判处刑罚的,不批捕8.8万人、不起诉20.2万人,占已办结案件比例分别增加0.8%和3.9%。捕后认罪认罚可不继续羁押的,建议释放或变更强制措施2.5万人。审前羁押从2000年占96.8%降至2020年的53%。全年认罪认罚从宽制度适用率超过85%;量刑建议采纳率接近95%;一审服判率超过95%,高出其他刑事案件21.7%。同时,2020年检察机关受理各级监委移送职务犯罪197 60人,已起诉15 346人,不起诉662人,不起诉率同比增加0.5%。总之,实践表明,2020年检察机关的司法效率更高,办案效果更好。

---

〔1〕 2018年修正的《刑事诉讼法》的一个重要的内容是认罪认罚从宽制度的规定,这些规定贯穿侦查、起诉和审判全过程,而关于审查起诉阶段的认罪认罚规定在数量上最多,修改新增内容最全面,包括审查起诉期限、量刑协商环节、量刑建议等的规定。强调犯罪嫌疑人自愿认罪,同意量刑建议和程序适用的,应当在辩护人或者值班律师在场的情况下签署认罪认罚具结书。犯罪嫌疑人认罪认罚的,人民检察院应当就主刑、附加刑、是否适用缓刑等提出量刑建议,并随案移送认罪认罚具结书等材料。司法解释对此作了进一步规定。同时,《刑事诉讼法》第201条还规定,对于认罪认罚案件,人民法院依法作出判决时,一般应当采纳人民检察院指控的罪名和量刑建议。"一般应当"表明以采纳为原则,以不采纳为例外。2020年《最高人民检察院工作报告》指出,2019年12月认罪认罚从宽制度适用率达83.1%,量刑建议采纳率79.8%。从以上规定和实践适用可见,刑事诉讼法着力维护控辩协商结果的严肃性和有效性,检察机关在认罪认罚案件处理中起到了主导作用。

当前司法实践中存在一种有违检察机关酌定不起诉权的做法。在刑事速裁程序中，尤其是适用认罪认罚从宽制度的刑事速裁程序中，侦查、审查起诉、审判程序快速进行，被不起诉人的被不起诉权还没有认真审核是否适用，很多案件中辩护人还未来得及及时履行对犯罪嫌疑人、被告人的法律帮助职责，刑事案件已经从侦查阶段过渡到审查起诉阶段，并已近审判终结阶段，可见，在司法实践中，检察机关的不起诉裁量权在刑事速裁程序中被漠视，酌定不起诉权适用非常少。这一状况的出现一则因为刑事速裁程序全程提速，大大缩短了侦查、审查起诉、审判的过程；二则因为检察机关审查起诉人员的错误认识以及职业纰漏，部分审查起诉人员错误地认为适用认罪认罚从宽的案件原本就已从程序上从简和实体上从宽，所以不必再适用酌定不起诉，或者认为诉与不诉对犯罪嫌疑人、被告人的影响不大。实然，即便是采用认罪认罚从宽制度的刑事速裁案件，毕竟也是有罪判决，不同于被不起诉，两者差别极大，在前科制度不存在消灭情况的我国，前科的有无对一个普通个体的生活、工作等方面影响极为深远，所以，规范认罪认罚从宽制度中的酌定不起诉权至关重要。检察机关应当重视发挥在认罪认罚从宽制度中的酌定不起诉权。检察机关的酌定不起诉权针对的是犯罪情节轻微，依照刑法规定不需要判处刑罚或者免除刑罚的案件，主要是针对刑罚较轻的情形，而在适用认罪认罚从宽制度的刑事速裁程序中，很多情形能够满足酌定不起诉权的适用条件，因此应当保障酌定不起诉权的适用。

（三）审判阶段——完善认罪认罚从宽制度

合理分配司法资源，做好审判阶段的分流，应当优先保障重罪案件、疑难案件、被告人不认罪案件的庭审实质化，完善认罪认罚从宽制度的适用。2020年《最高人民法院工作报告》

提出，2019 年法院系统深入推进以审判为中心的刑事诉讼制度改革，全面准确适用认罪认罚从宽制度。建立一站式多元解纷和诉讼服务机制。推进案件繁简分流、轻重分离、快慢分道，在诉讼服务中心建立调解、速裁、快审一站式解纷机制，为实现公平正义提速。2021 年《最高人民法院工作报告》继而提出，2020 年全国法院系统深化以审判为中心的刑事诉讼制度改革，健全认罪认罚从宽制度，确保严格依法办案。认罪认罚从宽制度体现了诉讼资源优化和繁简分流的意图，其贯穿于刑事诉讼的整个过程，存在于普通、简易、速裁审判程序中，存在于一切刑事案件中。当前司法改革的大背景下，审判阶段的繁简、轻重分流主要体现在深化认罪认罚从宽制度的适用方面。2018 年修正的《刑事诉讼法》第 190 条第 2 款、[1]第 201 条、[2]第 222 条第 1 款[3]、第 226 条[4]等对认罪认罚从宽制度作了明确规定，

---

[1]《刑事诉讼法》第 190 条第 2 款规定："被告人认罪认罚的，审判长应当告知被告人享有的诉讼权利和认罪认罚的法律规定，审查认罪认罚的自愿性和认罪认罚具结书内容的真实性、合法性。"

[2]《刑事诉讼法》第 201 条规定："对于认罪认罚案件，人民法院依法作出判决时，一般应当采纳人民检察院指控的罪名和量刑建议，但有下列情形的除外：（一）被告人的行为不构成犯罪或者不应当追究其刑事责任的；（二）被告人违背意愿认罪认罚的；（三）被告人否认指控的犯罪事实的；（四）起诉指控的罪名与审理认定的罪名不一致的；（五）其他可能影响公正审判的情形。人民法院经审理认为量刑建议明显不当，或者被告人、辩护人对量刑建议提出异议的，人民检察院可以调整量刑建议。人民检察院不调整量刑建议或者调整量刑建议后仍然明显不当的，人民法院应当依法作出判决。"

[3]《刑事诉讼法》第 222 条第 1 款规定："基层人民法院管辖的可能判处三年有期徒刑以下刑罚的案件，案件事实清楚，证据确实、充分，被告人认罪认罚并同意适用速裁程序的，可以适用速裁程序，由审判员一人独任审判。"

[4]《刑事诉讼法》第 226 条规定："人民法院在审理过程中，发现有被告人的行为不构成犯罪或者不应当追究其刑事责任、被告人违背意愿认罪认罚、被告人否认指控的犯罪事实或者其他不宜适用速裁程序审理的情形的，应当按照本章第一节或者第三节的规定重新审理。"

第六章　我国刑事庭审实质化改革后亟待完善的配套措施

最高检《规则》Ⅱ和最高院《解释》Ⅱ以专章（节）的方式对认罪认罚案件的办理作了进一步规范。

1. 健全认罪认罚从宽制度，为庭审实质化创造条件

刑事司法资源有限，但犯罪数量增加，刑事案件侦破难度加大，各国为解决这一矛盾，缓解这一状况，设立了简易程序或速决程序，以合理分配司法资源，做好审判阶段的繁简分流，而且实践证明，这一程序解决了大多数的刑事案件。英国适用有罪答辩前提下的简易程序进行审判的案件，占整个刑事案件的97%。1970年，美国联邦最高法院通过布雷迪案件[1]承认了辩诉交易的合法性。此后，辩诉交易在美国联邦和各州的法院中被广泛采用，现在美国有90%以上的刑事案件是通过辩诉交易结案的。[2]大陆法系国家的处罚令程序亦适用广泛，德国处刑命令占据一半以上。[3]但上述程序都以被告人认罪的自愿性和合法性为前提。[4]而且，在辩诉交易适用中，被告人可以反悔；在处罚令程序中，如果不服还可以向法院提出异议书而另外审判。无论是大陆法系的速决程序抑或英美法系的辩诉交易程序，都要求必须有律师参与，没有逾越诉讼公正的底线。可见，"简至极致，繁到精致"的刑事诉讼审理模式能使得有限的司法资源得到充分利用，既保护了被告人的诉讼权利，又提高了诉讼效率。

从本部分图6-3中可见，2008年至2015年我国刑事案件适

---

[1] Brady v. United States, 397. U. S. 742, 752 (1970).

[2] 宋英辉等：《外国刑事诉讼法》，北京大学出版社2011年版，第67页。

[3] [美] 佛洛依德·菲尼、[德] 约阿希姆·赫尔曼、岳礼玲：《一个案例两种制度——美德刑事司法比较》，郭志媛译（英文部分），中国法制出版社2006年版，第329页。

[4] 左卫民、周长军：《刑事诉讼的理念》（最新版），北京大学出版社2014年版，第255页。

用简易程序的比例不高，2008年至2011年简易程序的适用比率为30%，即使在简易程序适用比率较高的2013年，简易程序的适用比率仅占审结刑事案件数量的50.44%。而这八年来，在判决生效的人数中，判处5年以下有期徒刑的轻微刑事案件所占比率很大，所占比率最高的为2015年，为90.63%；最低的为2009年，比率为83.7%。可见，简易程序的分流功能有限。当前，强化审判程序中的分流功能，为一审庭审实质化改革创设空间，首要的即为完善认罪认罚从宽制度。健全认罪认罚从宽制度，处理好简案快审与难案精审的关系，能为一部分重罪、被告人不认罪案件的精密化的实质化庭审创造司法资源基础。适用实质化庭审裁判方式的案件一般是复杂、疑难的被告人不认罪案件，而办理这类案件本身对司法工作人员的工作量就提出了较高的要求，并且要求采用庭审实质化的模式进行审理，在开庭次数、要求证人出庭作证、深入分析证据、法律文书制作等方面必然对案件承办人员提出更高的期许和要求，耗费更多的司法资源。所以，在案多人少的矛盾日渐突出的当下，审判程序仅有一般程序与简易程序、速裁程序的分流，尚不足以提供庭审实质化改革所需的充足的司法资源条件。因而，健全认罪认罚从宽制度，能够为庭审实质化改革创造条件。

2. 规范认罪认罚从宽制度的适用

定罪和量刑是认定被告人刑事责任的两个组成部分，庭审实质化也应包括定罪审理实质化和量刑审理实质化。但我国司法实践表明，绝大多数刑事案件的被告人都作出了有罪供述，所以，控辩双方对于是否构成犯罪争议不大。可见，我国刑事审判的核心问题是量刑问题，而不是定罪问题。[1]人民法院专

---

〔1〕 陈瑞华：《刑事诉讼的前沿问题》（第4版），中国人民大学出版社2013年版，第328页。

享刑事案件的量刑权,通过对控辩双方量刑协商过程得出的量刑建议的采纳与否,实现对量刑协商过程的监督,这一形式在认罪认罚从宽制度量刑协商中体现得更为明显。根据2016年最高人民法院、最高人民检察院、公安部、国家安全部、司法部共同制定通过的《关于在部分地区开展刑事案件认罪认罚从宽制度试点工作的办法》(以下简称《试点办法》)第20条[1]的规定,法院一般应采纳检察院的量刑建议。认罪认罚从宽制度适用于整个刑事诉讼过程中,适用于任何性质、任何诉讼程序类型的刑事案件,[2]其量刑协商是在明确罪名、罪数前提下的量刑协商程序,并不包括罪名和罪数的协商。2018年修正的《刑事诉讼法》、最高检《规则》Ⅱ和最高院《解释》Ⅱ都明确了这一规定。为了增强本部分研究的针对性,限于篇幅影响,本部分以量刑协商这一重要诉讼过程作为研究对象,阐述审判阶段规范认罪认罚从宽制度专业性的路径。

一方面,构建强制辩护制度以确保律师有效参与量刑协商。《试点办法》第16条第1款[3]规定,对被追诉人认罪认罚案件可以简化程序,2018年修正的《刑事诉讼法》、最高检《规则》Ⅱ和最高院《解释》Ⅱ都明确了这一规则。但是,以认罪认罚

---

[1]《试点办法》第20条规定:"对于认罪认罚案件,人民法院依法作出判决时,一般应当采纳人民检察院指控的罪名和量刑建议,但有下列情形的除外:(一)被告人不构成犯罪或者不应当追究刑事责任的;(二)被告人违背意愿认罪认罚的;(三)被告人否认指控的犯罪事实的;(四)起诉指控的罪名与审理认定的罪名不一致的;(五)其他可能影响公正审判的情形。"

[2] 刘广三、李艳霞:"认罪认罚从宽制度适用范围的厘清",载《人民法治》2017年第1期。

[3]《试点办法》第16条第1款规定:"对于基层人民法院管辖的可能判处三年有期徒刑以下刑罚的案件,事实清楚、证据充分,当事人对适用法律没有争议,被告人认罪认罚并同意适用速裁程序的,可以适用速裁程序,由审判员独任审判,送达期限不受刑事诉讼法规定的限制,不进行法庭调查、法庭辩论,当庭宣判,但在判决宣告前应当听取被告人的最后陈述。"

为前提的简化诉讼程序以犯罪嫌疑人、被告人让渡权利为前提,认罪认罚意味着被追诉人放弃了申请调取新证据等多项普通诉讼程序中享有的权利,所以,在认罪认罚案件处理过程中,保护被追诉人权利行使的自愿性、合法性、合理性至关重要,律师有效参与量刑协商势在必行。我国当前的法律援助相关立法存在缺陷,鉴于认罪认罚量刑协商本身的专业性以及风险性,[1]为确保律师有效参与,应当增加强制辩护制度。强制辩护制度不同于我国当前未成年人案件、可能判死刑案件等适用的强制性指定辩护制度,其根本区别在于,对无律师参与的强制辩护案件,法律应当规定明确的制裁性要件。强制辩护制度确实漠视了未成年人、可能被判处死刑的被追诉人的主体选择性,但域外的相关司法实践证明,强制辩护制度对实现被追诉人的律师辩护权大有裨益。在认罪认罚案件量刑协商中,为推进律师的有效参与,应当进一步完善强制辩护制度的相关措施,规定若无辩护律师在场达成的认罪量刑协议不具有合法性;辩护律师可以核对量刑协议,对于差错、遗漏有改正和补充的权利等。应当进一步明确强制辩护在认罪认罚案件中的适用范围,适用于包括轻微罪在内的任何性质的刑事案件,适用于速裁、简易、普通等诉讼程序,广泛存在于侦查、审查起诉、审判等刑事诉讼过程中,以保障所有认罪认罚案件量刑协商程序中辩护律师的有效

---

〔1〕 侦查机关可能采取威胁、利诱等方式迫使嫌疑人选择认罪认罚;对检察机关而言,被告人认罪意味着放弃了反对自我归罪的权利,减少了公诉机关对待证事实的证明责任,消除了庭审过程可能导致的审判结果的不确定性,降低了公诉机关的败诉风险;审判机关适用认罪认罚从宽制度,缩减了正式开庭的法庭调查和辩论环节,甚至对于符合适用速裁程序的,可以独任审判,不进行法庭调查、法庭辩论。所以,公安司法机关在认罪认罚从宽制度中的高收益和低风险促使其会尽可能追求适用这一制度。参见陈卫东:"认罪认罚从宽制度研究",载《中国法学》2016年第2期。

参与。

　　完善强制辩护制度在认罪认罚案件量刑协商程序中的实现机制，应当通过健全刑事法律援助的方式，实现从援助值班律师到援助辩护律师的转变，为被追诉人提供有效的法律帮助。2014年最高人民法院、最高人民检察院、公安部、司法部印发的《关于在部分地区开展刑事案件速裁程序试点工作的办法》首次提出了要"建立法律援助值班律师制度"，2016年最高人民法院、最高人民检察院、公安部、国家安全部、司法部印发的《关于推进以审判为中心的刑事诉讼制度改革的意见》进一步予以强调，2016年11月通过的《试点办法》第5条第3款[1]进一步明确了值班律师的职责是为被追诉人"提供法律咨询、程序选择等法律帮助"。截至2016年底，全国共在2000多个看守所建立了法律援助工作站，一些省份实现了看守所、人民法院法律援助工作站全覆盖。[2] 从我国司法实践来看，值班律师能够为被追诉人提供法律咨询、对程序选择提供建议、申请变更强制措施等方面的帮助，但不包括量刑协商和出庭辩护。值班律师是法律帮助人，并非辩护人，部分认罪认罚案件试点法院甚至认为值班律师不享有阅卷权。所以，值班律师不能全面了解案情和提供适当、有效的法律帮助，没有能力进行量刑协商，其对被追诉人的权利保障极其有限。量刑协商需要由法律援助的辩护律师完成，其可以阅卷，了解案情，提出辩护意见，代表被追诉人与公诉人量刑协商等。

　　如何在司法实践中推进这一制度？少年司法较之于针对成

---

[1] 《试点办法》第5条第3款规定："犯罪嫌疑人、被告人自愿认罪认罚，没有辩护人的，人民法院、人民检察院、公安机关应当通知值班律师为其提供法律咨询、程序选择、申请变更强制措施等法律帮助。"

[2] 周斌："保障犯罪嫌疑人第一时间获得法律服务"，载《法制日报》2017年9月1日。

年人的刑事司法具有特殊性，所以，探索性的制度可以在少年司法制度中"试水"，待完善后，再适用于整个刑事诉讼。司法实践中，因为经济贫困，未成年被追诉人或其代理人自行委托律师的比例不高，所以，为了强化该类案件中量刑协商的有效开展，可以建立该类案件援助的合同制度和专职律师制度，[1]提高法律援助专职律师的比例和待遇，使其能够专心、专业地从事法律援助案件，同时，应当完善刑事法律援助案件的质量评价和控制机制，以保障未成年人认罪认罚案件强制辩护功能的充分实现。除此以外，应当明确公安司法机关履行法律援助方面的职责。《试点办法》第5条第4款[2]即规定了公安司法机关应当告知被追诉人申请法律援助权利的义务。2018年修正的《刑事诉讼法》、最高检《规则》Ⅱ、公安部《规定》Ⅱ和最高院《解释》Ⅱ等都规定了公安司法机关的相关职责。总之，为健全认罪认罚案件量刑协商过程中的法律援助，公安司法机关的保障职责应当切实、有效履行。

应当明确，在认罪认罚量刑协商过程中，辩护律师是独立的诉讼参与人，拥有独立于被追诉人、公安司法机关的诉讼地位，是被追诉人合法利益的专门维护者。在认罪认罚量刑协商中，辩护律师深入介入认罪认罚量刑协商的过程，发挥着举足轻重的作用，为被追诉人提供有效的法律帮助，但认罪认罚从宽制度充分呈现了协商性司法的特点、性质，应当明晰适用认罪认罚的主体是被追诉人，其具有量刑协商的最终选择权、决定权，辩护律师与被追诉人是委托关系，律师仅是为了委托人

---

[1] 吴羽："论强制辩护在未成年人刑事案件诉讼程序中的适用——以《刑事诉讼法》第267条为中心"，载《青少年犯罪问题》2015年第4期。

[2] 《试点办法》第5条第4款规定："人民法院、人民检察院、公安机关应当告知犯罪嫌疑人、被告人申请法律援助的权利。符合应当通知辩护条件的，依法通知法律援助机构指派律师为其提供辩护。"

第六章 我国刑事庭审实质化改革后亟待完善的配套措施

的利益,受委托与控方进行协商的主体。

另一方面,合理界定从宽以规范量刑协商内容的专业性。认罪认罚从宽制度的核心是"从宽"。"认罪""认罚"是前提,"从宽"是结果,是推动司法工作人员和被追诉人积极适用这一制度的有效砝码。针对司法实践的调研结果显示,"从宽"适用虽然具有实体法和程序法两方面的价值,但是,在量刑协商过程中,主要体现实体法方面的意义,即量刑上的宽缓。虽然《试点办法》没有明确界定"从宽"的实体涵义,但是在试点过程中,"从宽"制度已经不断得到探索适用,这一观点亦被笔者参与的一项关于认罪认罚从宽制度的实证调研所证实。[1] 在946份的法律职业人问卷中,29.37%的被调查者认为"从宽的含义是指从轻处罚",7.32%的被调查者认为"从宽的含义是指减轻处罚",1.91%的被调查者认为"从宽的含义是指免除处罚",61.40%的被调查者认为"从宽包括从轻、减轻和免除处罚";针对被告人的调查问卷反映出,被告人对于"从宽"的认识稍有别于法律职业人,但是两者对于"从宽"内涵的界定占比最多的仍是"从宽包括从轻、减轻和免除处罚"。从轻、减轻处罚或者免除处罚制度在量刑协商过程中具体体现为是否判处刑罚、判处何种刑罚以及实行何种多长刑期和何种刑罚执行方法的

---

[1] 笔者于2015年底至2016年底参与了北京师范大学刑事法律科学研究院"刑事诉讼中认罪认罚从宽制度司法实证研究"项目的实证调研,项目组成员对北京、福州、烟台、芜湖、安阳、郑州、成都等地进行问卷调查,共向法官、法官助理和检察官、检察官助理发放《"刑事诉讼中认罪认罚从宽司法实证研究"课题问卷(法律职业人卷)》问卷1000份,回收576份。在北京、郑州、烟台、成都发放《"刑事诉讼中认罪认罚从宽司法实证研究"课题问卷(被告人卷)》200份,回收167份。另鉴于律师在刑事诉讼中必不可少的诉讼地位和在认罪认罚从宽制度中所起的重要作用以及法律职业人调查问卷的全面性,项目组于2016年4月至8月对北京、烟台、深圳等地的律师进行了问卷调查。共向律师发放《"刑事诉讼中认罪认罚从宽司法实证研究"课题问卷(法律职业人卷)》问卷500份,回收370份。

协商内容,这一观点亦在《试点办法》第 11 条第 2 款中有所体现。[1]鉴于法律法规和司法解释的明确规定,对于刑事案件,是否判处刑罚、判处何种刑罚以及施行何种刑罚执行方法,协商的余地不大,但刑期的确定却可以由控辩双方在法定的从宽幅度内合理、有效地协商。可见,合理、专业地计算从宽幅度在量刑协商过程中至关重要。

参照最高人民法院于 2017 年 4 月修订颁布的《关于常见犯罪的量刑指导意见》(以下简称《量刑指导意见》,已失效)等有关规定,依据量刑规范化改革的基本精神,借鉴司法实践的诸多经验,根据刑事案件量刑的基本步骤及计算公式,控辩双方可以按照明确量刑起点、明晰基准刑、确定宣告刑的基本步骤专业化地协商"从宽"量刑幅度以及最终量刑状况。[2]另

---

[1]《试点办法》第 11 条第 2 款规定:"量刑建议一般应当包括主刑、附加刑,并明确刑罚执行方式。可以提出相对明确的量刑幅度,也可以根据案件具体情况,提出确定刑期的量刑建议。建议判处财产刑的,一般应当提出确定的数额。"

[2] 计算量刑的具体步骤包括以下三步:首先,确定相应的法定刑幅度;其次,在法定刑幅度内明确量刑起点;再次,以量刑起点为基础明晰基准刑;复次,用犯罪中止、防卫过当、胁从犯、未成年犯等体现犯罪行为的社会危害性的量刑情节调节基准刑,得到一个量刑结果(这属于第一个层面的量刑情节);又次,用自首、立功、坦白、当庭自愿认罪、退赃退赔、积极赔偿、赔礼道歉、取得被害人的谅解、被害人过错等量刑情节予以调节,得到拟宣告刑(这是第二个层面的量刑情节);最后,根据拟宣告刑依法确定宣告刑。第一层面的量刑情节主要关注社会危害性程度,第二层面的量刑情节则以人身危险性程度为重心,其中很多量刑情节体现出认罪认罚。在这些情节中,不能忽视对被害人权利的关注。根据刑事司法经验,不能仅重视对被追诉人的从宽,而忽视被害人的诉讼请求以及实体权益的保护,因为被追诉人的退赃退赔、取得被害人及其家属的谅解等都体现出悔罪性,属于量刑协商中基于"从宽"应当考虑的情节。根据具体刑事案件中的量刑情节,依据同向相加、逆向相减的原则,计算量刑。例如,假设某刑事案件被告人是未成年人,则能够减少基准刑的 50%,积极赔偿被害人损失,取得被害人的谅解,能够减少基准刑的 10%,则量刑的计算公式为,基准刑×(1-50%)×(1-10%);再如,假设某刑事案件被告人是未成年人,能够减少基准刑的 50%,又是从犯,

外，根据《试点办法》，试点地方可以制定实施方案或实施细则。实践表明，有的试点法院制定了更加详细的量刑指导意见。对于最高人民法院的《量刑指导意见》，检察机关知悉自不待言，但应当明确，这一详细的《量刑指导意见》应当向辩护律师公布，保障其知情权，使得辩方具有与控方平等的量刑协商能力，在体现司法过程透明化、司法公正理念的同时，促进量刑协商的有效开展。总之，按照法律法规等相关规定，控辩双方合理计算从宽幅度，规范量刑协商内容的专业性，增强了法官对量刑建议的采纳程度，有利于检察官的量刑建议和法官的最终量刑达成默契，减轻了司法人员滥用从宽裁量权的危险，节约了司法资源，提高了诉讼效率。

第三节　完善法庭空间布局

法庭是进行审判活动的法定场所，是庭审进行的必备要素。本书探讨的刑事法庭空间布局中的"法庭"为审理刑事案件的规范性法定场所，并非指公审大会等暂时性审判场所；"刑事法庭空间布局"重点研究法庭内部的空间布局和被告人、被害人等诉讼参与人的席位设置。法庭布局保障法庭功能的实现，对于诉讼参与人而言，具有诉讼和教育的功能。法庭各区域安排服务于审判，便于参与主体行使各项诉讼权利，开展诉讼行为。正如美国法学家伯尔曼所言，法庭布置不仅使所有参与审判过程的人、实际上也会使整个社会都铭记不忘，而亲自参与审判

（接上页）能够减少基准刑的 20%，具有累犯情节，能够增加基准刑的 30%，同时又有自首情节，能够减少基准刑的 10%，则量刑的计算公式为，基准刑×（1-50%）×（1-20%）×（1+30%-10%）。具体参见李志："刑事案件量刑的基本步骤及计算公式"，载 http://www.66law.cn/domainblog/89485.aspx，2018 年 2 月 9 日访问。

过程的所有人,也因场景布置而赋予他们各自的职责。[1]法庭布局具有的教育功能主要指能够传递诉讼文化,对参与诉讼的主体以及旁听人员产生影响,引导其尊重、信仰法律,[2]这一功能的实现可以从"防卫空间理论"[3]中可见一斑。这一理论倡导利用空间设计改变物理环境的空间样式的功能以达到预防犯罪的目的,同理,完善法庭空间布局亦能达到预防犯罪,教育相关诉讼参与人的目的。实证研究表明,法庭布局对庭审质量、效率影响较大。[4]

刑事法庭的空间布局取决于一个国家刑事诉讼的价值观,也是一个国家政治、法律文化在刑事诉讼中的集中体现。当今世界各国刑事审判法庭的空间布局各不相同,正是体现了不同法系、不同国家之间刑事诉讼理念的差异。[5]可见,法庭空间布局具有重要的象征意义和符号学意义,法庭空间布局与刑事庭审理念之间是形式与内容的关系。如前所示,我国《刑事诉讼法》历经了三次修改,保障人权的观念日渐强化,庭审实质化改革要求发挥庭审在证据裁判和事实认定中的决定性作用,必然要求庭审对抗性增强,而当前我国刑事庭审空间布局对抗

---

[1] [美]伯尔曼:《法律与宗教》,梁治平译,中国政法大学出版社2003年版,第21页。

[2] 张川:"刑事法庭空间布局研究",西南政法大学2013年硕士学位论文,第14页。

[3] 美国犯罪学家和建筑学家奥斯卡·纽曼在《可防御的空间:通过城市设计预防犯罪》(1973年)一书中提出"防卫空间理论",并将这种方法系统化。"可防御的空间"这一思想的理论根据是:利用环境设计改变物理环境的空间样式的功能,以此改变居民的行动方式和增加相互间的社会联系,达到预防犯罪的目的。

[4] 邹宇婷、丘志新:"司法改革框架下的'硬件升级':我国法院刑事法庭空间布局的再探索——以平衡'权'与'利'为切入点",载《法律适用》2016年第1期。

[5] 刘瑜:"重构我国刑事审判法庭的空间布局",苏州大学2006年硕士学位论文,第22页。

第六章 我国刑事庭审实质化改革后亟待完善的配套措施

性明显不足,止步于20世纪90年代的规定,远远落后于我国刑事诉讼理念和制度的发展状况。在当前司法改革背景下,完善刑事法庭空间布局对推动庭审实质化改革具有重要的理论价值和现实意义。

本书探讨的"刑事法庭空间布局"的研究重点是法庭内部的布局和诉讼参与人的席位设置,包括庭审的参与主体——法官、陪审团、公诉人、被告人、辩护人、被害人、证人等的席位设置和法庭内部的布局,但限于篇幅的影响和研究深度的考虑,本书仅选取一个切入点探讨刑事法庭空间布局。承认被告人的诉讼主体性是诉讼文明的重要表现,而被告人合理和人性化席位的设置是切实尊重其主体性的第一步。被告人席位的设置状况体现了一个国家刑事被告人的诉讼地位,反映了这一国家的法治化程度和法律文化等,[1]所以,本书从刑事被告人的席位设置着手探讨刑事法庭空间布局。考虑到篇幅和研究深度,本书只研究普通刑事案件的法庭空间布局,主要以普通刑事案件中被告人的席位设置为切入点研究刑事案件的法庭空间布局。

一、我国刑事法庭空间布局梳理

在封建社会,我国刑事案件的公堂设置集中体现了纠问式诉讼模式的特征,行政官员一人或多人主持审判,无论被告人抑或被害人、证人皆是刑事诉讼的客体,皆跪于堂下听审。历代刑事法典均将"审讯"作为断案的基本形式,把被告人的供述视为发现案件事实的基本来源。[2]被告人是刑事诉讼中被讯

---

[1] 刘仁文:《论我国刑事法庭被告人席位的改革》,载《政法论坛》2017年第4期。

[2] 陈光中:《中国古代司法制度》,北京大学出版社2017年版,第126页。

207

问的对象，没有诉讼权利。古代纠问式诉讼的历史传统导致我国刑事审判至今带有强烈的"审讯"色彩。[1]

中华人民共和国成立后，全国范围内并未统一规范法庭的空间布局，也未形成标准的法庭席位安排方式，各地法院根据审判工作的实际需要安排法庭席位。[2]但1979年《刑事诉讼法》确立的"超职权主义"的诉讼模式在法庭空间布局中表现明显：法官席和检察官席并排设置于审判台上，被告席设于台下，形成了法官、检察官共同"审讯"被告人的状况。

1983年在国务院的牵头下，我国的法庭规范化专项建设开始着手，[3]审判法庭建设逐步发展。两年后，第一部专门针对法庭布局的规范出台，[4]为我国现行刑事法庭空间布局的基本模式奠定了基础，虽然历经几次调整，但现行法庭空间布局与此规定存在诸多相似之处。审判区正面设审判台，审判席居中，辩护席与公诉席呈"外八字"分别设置于审判席左右两侧，控辩审三方席位都位于审判台上，被告人席居中设置于审判区末端，正对法官席，单独置于审判台下，大多采用囚笼式的栅栏。有学者将控辩审与被告人席位的这种设置表述为"类似伞状几何图形结构"，并进一步剖析了"伞形结构"与三角形诉讼结构的区别及其弊端。[5]控辩审三方形成伞状结构，被告席设置于

---

〔1〕卞建林、李菁菁："从我国刑事法庭设置看刑事审判构造的完善"，载《法学研究》2004年第3期。

〔2〕张川："刑事法庭空间布局研究"，西南政法大学2013年硕士学位论文，第24页。

〔3〕1983年，国务院下发了《批转最高人民法院〈关于全国法院系统急需解决的两个问题的报告〉的通知》。

〔4〕1985年，最高人民法院与最高人民检察院共同制定了《关于人民法院审判法庭审判台、公诉台、辩护台位置的规定》。

〔5〕卞建林、李菁菁："从我国刑事法庭设置看刑事审判构造的完善"，载《法学研究》2004年第3期。

第六章 我国刑事庭审实质化改革后亟待完善的配套措施

伞把一端,极易形成对被告人的压迫感。1991年《民事诉讼法》确立了"抗辩制"庭审,随着该法的实施,倡导当事人地位平等、权利对等、充分辩论的抗辩式审判方式深刻影响了我国司法领域。两年后,最高人民法院对法庭空间布局作出规定,[1]进一步强调了刑事法庭空间布局的统一性。

1996年《刑事诉讼法》改变了我国的刑事诉讼模式,在职权主义诉讼模式中注入某些对抗制诉讼因素,形成了混合式的诉讼结构,增加了诉讼程序的民主色彩。[2]据此,1997年1月,中央政法委员会下发的通知[3]调整了我国刑事审判法庭的空间布局,将"八字形"布局变为"四方形"布局。审判区的正面设审判台,适当高出其他席位,辩护席和公诉席分别设置于审判台前方的左右两侧,公诉席右手旁依次增设被害人、附带民事诉讼原告人及其诉讼代理人席、证人和鉴定人席。被告席正对审判台,采用低栅栏。此次刑事法庭空间布局的变化体现了1996年《刑事诉讼法》修改的庭审模式的变化,突出了法官居中裁判,并增设了被害人席和附带民事诉讼原告席等,满足了《刑事诉讼法》的修改变化,但并没有调整被告席的设置,仅统一了被告席的栅栏设置方法,即全部采用低栅栏,不再设置囚笼式的栅栏。2012年《刑事诉讼法》再次修改,进一步保障被告人的权利,但普通刑事案件法庭空间布局没有变化,被告席

---

[1] 参见最高人民法院于1993年颁布的《关于法庭的名称、审判活动区布置和国徽悬挂问题的通知》。

[2] 徐静村主编:《21世纪中国刑事程序改革研究——〈中华人民共和国刑事诉讼法〉第二修正案(学者建议稿)》,法律出版社2003年版,第199页。

[3] 1997年1月,中央政法委员会经与全国人大常委会法制工作委员会研究,在与最高人民法院、最高人民检察院协商并征得同意后,下发了《关于实施修改后的刑事诉讼法几个问题的通知》,该通知主要规定了审判法庭席位设置、开庭审判人员入庭时公诉人是否起立和人民检察院向人民法院移送案卷时间等问题。

的改革依然没有提上日程。

总之,虽然我国《刑事诉讼法》一直力图完善被告人的权利保障,但被告人的席位设置一直如旧,这离不开历史因素、诉讼文化惯性的影响,但对被告人法庭空间权利保障的重要性认识不足是至关重要的因素。[1] 以审判为中心的诉讼制度改革如火如荼,最高人民法院于 2017 年初明确提出"以庭审实质化改革为核心",这一系列改革的深入推进势必要求我国刑事法庭空间布局的配合,要求法庭空间布局契合改革的理念,从而有利于诉讼主体职能的有效发挥。

二、庭审实质化改革背景下刑事法庭空间布局存在的缺陷

刑事法庭是决定被告人刑事责任的法律空间,直观体现了控辩审三方在刑事审判程序中的法律关系,重要性不言而喻。应当明确,合理、科学的刑事法庭空间布局必须满足以下两方面的要求:一方面,契合现代刑事诉讼构造的基本要求,如控审分离、审判中立、控辩平等、保护被告人的权利等;另一方面,为不同的诉讼参与主体发挥其职能提供最适合的庭审空间位置,应有利于审判职能的发挥,应便于各诉讼参与人发表言论、相互交流,履行控辩审诉讼职能,推进审判活动顺利、有效开展。庭审实质化改革更是强调"证在法庭""辩在法庭""判在法庭",强调控辩的合理对抗,并导引出实体公正的诉讼结果。但我国当前刑事法庭的空间布局难以满足庭审实质化改革的需要,主要存在以下弊端:

(一)有损法官中立及控辩平等的诉讼构造

从刑事诉讼基本理论而言,理想的三方诉讼构造应具备以

---

[1] 刘仁文:"论我国刑事法庭被告人席位的改革",载《政法论坛》2017 年第 4 期。

第六章 我国刑事庭审实质化改革后亟待完善的配套措施

下基本特征：三方同时在场参与审判，审判中立，控审分离，控辩平等，控辩双方能充分表达各自的观点，审判者能够及时回应。庭审实质化在践行这一理念的基础上进一步要求裁判结果形成在法庭，要求实现当庭认证，并进一步实现当庭宣判，为实现这一要求，法官中立必不可少。

庭审实质化要求控辩意见发表在法庭，要求控辩双方的有效参与，对法庭的事实裁判施加有效的影响，控辩双方的地位平等首当其冲。但是我国现行刑事法庭的空间布局和被告人席位的设置严重削弱了辩方防御和对抗的力量，导致控辩不平等。根据我国《宪法》，检察机关在刑事诉讼中具有双重身份，其既是法律监督机关，又代表国家追诉犯罪，但检方不能因此在诉讼程序上优于被告方。被害人有权作为当事人参与法庭审判，其与公诉人互相配合、补充，以强化控方力量。与之相比，辩方的辩护能力、防御力量处于明显的弱势。虽然《刑事诉讼法》明确了被告人诉讼主体的法律地位，但其同时规定，在庭审过程中，被告人须接受来自法官、公诉人、被害人、辩护人的各类讯问和询问，是审判的客体，这使得其与控方的平等地位难以保障。当前我国刑事法庭的这种布局和被告人与辩护人被分隔两处的设置更加弱化了辩方的诉讼地位。我国《刑事诉讼法》不允许辩护人随意走动，被告人被置于空间上孤立的位置，实质上阻碍了被告人与辩护人及时、有效沟通，被告人与辩护人无法在法庭上相互交流，共同行使辩护权，难以形成辩护的合力，因而严重削弱了辩方与控方平等对抗的能力，使其难以与控方相抗衡。应当明确，即便是当前刑事法庭设置的这种"四方"格局，在司法实践中，有些时候也难以实现。调研表明，全国刑事案件律师参与的比例不足30%，有的省甚至仅为12%。全国律师已超过22万人，但2010年人均办理刑事案件不足3

件，有些省甚至不到 1 件，且其中还包括法律援助案件。[1]被告人没有辩护人，辩护席空缺，难以形成法庭预设的"四方"格局。当被告人无力、无法委托辩护律师，亦不符合法律援助条件时，控辩双方共同举证、质证推进庭审进程蜕变为控方单方面展示犯罪事实和证据的过程。化解这一困境需要通过扩大法律援助等方法增强辩护权，实现有效辩护。但是在当前我国刑事法庭空间布局中，被告人的这种席位设置对其辩护权实现的消极影响不可小觑。

总之，被告席的孤立设置不利于控辩审三方诉讼构造的运行，与法官中立、控辩平等的诉讼模式大相径庭。

（二）不利于救济被告人权利

庭审实质化改革通过控辩庭审对抗，力图准确认定事实，正确适用法律，贯彻直接言词原则，保障庭审的公开、公平、公正，保障人权，让参与刑事庭审的每个人感受到公平。但当前我国刑事法庭空间布局却不利于救济被告人权利，具体表现为以下两方面：

一方面，"伞形结构"的法庭设计导致有罪推定。我国《刑事诉讼法》规定，未经人民法院依法判决，对任何人都不得确定有罪。这一规定虽然并未明确设立我国的无罪推定原则，但却使得反对有罪推定的声浪不断高涨。无罪推定原则是现代法治文明的必然要求，被告席的设置应该符合无罪推定的精神。但在我国目前刑事法庭空间布局的"伞形"结构中，法官高居其上，公诉人、被害人、辩护人等分居两侧，被告人则独自位于伞把一端，这就限制、剥夺了被告人在庭审中及时、充分获得辩护人法律帮助的权利，使其处于孤立无援的受审地位。同

---

[1] 于宁：“关于提高我国刑事案件律师参与率的几点建议”，载 http://news.xinhuanet.com/politics/2012-03/11/c_ 111635559.htm，2018 年 3 月 7 日访问。

第六章 我国刑事庭审实质化改革后亟待完善的配套措施

时，刑事庭审空间布局呈现出对被告人的"半环状包围"，除被告人以外的各诉讼参与主体都面向被告人，朝向旁听席，仅有被告人背对旁听席，形成了对被告人的"完全包围"。这种"伞形"的包围式审判结构凸显出被告人的受审地位，被告人在此审判格局中，处于诉讼客体地位，其供述被视为发现案件事实的基本来源。刑事法庭空间布局应当最大限度地保护被告人的合法权益，但被告席被独立设置于法庭中间，直接面对审判人员和控诉人员的做法，分割了辩护权，抑制了辩护职能的有效发挥。在各方轮番讯问与询问下，被告人沦为法庭审理的客体。而这一现象又引发了有罪推定的臆断，影响了定罪量刑的准确性。

另一方面，被告席与辩护席的分割设置使得被告人在庭审中难以获得辩护人的精神支持和心理安慰。在我国刑事法庭空间布局中，被告人独自面对控辩审以及被害人等，在其他诉讼参与人都面向旁听席的时候，独自背对旁听席，压迫感油然而生。作为共同行使辩护权的辩护人能为被告人提供法律帮助，但更能给予被告人精神支持和心理安慰。《刑事诉讼法》第33条之所以规定，除律师外，被告人的监护人、亲友等亦可担任辩护人，正基于此。在庄严、肃穆的法庭，孤身的被告人面对具有丰富实践经验的职业公诉人和审判人员，产生心虚、胆怯、焦灼等负面情绪在所难免。这种心理经历即使对于最终被判有罪的被告人亦是极为负面的情绪和压力，更何况还有最终被宣判无罪的被告人。若此时自己所信赖的人陪在身边将能给其带来勇气和力量，这不仅对未成年被告人作用明显，即使对普通刑事被告人而言，辩护人的精神支持作用同样意义重大。总之，在当前我国刑事法庭空间布局中，被告席的设置忽视了被告人的心理需求，没有认识到辩护人对被告人的重要心理支持作用。

（三）不利于发挥辩护人职能

庭审实质化要求控辩意见发表在法庭，强调控辩双方的有效参与。鉴于我国被告人天然的力量缺陷，发挥辩护人的职能至关重要。充分发挥辩护人的职能对于实现控辩双方的充分对抗，实现庭审实质化必不可少。辩护人参与刑事诉讼活动能有效保护被告人的诉讼权利，所以，能否充分发挥辩护人的职能关系着被告人的切身利益，亦会影响案件的公正裁决。辩护人的基本职能是向审判人员提供有利于被告人的证据，反驳控诉方的指控，争取法官的认同，最大限度地保护被告人的诉讼权利。所以，在庭审过程中，被告人与辩护人应当具有及时交流的权利，他们亦有这种需求。但当前我国刑事法庭的空间布局却给这种需求设置了障碍。辩护席置于审判台左侧，与公诉席相对，被告席独立正面面对审判席，位于审判区尾端中部。被告席、辩护席分开设置大大减少了双方沟通的机会，无法实现及时交流，削弱了辩方的力量。没有两者间的充分沟通，刑事辩护律师无法全面获知案件信息，亦无法与被告人协商辩护思路，一旦辩护观点发生分歧，双方也无法协调立场、消除误会，形成协调一致的辩护思路。[1]而且，我国法庭纪律严明，禁止诉讼参与人私自走动，被告人和其辩护人分置不同区域，相对孤立。庭审中除了辩护律师经审判人员同意后向被告人发问以外，两者难以有所交流，这不利于被告人自行辩护的正常发挥，更使得被告人难以及时获得辩护律师的帮助。[2]被告人与辩护律师当庭的及时沟通对于有效抵御控方指控，发挥辩护职能具

---

[1] 陈瑞华："刑事诉讼中的有效辩护问题"，载《苏州大学学报（哲学社会科学版）》2014年第5期。

[2] 陈越："从当事人席位设置谈我国刑事法庭空间布局的重构"，载《湖北警官学院学报》2016年第1期。

有重大作用。反之，双方沟通不畅，则使得辩护的整体效果大打折扣，不利于辩护人职能的发挥，有碍于对被告人权利的保护。

三、完善我国刑事法庭空间布局的路径

在庭审实质化改革背景下，我国当前的刑事法庭空间布局存在的弊端不容忽视，可以在借鉴域外相关经验的基础上结合我国的实际情况完善我国刑事法庭空间布局。

（一）域外的借鉴与选择

从域外刑事法庭空间布局来看，被告席与辩护席并肩设置模式是当今大多数国家和地区的共同选择。美国、德国、日本分别作为当事人主义、职权主义和混合诉讼模式的代表国家都采取此种空间布局。

美国是实施对抗制国家的代表，对抗式审判主要奠基于相对哲学和公平竞争的理念。根据相对哲学理念，应当通过控辩的充分对抗来揭示刑事案件的事实真相。[1]根据公平竞争理论（fair play），刑事争端应由检察官与被告方通过直接的对抗或竞争而解决。[2]其诉讼运行的机制是"通过控辩双方的作用与反作用，达到制约政府权力、揭示案件事实真相的目的"。[3]在这一理念的影响下，被追诉人在刑事诉讼中享有广泛的权利，直接影响庭审程序的进程和审判结果。在美国，被告人权利保障已上升到宪法的高度，而获得律师的有效法律帮助是被告人保护自身权利，避免权利受到非法侵犯的最佳手段，"只要当局使一个人的自由受到限制，那么它就有积极的义务通知被告人有

---

[1] 左卫民、周长军：《刑事诉讼的理念》（最新版），北京大学出版社2014年版，第96页。

[2] 陈瑞华：《比较刑事诉讼法》，中国人民大学出版社2010年版，第348页。

[3] 张建伟：《司法竞技主义——英美诉讼传统与中国庭审方式》，北京大学出版社2005年版，第56页。

权获得律师协助。如果他们自己不能聘请律师,当局则免费为他们指定律师"。[1]具体在法庭空间布局方面,虽然美国早期刑事法庭采用的也是单独隔离式的被告席,但随着平等精神和保护人权理念的兴起,无罪推定精神获得普遍认同,到19世纪末期,美国绝大部分的刑事法庭已经不再要求被告人在被告席受审。[2]并且在一些判例中逐渐认可刑事被告人能够自主选择法庭坐席的权利。总之,为了对抗式庭审顺利进行,美国法庭对于被告席的设置愈发灵活。

近代大陆法系国家把黑格尔的"国家高于市民社会"的思想奉为圭臬。[3]在大陆法系国家中,人们普遍信任、理解和尊重法院在控制审判程序、维护正义方面的作用,认为审判程序是法院查明真相、实现公正裁判结果的工具。[4]庭审裁判最具特色的是直接言词原则,以《德国刑事诉讼法》的规定为代表。言词原则,是指所有证据必须在法庭审理中以言词的方式向所有案件中的诉讼参与人以及旁听的公众予以展示。所有可能形成有罪或无罪判断的证据必须通过宣读文件、出示专家证人陈述或证人出庭作证的方式予以展示。直接证据原则不仅仅可以在通常情况下排除传闻证据,而且可以防止原始证据的替代品在法庭审理中被出示。例如,经警方询问后的证人形成了证人证言笔录,但是在法庭审理中不能只宣读该笔录,证人必须亲自到庭。只有原始证据已不可取时,宣读证人证言笔录才可成

---

[1] [美]卡尔威因、帕尔德森:《美国宪法释义》,徐卫东、吴新平译,华夏出版社1989年版,第34页。

[2] 刘仁文:"论我国刑事法庭被告人席位的改革",载《政法论坛》2017年第4期。

[3] 左卫民、周长军:《刑事诉讼的理念》(最新版),北京大学出版社2014年版,第18页。

[4] 陈瑞华:《比较刑事诉讼法》,中国人民大学出版社2010年版,第356页。

第六章　我国刑事庭审实质化改革后亟待完善的配套措施

为例外措施。[1]为了通过实施直接言词原则实现公正裁判的目的，德国的刑事法庭空间布局更注重法官职权的履行，以及各诉讼主体间的对等沟通与互动。在德国刑事法庭空间布局中，控辩审三方呈等边三角形，凸显法官中立、控辩平等及尊重被告人的主体地位的诉讼理念。法官席居中，右侧依次是检察官席、被害人及其代理人席，左侧是被告人及辩护人席。双方随时能够私下沟通，控辩席对向设立，证人、鉴定人席置于与控辩审三方等距离的法庭正中。

无论是英美法系的当事人主义审判模式，抑或大陆法系的职权主义审判模式，都并非尽善尽美。而且，就事实的准确认定而言，正如米尔吉安·R.达马斯卡所指出的，至少从19世纪以来，对于两大法系中的不同审判模式哪一个更可能产生准确的事实认定，一直是一个争论激烈但至今尚未解决的经验性问题。[2]第二次世界大战后，两大法系的刑事诉讼制度融合趋势明显，这种趋势的主流是大陆法系国家移植英美国家对抗式审判模式，或采纳该模式中的若干内容，[3]混合式审判模式自此出现。在日本和意大利的混合式审判模式中，对抗式程序的因素占据了较大比例，[4]且在法庭空间布局上更加注重保障被告人的诉讼权利。在日本刑事法庭上，检察席与被告人、辩护人席处于同一平面，体现出控辩的对等性。[5]

---

[1]　岳礼玲、林静译：《德国刑事诉讼法典（刑事诉讼法·法院组织法·少年法院法）》，中国检察出版社2016年版，第5页。

[2]　[美]米尔吉安·R.达马斯卡：《比较法视野中的证据制度》，吴宏耀等译，中国人民公安大学出版社2006年版，第199页。

[3]　陈瑞华：《比较刑事诉讼法》，中国人民大学出版社2010年版，第357页。

[4]　陈瑞华：《比较刑事诉讼法》，中国人民大学出版社2010年版，第364页。

[5]　[日]松尾浩也：《日本刑事诉讼法》（上卷·新版），丁相顺译，金光旭校，中国人民大学出版社2005年版，第241页。

综上可见，在域外刑事法庭空间布局中，被告席的设置表现出一定的共性：被告席与辩护席设置在一起，共同行使辩护权，与控诉方对向而坐。这一布局便于被告人与辩护律师实现有效的沟通交流，使得被告人能及时获得律师的法律帮助，从而充分发挥辩护权职能。我国刑事庭审空间设计应当符合国际规范。如前所示，在庭审实质化改革背景下，刑事法庭空间布局存在很多不足，完善法庭空间布局，应当以被告席的设置为突破口。虽然设置被告席表面看来仅是法庭布局方面的技术性问题，但其对于保障被告人诉讼主体地位及其辩护权具有重要意义，有利于完善我国的刑事诉讼模式构造，促进庭审实质化。在我国司法实践中，已经进行了相关方面的探索。2013年河南省新郑市人民法院在全国范围内首次改变刑事法庭空间布局，将辩护席、被告席并肩设立，列于审判台前方左侧。[1] 2015年，浙江省宁波市镇海区人民法院也开始创新"三角形"庭审格局，取得了良好的社会效果。[2] 在我国司法改革和以审判为中心的诉讼制度改革以及庭审实质化改革的大背景下，被告人席位的设置以尊重和保障被告人的人权原则为指导，摒弃有罪推定的理念，力图实现控辩双方的平衡。可见，借鉴国际通行做法，采用被告席与辩护席并肩设置的模式是完善我国刑事庭审空间布局的必然选择。

（二）具体的完善举措

在普通刑事案件法庭空间布局中，被告席与辩护席并肩设立。被告人与辩护人并排就座，其席位均置于审判席左前方，便于被告人在庭审中及时、充分地得到辩护人的法律帮助，针

---

〔1〕参见"河南法院探路庭审格局变革"，载《潇湘晨报》2013年12月9日。
〔2〕张媛："浙法院首次采用新庭审格局：被告人与律师同桌"，载《新京报》2015年5月7日。

第六章　我国刑事庭审实质化改革后亟待完善的配套措施

对庭审进展情况及时沟通，调整辩护策略，共同行使辩护职能，实现与控诉方的充分对抗。[1]在刑事庭审过程中，被告人是弱势群体，法庭布局应适当关照，帮助其充分行使辩护权。若被告人与辩护人分开就座，则限制、剥夺了被告人获得辩护人的帮助权，割裂了辩方的整体性，使得辩护职能难以充分发挥。当然，部分司法实践部门人员从我国当前庭审现状出发，认为存在有辩护人指导被告人作虚假供述的情况，鉴于此，应当保障法庭讯问阶段让被告人单独坐于审判席正对面的讯问席，便于法官对被告人神态的正面观察。另有部分司法实践人员认为，法庭讯问不需要辩护人。[2]但是，被告人与辩护人共同行使辩护权是大势所趋，不应以实践中应用的多寡作为被告席设置的依据。应当废止"被告席采用低栅栏"的规定，[3]使被告人与辩护律师并肩而坐。这种改革设置借鉴了域外法治先进国家的做法，顺应了刑事诉讼保护人权基本理念的发展趋势，便于法官讯问被告人，观察其行为举止、神态表情；更便于辩护律师在庭审过程中为被告人提供法律帮助，并根据庭审的具体情况，及时交换意见，帮助双方共同行使辩护权，使被告人充分保障自己的诉讼权利。

被告人席、辩护人席与公诉人席分别对立设于审判席两侧，处于同一高度，这一设置便于控辩双方平等对抗的开展。中华人民共和国成立后，尤其是改革开放以来，我国在诉讼民主和

---

〔1〕　张川："刑事法庭空间布局研究"，西南政法大学2013年硕士学位论文，第44页。

〔2〕　邹宇婷、丘志新："司法改革框架下的'硬件升级'：我国法院刑事法庭空间布局的再探索——以平衡'权'与'利'为切入点"，载《法律适用》2016年第1期。

〔3〕　刘仁文："论我国刑事法庭被告人席位的改革"，载《政法论坛》2017年第4期。

科学性的思潮指引下,接受了一系列国际通行的人权保障标准,并受到有关最低限度程序公正观念的深刻影响,通过法律法规的修正不断强化刑事庭审的对抗性色彩,强化控辩双方参与庭审活动的积极性和主动性。被告席、辩护席与公诉席分别设于审判席两侧正体现了我国辩方诉讼能力的提高。

在被告席与辩护席并肩设立时,被告席两侧不再设法警看守,这一设置便于其与辩护人私下交流,更能减轻被告人出庭被监视看管的心理压力。考虑到庭审顺利进行和庭审安全的需要,庭审时应当适当限制被告人的人身自由。但我国刑事法院具有完善的安保措施,更配备了相当的法警力量,被告人在进入法庭时都会接受严格的安检程序,所以,法警不必置于被告人身边,其置于审判区或旁听区附近,[1]足以保障法庭秩序。对具有特殊情况的被告人,如涉嫌作案手段凶残的严重暴力犯罪的被告人以及具有较大人身危险性的被告人等可以特别对待,近距离安排法警,便于随时防止被告人的不当行为。

---

[1] 刘仁文:"论我国刑事法庭被告人席位的改革",载《政法论坛》2017年第4期。

结 语

近几年来,关于刑事庭审实质化改革的研究与讨论一直是法学理论界和实务界的热门话题。本书在系统分析了我国刑事庭审实质化的内涵、性质、基本要求、特征以及理论依据的基础上,全面梳理我国刑事庭审实质化改革的产生和发展脉络,以问题为导向,从改革前面临的问题着手,阐述了改革试点中新出现的问题,并对改革推广中亟待解决的配套制度问题进行了反思,提出了化解思路,丰富了我国庭审实质化改革的理论和实证研究,为今后的学术研究和司法实践提供了参考资料。

归纳、提炼庭审实质化改革的相关媒体报道能够发现,"庭审实质化改革实践实际上是以若干'程序标签'的面相为公众所知"。[1]当前进行得如火如荼的刑事庭审实质化改革试点,亦集中于程序技术的改革和创新,如规范庭前会议程序,非法证据排除规则,保障证人、鉴定人出庭作证,交叉询问,法官当庭认证,将量刑问题纳入法庭审理等制度和规范。这种幅度和强度的试点改革决定了,其虽然有助于推动,但并不足以实现庭审实质化。因此,不应对改革成效过分夸大,也不应存在过高期望。另外,试点改革本身具有鲜明的暂时性、局部性和测试性特点,小规模的制度运行以及示范性庭审,可以举全局之

---

[1] 左卫民:"审判如何成为中心:误区与正道",载《法学》2016年第6期。

力予以推动,但如果推广到全国,其成效能否维持,仍未可知。这一局限性可以从成都市庭审实质化改革的成效中可见一斑。审视成都市庭审实质化改革中已有的改革举措可知,其适用面不广,适用对象有限,样本数量不够充分。成都市法院的庭审实质化示范庭主要集中于故意伤害、故意杀人、抢劫、诈骗、走私、盗窃、交通肇事及贩卖、运输、制造毒品等20多种犯罪,[1]较之于《刑法》460多种罪名,占比不高;改革试点一年半时间内,采用示范庭的案件为210件,较之于成都市两级法院每年超过1.5万件的受案数,占比很低。[2]截至2017年1月,成都市法院试点案件454件,约占同期刑事案件总量的1.5%。[3]总之,对庭审实质化改革试点成效的考察显示,改革效果不容夸大。

从宏观角度而言,庭审实质化是国家权力配置在庭审空间微观处的体现,并非仅是法院一家的技术性变革,为加快这一改革进程,优化权力分配、权力划分,在宏观层面需要国家顶层设计予以支持。刑事诉讼机制的形成同一个国家或民族的政治制度、经济制度、社会结构或文化传统休戚相关,没有任何一个国家可以脱离本国的政治、经济、社会、文化而成功地、卓有成效地实现刑事诉讼机制的转型。中国的刑事诉讼机制的改革应当根植于中国社会现实。[4]中国当代的刑事诉讼模式是混合式模式,中华法系传统影响深远,亦受到大陆法系、苏联

---

[1] 郭彦主编:《理性 实践 规则:刑事庭审实质化改革的成都样本》,人民法院出版社2016年版,第259页。

[2] 吴卫军:"刑事庭审实质化改革:解析与检视",载《江海学刊》2017年第6期。

[3] 马静华:"庭审实质化:一种证据调查方式的逻辑转变——以成都地区改革试点为样本的经验总结",载《中国刑事法杂志》2017年第5期。

[4] 冯军等:《刑事司法的改革:理念与路径》,中国检察出版社2007年版,第2页。

结 语

法的影响,近些年来,审判活动中又借鉴了对抗式的英美法系的特点,但从法源角度而言,仍主要沿袭了职权主义的浓厚传统,为法官保留了较多的司法调查权。所以,从我国刑事诉讼传统和刑事司法运行情况出发,较之于当事人主义,职权主义在我国具有更多的制度土壤,更加适应我国当事人权利保障困难、律师制度不发达的现状。[1]故而,致力于化解庭审虚化的庭审实质化改革欲想取得成效,确保人民法院依法独立公正行使审判权,保障法院能够真正实现对庭审的实质性控制至关重要。要正确处理党的领导与公正司法的关系,建立地方党政机关、领导干部、侦查机关干预司法的阻隔机制,理顺侦查、审查起诉、审判三个阶段在诉讼中的地位,实现从侦查中心主义到审判中心主义的转变,这是实现庭审实质化的制度保障和前提。

诚然,笔者为力求化解我国刑事庭审实质化改革前的困境、改革试点中新出现的问题以及改革后亟须完善的配套措施而不惜重墨展开论述,但由于笔者理论认识水平的局限、研究视界的不够开阔以及研究范围的不够深入等因素,笔者的研究尚存在一定程度的问题和不足,有待于在今后的学习和实践中进一步加强研究。另外,本书受限于实证研究方法本身的局限性,由于调查时限、地域以及人力、物力等因素的限制,难以全面收集所有试点地区的庭审实质化困境的资料,难免出现信息的疏漏。因此,可以说当前调研的信息数量非常有限。故而,本书最后建议借鉴大数据理论,寻求更高的司法实务部门平台,进一步收集实证资料,以客观的海量数据为前提,进一步论证、提炼问题,寻求化解对策。限于本书的时限和篇幅,唯有寄希望于将来的研究。

---

[1] 郭天武、陈雪珍:"刑事庭审实质化及其实现路径",载《社会科学研究》2017年第1期。

参考文献

一、中文著作、译著、论文集

1. 卞建林主编:《中华人民共和国刑事诉讼法最新解读》,中国人民公安大学出版社 2012 年版。
2. 卞建林主编:《现代司法理念研究》,中国人民公安大学出版社 2012 年版。
3. 卞建林、刘玫主编:《外国刑事诉讼法》,中国政法大学出版社 2008 年版。
4. 陈光中、[德]汉斯-约格·阿尔布莱希特主编:《中德不起诉制度比较研究》,中国检察出版社 2002 年版。
5. 陈光中主编:《21 世纪域外刑事诉讼立法最新发展》,中国政法大学出版社 2004 年版。
6. 陈光中主编:《〈中华人民共和国刑事诉讼法〉修改条文释义与点评》,人民法院出版社 2012 年版。
7. 陈光中:《中国古代司法制度》,北京大学出版社 2017 年版。
8. 陈瑞华:《程序性制裁理论》,中国法制出版社 2005 年版。
9. 陈瑞华:《比较刑事诉讼法》,中国人民大学出版社 2010 年版。
10. 陈瑞华:《刑事诉讼的前沿问题》(第 4 版),中国人民大学出版社 2013 年版。
11. 陈瑞华:《刑事审判原理论》(第 2 版),北京大学出版社 2003 年版。
12. 陈实:《我国刑事审判制度实效问题研究》,北京大学出版社 2015 年版。

13. 陈卫东主编:《刑事诉讼法实施问题调研报告》,中国方正出版社 2001 年版。
14. 陈卫东主编:《刑事诉讼法学研究》,中国人民大学出版社 2008 年版。
15. 陈运财:《直接审理与传闻法则》,五南图书出版股份有限公司 2001 年版。
16. 樊崇义主编:《诉讼原理》,法律出版社 2003 年版。
17. 冯军等:《刑事司法的改革:理念与路径》,中国检察出版社 2007 年版。
18. 郭彦主编:《理性 实践 规则:刑事庭审实质化改革的成都样本》,人民法院出版社 2016 年版。
19. 韩红兴:《刑事公诉庭前程序研究》,法律出版社 2011 年版。
20. 胡康生、李福成主编:《中华人民共和国刑事诉讼法释义》,法律出版社 1996 年版。
21. 季卫东:《法治秩序的建构》,中国政法大学出版社 1999 年版。
22. 景汉朝:《中国司法改革策论》,中国检察出版社 2002 年版。
23. 郎胜主编:《中华人民共和国刑事诉讼法修改与适用》,新华出版社 2012 年版。
24. 李奋飞:《失灵:中国刑事程序的当代命运》,上海三联书店 2009 年版。
25. 李义冠:《美国刑事审判制度》,法律出版社 1999 年版。
26. 刘广三:《犯罪控制视野下的刑事诉讼》,中国人民公安大学出版社 2007 年版。
27. 刘广三主编:《刑事证据法学》,中国人民大学出版社 2007 年版。
28. 刘辉:《刑事司法改革试点研究》,中国检察出版社 2013 年版。
29. 刘玫主编:《刑事诉讼法》(第 2 版),中国政法大学出版社 2014 年版。
30. 龙宗智:《相对合理主义》,中国政法大学出版社 1999 年版。
31. 龙宗智:《刑事庭审制度研究》,中国政法大学出版社 2001 年版。
32. 全国人大常委会法制工作委员会刑法室编:《关于修改中华人民共和国刑事诉讼法的决定条文说明、立法理由及相关规定》,北京大学出版社 2012 年版。

33. 宋英辉等:《刑事诉讼原理》(第 3 版),北京大学出版社 2014 年版。
34. 宋英辉主编:《刑事诉讼法学研究述评(1978—2008)》,北京师范大学出版社 2009 年版。
35. 宋英辉等:《外国刑事诉讼法》,北京大学出版社 2011 年版。
36. 苏力:《法治及其本土资源》,中国政法大学出版社 1996 年版。
37. 苏力:《送法下乡:中国基层司法制度研究》,中国政法大学出版社 2000 年版。
38. 孙长永:《探索正当程序——比较刑事诉讼法专论》,中国法制出版社 2005 年版。
39. 王超:《排除非法证据的乌托邦》,法律出版社 2014 年版。
40. 汪海燕:《刑事诉讼模式的演进》,中国人民公安大学出版社 2004 年版。
41. 汪建成、甄贞主编:《外国刑事诉讼第一审程序比较研究》,法律出版社 2007 年版。
42. 王以真主编:《外国刑事诉讼法学》(新编本),北京大学出版社 2004 年版。
43. 吴宏耀:《诉讼认识论纲——以司法裁判中的事实认定为中心》,北京大学出版社 2008 年版。
44. 徐静村主编:《21 世纪中国刑事程序改革研究——〈中华人民共和国刑事诉讼法〉第二修正案(学者建议稿)》,法律出版社 2003 年版。
45. 于海:《西方社会思想史》,复旦大学出版社 1993 年版。
46. 岳礼玲:《刑事审判与人权保障》,法律出版社 2010 年版。
47. 岳礼玲、林静译:《德国刑事诉讼法典(刑事诉讼法·法院组织法·少年法院法)》,中国检察出版社 2016 年版。
48. 张建伟:《司法竞技主义——英美诉讼传统与中国庭审方式》,北京大学出版社 2005 年版。
49. 中国法学会主管主办,中国法律年鉴编辑部编辑:《中国法律年鉴(2016)》,中国法律年鉴社 2016 年版。
50. 《中国律师年鉴》编辑委员会编辑:《中国律师年鉴(2001~2003)》,人民法院出版社 2005 年版。

51. 最高人民法院政治部编：《域外法院组织和法官管理法律译编》，人民法院出版社 2017 年版。
52. 中华人民共和国最高人民法院刑事审判第一、二、三、四、五庭主办：《刑事审判参考》（总第 103 集），法律出版社 2016 年版。
53. 左卫民、周长军：《刑事诉讼的理念》（最新版），北京大学出版社 2014 年版。
54. 陈光中、江伟主编：《诉讼法论丛》（第 1 卷），法律出版社 1998 年版。
55. 万鄂湘主编：《建设公平正义社会与刑事法律适用问题研究——全国法院第 24 届学术讨论会获奖论文集》（上），人民法院出版社 2012 年版。
56. 陈光中主编：《〈中华人民共和国刑事诉讼法〉修改条文释义与点评》，人民法院出版社 2012 年版。
57. [古希腊] 亚里士多德：《政治学》，吴寿彭译，商务印书馆 1965 年版。
58. [英] 弗兰西斯·培根：《培根人生论》，何新译，陕西师范大学出版社 2002 年版。
59. [美] 汉密尔顿、杰伊、麦迪逊：《联邦党人文集》，程逢如、在汉、舒逊译，商务印书馆 1980 年版。
60. [美] 戈尔丁：《法律哲学》，齐海滨译，生活·读书·新知三联书店 1987 年版。
61. [美] 卡尔威因、帕尔德森：《美国宪法释义》，徐卫东、吴新平译，华夏出版社 1989 年版。
62. [美] 约翰·麦·赞恩：《法律的故事》，刘昕、胡凝译，姜谓渔审校，江苏人民出版社 1998 年版。
63. [美] 伯尔曼：《法律与宗教》，梁治平译，中国政法大学出版社 2003 年版。
64. [美] 约翰·W. 斯特龙主编，[美] 肯尼斯·S. 布荣等编著：《麦考密克论证据》（第 5 版），汤维建等译，中国政法大学出版社 2004 年版。
65. [美] 佛洛依德·菲尼、[德] 约阿希姆·赫尔曼、岳礼玲：《一个案例 两种制度——美德刑事司法比较》，郭志媛译（英文部分），中国法制出版社 2006 年版。

66. ［美］米尔吉安·R. 达马斯卡：《比较法视野中的证据制度》，吴宏耀等译，中国人民公安大学出版社 2006 年版。
67. ［美］理查德·波斯纳：《法官如何思考》，苏力译，北京大学出版社 2009 年版。
68. ［美］爱德华·S. 考文：《美国宪法的"高级法"背景》，强世功译，李强校，北京大学出版社 2015 年版。
69. ［德］拉德布鲁赫：《法学导论》，米健、朱林译，中国大百科全书出版社 1997 年版。
70. ［德］托马斯·魏根特：《德国刑事诉讼程序》，岳礼玲、温小洁译，中国政法大学出版社 2004 年版。
71. ［德］鲁道夫·冯·耶林：《为权利而斗争》，郑永流译，法律出版社 2007 年版。
72. ［法］孟德斯鸠：《论法的精神》（上卷），许明龙译，商务印书馆 2009 年版。
73. ［法］卡斯东·斯特法尼、乔治·勒瓦索、贝尔纳·布洛克：《法国刑事诉讼法精义》（上），罗结珍译，中国政法大学出版社 1999 年版。
74. ［日］田口守一：《刑事诉讼法》（第 5 版），张凌、于秀峰译，中国政法大学出版社 2010 年版。
75. ［日］西原春夫主编：《日本刑事法的形成与特色：日本法学家论日本刑事法》，李海东等译，中国法律出版社、日本成文堂 1997 年版。
76. ［日］松尾浩也：《日本刑事诉讼法》（上卷·新版），丁相顺译，金光旭校，中国人民大学出版社 2005 年版。

二、期刊论文、学位论文

1. 卞建林、李菁菁："从我国刑事法庭设置看刑事审判构造的完善"，载《法学研究》2004 年第 3 期。
2. 卞建林、陈子楠："庭前会议制度在司法实践中的问题及对策"，载《法律适用》2015 年第 10 期。
3. 卞建林："审判中心视野下的诉审关系"，载《人民检察》2016 年第 Z1 期。

4. 毕亮杰："论刑事庭审中心主义视野中的直接言词原则"，载《中国石油大学学报（社会科学版）》2015年第2期。
5. 陈光中："完善的辩护制度是国家民主法治发达的重要标志"，载《中国法律评论》2015年第2期。
6. 陈光中、步洋洋："审判中心与相关诉讼制度改革初探"，载《政法论坛》2015年第2期。
7. 陈光中、陈学权："中国刑事证人出庭作证制度的改革"，载《中国法律》2007年第5期。
8. 陈光中、龙宗智："关于深化司法改革若干问题的思考"，载《中国法学》2013年第4期。
9. 陈瑞华："刑事诉讼中的有效辩护问题"，载《苏州大学学报（哲学社会科学版）》2014年第5期。
10. 陈瑞华："论彻底的事实审 重构我国刑事第一审程序的一种理论思路"，载《中外法学》2013年第3期。
11. 陈瑞华："论侦查中心主义"，载《政法论坛》2017年第2期。
12. 陈卫东："认罪认罚从宽制度研究"，载《中国法学》2016年第2期。
13. 陈卫东："以审判为中心：解读、实现与展望"，载《当代法学》2016年第4期。
14. 陈卫东、杜磊："庭前会议制度的规范建构与制度适用——兼评《刑事诉讼法》第182条第2款之规定"，载《浙江社会科学》2012年第11期。
15. 陈有为、任国权、方勇："庭审实质化背景下刑事二审证人出庭必要性审查研究"，载《证据科学》2017年第4期。
16. 陈越："从当事人席位设置谈我国刑事法庭空间布局的重构"，载《湖北警官学院学报》2016年第1期。
17. 程衍："贯彻庭审中心主义之困境与解决"，载《河南警察学院学报》2015年第1期。
18. 初殿清："直接言词原则的双重价值维度及其在我国的适用"，载《法学杂志》2014年第10期。
19. 樊崇义："庭审实质化与证据制度的完善"，载《证据科学》2016年第

3 期。

20. 高通:"我国法官庭外调查权的存废与适用",载《山东警察学院学报》2013 年第 4 期。

21. 顾永忠:"1997—2008 年我国刑事诉讼整体运行情况的考察分析——以程序分流为视角",载《人民检察》2010 年第 8 期。

22. 郭天武、陈雪珍:"刑事庭审实质化及其实现路径",载《社会科学研究》2017 年第 1 期。

23. 郭天武、陈雪珍:"庭审宣誓制度的解析与建构",载《广东社会科学》2017 年第 5 期。

24. 韩旭、徐冉:"刑事庭审实质化及有效性——第九届中韩刑事司法学术研讨会会议综述",载《人民检察》2016 年第 16 期。

25. 何家弘:"刑事庭审虚化的实证研究",载《法学家》2011 年第 6 期。

26. 何家弘、何然:"刑事错案中的证据问题——实证研究与经济分析",载《政法论坛》2008 年第 2 期。

27. 胡东林、范小云:"认罪轻微刑事案件程序分流模式构建",载《中国刑事法杂志》2012 年第 9 期。

28. 胡萌:"以审判为中心诉讼制度改革下庭审质证的完善",载《首都师范大学学报(社会科学版)》2017 年第 2 期。

29. 华忆昕、苏新建:"程序正义于中国司法实践之困境与出路",载《浙江社会科学》2011 年第 8 期。

30. 季卫东:"法律程序的意义——对中国法制建设的另一种思考",载《中国社会科学》1993 年第 1 期。

31. 贾文鹏:"刑事诉讼中的价值冲突与平衡问题——实体正义、程序正义与程序效率的价值评析",载《理论探索》2005 年第 1 期。

32. 姜远军:"论构建我国刑事审前程序分流机制",载《法制与社会》2015 年第 3 期。

33. 李滨:"略论庭审中心主义的实现路径",载《湖南科技学院学报》2015 年第 3 期。

34. 李海峰、张凯文:"公安机关对轻微刑事案件的处理机制探析",载《安徽警官职业学院学报》2014 年第 2 期。

35. 李明："庭审实质化进程中的质证方式改革研究"，载《政法学刊》2017年第1期。

36. 李冉毅："刑事庭审实质化及其实现路径"，载《宁夏社会科学》2016年第1期。

37. 李文军："庭审实质化改革的本质及其路径"，载《江西警察学院学报》2016年第3期。

38. 李勇："审判中心主义背景下出庭公诉的对策研究"，载《中国刑事法杂志》2016年第5期。

39. 廖大刚、白云飞："刑事案件速裁程序试点运行现状实证分析——以T市八家试点法院为研究样本"，载《法律适用》2015年第12期。

40. 林国强："以审判为中心的诉讼制度下庭审实质化改革研究"，载《湖北警官学院学报》2017年第2期。

41. 刘溉："'庭审实质化'对侦诉审关系的影响及适用"，载《中国检察官》2016年第23期。

42. 刘广三、李艳霞："我国刑事速裁程序试点的反思与重构"，载《法学》2016年第2期。

43. 刘广三、李艳霞："认罪认罚从宽制度的适用范围的厘清"，载《人民法治》2017年第1期。

44. 刘仁文："论我国刑事法庭被告人席位的改革"，载《政法论坛》2017年第4期。

45. 刘晓燕、陈睿、徐献："刑事庭审实质化改革试点研讨会在蓉举行"，载《人民司法》2015年第20期。

46. 龙宗智："本月评点：中国作证制度之三大怪现状评析"，载《中国律师》2001年第1期。

47. 龙宗智："论建立以一审庭审为中心的事实认定机制"，载《中国法学》2010年第2期。

48. 龙宗智："庭审实质化的路径和方法"，载《法学研究》2015年第5期。

49. 马贵翔、胡铭："处刑命令程序的价值与实现评析"，载《政治与法律》2006年第4期。

50. 马静华:"庭审实质化:一种证据调查方式的逻辑转变——以成都地区改革试点为样本的经验总结",载《中国刑事法杂志》2017年第5期。
51. 秦策、许克军:"庭审中心主义的理念阐释与实现路径",载《江苏行政学院学报》2015年第4期。
52. 沙春羽:"试论证人出庭的法律保障",载《辽宁师专学报(社会科学版)》2015年第5期。
53. 史立梅:"庭审实质化背景下证人庭前证言的运用及其限制",载《环球法律评论》2017年第6期。
54. 史琳玉、杨欣:"新刑诉法实施中的'辩审冲突'——北京市尚权律师事务所对新刑诉法实施状况的调研研讨",载《法律与生活》2014年第17期。
55. 束斌:"论完善刑事诉讼出庭证人如实作证的法律保障",载《中国检察官》2014年第13期。
56. 宋英辉、陈永生:"刑事案件庭前审查及准备程序研究",载《政法论坛》2002年第2期。
57. 孙长永:"审判中心主义及其对刑事程序的影响",载《现代法学》1999年第4期。
58. 孙长永、王彪:"论刑事庭审实质化的理念、制度和技术",载《现代法学》2017年第2期。
59. 万毅:"论刑事审判监督程序的现代转型",载《上海交通大学学报(哲学社会科学版)》2005年第6期。
60. 万毅、赵亮:"论以审判为中心的诉讼制度改革——以C市法院'庭审实质化改革'为样本",载《江苏行政学院学报》2015年第6期。
61. 汪海燕:"刑事诉讼法解释论纲",载《清华法学》2013年第6期。
62. 汪海燕:"论刑事庭审实质化",载《中国社会科学》2015年第2期。
63. 汪海燕、殷闻:"审判中心视阈下庭前会议功能探析",载《贵州民族大学学报(哲学社会科学版)》2016年第3期。
64. 汪海燕、于增尊:"预断防范:刑事庭审实质化诉讼层面之思考",载《中共中央党校学报》2016年第1期。
65. 汪建成:"《刑事诉讼法》的核心观念及认同",载《中国社会科学》

2014 年第 2 期。

66. 王涛:"庭审实质化进程中的多媒体示证",载《人民检察》2016 年第 8 期。

67. 王震:"现阶段立法细化技术侦查规则的瓶颈研究",载《山东警察学院学报》2014 年第 6 期。

68. 韦晓一:"刑事庭前会议主持人模式比较与分析",载《河南社会科学》2016 年第 6 期。

69. 卫跃宁:"庭审实质化的检察进路",载《中国政法大学学报》2016 年第 6 期。

70. 卫跃宁、宋振策:"论庭审实质化",载《国家检察官学院学报》2015 年第 6 期。

71. 吴承栩:"刑事庭前会议制度基本构成探析及完善",载《西部法学评论》2015 年第 2 期。

72. 吴卫军:"刑事庭审实质化改革:解析与检视",载《江海学刊》2017 年第 6 期。

73. 吴羽:"论强制辩护在未成年人刑事案件诉讼程序中的适用——以《刑事诉讼法》第 267 条为中心",载《青少年犯罪问题》2015 年第 4 期。

74. 吴羽:"论强制辩护——以台湾地区为中心及对大陆相关立法之借鉴",载《西部法学评论》2011 年第 5 期。

75. 谢登科:"困境与突破:我国亲属拒证权制度反思",载《法律科学(西北政法大学学报)》2015 年第 4 期。

76. 谢佑平、万毅:"理想与现实:控辩平等的宏观考察",载《西南师范大学学报(人文社会科学版)》2004 年第 3 期。

77. 熊秋红:"刑事庭审实质化与审判方式改革",载《比较法研究》2016 年第 5 期。

78. 熊秋红:"审判中心视野下的律师有效辩护",载《当代法学》2017 年第 6 期。

79. 许克军、秦策:"'庭审中心主义'内涵新释——基于学理视角的分析",载《中共南京市委党校学报》2015 年第 6 期。

80. 杨波:"审判中心主义视域下刑事冤错案防范机制研究",载《当代法学》2017 年第 5 期。

81. 杨建广、李懿艺："审判中心视域下有效辩护的构成与适用——兼论念斌案对被告人获得有效辩护的启示"，载《政法学刊》2017 年第 1 期。

82. 叶锋："审判中心模式下庭前会议的司法困境与出路——基于 F 省 F 市运行现状的实证分析"，载《法律适用》2015 年第 12 期。

83. 叶青："构建刑事诉讼证人、鉴定人出庭作证保障机制的思考"，载《中国司法鉴定》2015 年第 2 期。

84. 叶青："以审判为中心的诉讼制度改革之若干思考"，载《法学》2015 年第 7 期。

85. 叶青："审判中心模式下庭前会议程序的再造研究"，载《贵州民族大学学报（哲学社会科学版）》2016 年第 5 期。

86. 易延友："证人出庭与刑事被告人对质权的保障"，载《中国社会科学》2010 年第 2 期。

87. 俞世裕等："鉴定人出庭作证制度实施现状及完善——以浙江省为视角"，载《中国司法鉴定》2014 年第 5 期。

88. 于增尊："为刑事审限制度辩护——以集中审理原则之功能反思为视角"，载《政法论坛》2014 年第 6 期。

89. 苑宁宁："我国刑事公诉程序分流现状研究"，载《中国刑事法杂志》2012 年第 2 期。

90. 詹建红、李纪亮："困境与出路：我国刑事程序分流的制度化"，载《当代法学》2011 年第 6 期。

91. 张斌、罗维鹏："庭审实质化的技术路径反思与政治路径证成"，载《法制与社会发展》2017 年第 3 期。

92. 张建伟："辩诉交易的历史溯源及现实分析"，载《国家检察官学院学报》2008 年第 5 期。

93. 张青："协商性司法与检察机关量刑建议的制度构建"，载《武汉科技大学学报（社会科学版）》2011 年第 6 期。

94. 张书铭："论控权属性下公诉权的发展"，载《中国刑事法杂志》2014 年第 3 期。

95. 张小玲："论侦查阶段的程序分流"，载《中国人民公安大学学报（社会科学版）》2007 年第 3 期。

96. 赵艳霞："'看得见的正义'：刑事庭审实质化之司法进路"，载《山东审判》2017 年第 1 期。

97. 周洪波、昝春芳："刑事庭审实质化视野中的公诉证据标准"，载《江海学刊》2017 年第 6 期。

98. 朱孝清："司法的亲历性"，载《中外法学》2015 年第 4 期。

99. 邹宇婷、丘志新："司法改革框架下的'硬件升级'：我国法院刑事法庭空间布局的再探索——以平衡'权'与'利'为切入点"，载《法律适用》2016 年第 1 期。

100. 左卫民："简易程序中的公诉人出庭：基于实证研究的反思"，载《法学评论》2013 年第 4 期。

101. 左卫民："未完成的变革　刑事庭前会议实证研究"，载《中外法学》2015 年第 2 期。

102. 左卫民："审判如何成为中心：误区与正道"，载《法学》2016 年第 6 期。

103. 左卫民、马静华："刑事证人出庭率：一种基于实证研究的理论阐述"，载《中国法学》2005 年第 6 期。

104. 蒋杰："刑事证人出庭作证保障机制研究"，广西师范大学 2013 年硕士学位论文。

105. 李冉毅："刑事庭审实质化研究"，西南政法大学 2017 年博士学位论文。

106. 李晓丽："程序法视野下的认罪制度研究"，中国社会科学院研究生院 2017 年博士学位论文。

107. 刘瑜："重构我国刑事审判法庭的空间布局"，苏州大学 2006 年硕士学位论文。

108. 秦萌："审判中心主义下的刑事辩护问题研究"，北方工业大学 2017 年硕士学位论文。

109. 唐雅琴："我国刑事证人出庭作证保障制度研究"，云南大学 2016 年硕士学位论文。

110. 唐治祥："刑事卷证移送制度研究——以公诉案件一审普通程序为视

角",西南政法大学 2011 年博士学位论文。

111. 王晓华:"我国刑事被告人质证权研究",西南政法大学 2012 年博士学位论文。

112. 吴仕春:"审判权运行机制改革研究——以刑事审判权运行为视角",西南政法大学 2016 年博士学位论文。

113. 许兰亭:"刑事一审程序实务问题研究",中国政法大学 2011 年博士学位论文。

114. 杨亮:"侦审关系论",中国人民公安大学 2017 年博士学位论文。

115. 俞伟飞:"刑事审前程序分流研究",浙江工商大学 2015 年硕士学位论文。

116. 张川:"刑事法庭空间布局研究",西南政法大学 2013 年硕士学位论文。

三、报纸、电子文献

1. 陈光中:"推进'以审判为中心'改革的几个问题",载《人民法院报》2015 年 1 月 21 日。

2. 谌辉、罗健文:"强化理论支撑 推进刑诉制度改革——刑事庭审实质化改革试点研讨会综述",载《人民法院报》2015 年 11 月 4 日。

3. 陈卫东、霍文琦:"以审判为中心推动诉讼制度改革",载《中国社会科学报》2014 年 10 月 31 日。

4. 陈学勇:"以庭审实质化改革为契机不断推进刑事审判理论创新——中国审判理论研究会刑事审判理论专业委员会 2017 年年会暨庭审实质化改革专题研讨会综述",载《人民法院报》2017 年 11 月 15 日。

5. 樊崇义:"贯彻落实庭审实质化的重要举措",载《人民法院报》2016 年 4 月 24 日。

6. 冯英菊、冉婷婷:"'庭审中心主义'尚需制度保障",载《检察日报》2014 年 1 月 15 日。

7. 顾永忠:"'庭审中心主义'之我见",载《人民法院报》2014 年 5 月 16 日。

8. 韩旭:"认罪认罚从宽 辩护律师应有效参与",载《四川法制报》2016

年9月29日。

9. 胡云腾:"谈谈人民法院'宣告无罪难'",载《人民法院报》2014年6月4日。

10. 胡云腾:"依宪治国下的人权司法保障",载《人民法院报》2014年12月4日。

11. 冀天福、袁小刚:"推进庭审实质化 有效防范冤假错案——河南高院2016年'5·9错案警示日'座谈会综述",载《人民法院报》2016年5月18日。

12. 蒋惠岭:"'圆柱'何时削为'圆锥'",载《人民法院报》2010年4月30日。

13. 金轶、杜邈:"转变公诉理念应对庭审实质化",载《检察日报》2014年1月20日。

14. 李清:"龙马潭区检察院抓队伍提能力 推进庭审实质化改革",载《四川法制报》2017年5月11日。

15. 刘春华:"不认罪和翻供案件为重点最大限度防范冤假错案",载《四川日报》2016年4月1日。

16. 刘德华、史兆琨:"抛弃'卷宗主义'推进庭审实质化",载《检察日报》2017年7月6日。

17. 刘静坤:"最高法院部署开展'三项规程'试点工作",载《人民法院报》2017年6月11日。

18. 刘艳红:"审判中心主义下的庭审实质化改革路径",载《人民法院报》2017年9月7日。

19. 龙宗智:"庭审实质化需技术与规则并重",载《检察日报》2016年11月22日。

20. 罗开卷:"强化辩护制度 推进庭审实质化",载《上海法治报》2016年4月6日。

21. 罗坷:"律师事业正当时",载《人民法院报》2015年8月21日。

22. 罗文碧、曾昌文:"成都首例院长当审判长 开审典型案例",载《四川法制报》2016年4月21日。

23. 马超、王志堂:"刑事庭审实质化改革的山西实践",载《法制日报》

2017年8月8日。

24. 马利民、简华:"记者目击 '以审判为中心'案件怎么审",载《法制日报》2015年4月10日。

25. 聂敏宁、姜郑勇:"四川 力推庭审实质化改革",载《人民法院报》2017年3月12日。

26. 沈德咏:"我们应当如何防范冤假错案",载《人民法院报》2013年5月6日。

27. 沈德咏:"刑事司法程序改革发展的基本方向",载《人民法院报》2014年10月24日。

28. 沈德咏:"庭审实质化的六项具体改革举措",载《法制日报》2016年2月3日。

29. 施杰:"推进庭审实质化改革",载《团结报》2017年9月28日。

30. 王贵东:"罪与刑 庭上明——山东济南天桥区法院力推庭审实质化",载《人民法院报》2014年12月30日。

31. 王珊珊:"不断提升刑事案件庭审实质化水平——广州中院深入开展'三项规程'改革试点工作",载《人民法院报》2017年8月10日。

32. 王晓红:"徐州鼓楼法院创新推进庭审实质化",载《江苏法制报》2017年7月31日。

33. 王晓燕等:"为庭审实质化改革贡献四川经验",载《四川法制报》2016年4月1日。

34. 王鑫、夏旭东、陈睿:"庭审实质化改革的成都实践",载《人民法院报》2015年4月20日。

35. 王鑫、刘方祺:"成都 刑事庭审实质化的一年答卷",载《人民法院报》2016年3月21日。

36. 王鑫、王晓燕、刘方祺:"四川召开刑事庭审实质化改革推进会",载《人民法院报》2016年4月2日。

37. 魏军、王晓燕、刘冰玉:"为庭审实质化改革贡献'成都经验'",载《四川法制报》2017年1月4日。

38. 吴小军:"助推庭审实质化 让出庭制度落到实处",载《人民政协报》2017年8月1日。

39. 吴忱："防范冤假错案 实质化庭审'辨是非'"，载《四川日报》2017年9月1日。
40. 谢作幸等："规范证人出庭常态化 力促刑事庭审实质化——浙江平阳法院关于刑事证人出庭作证的调研报告"，载《人民法院报》2016年4月7日。
41. 许燕："强化证人出庭作证，推进庭审实质化"，载《上海法治报》2017年3月27日。
42. 闫志东："吉林市启动刑事庭审实质化改革"，载《人民法院报》2017年7月26日。
43. 杨傲多："成都刑事庭审实质化试点调查"，载《法制日报》2016年5月18日。
44. 杨金忠、王虹："成都庭审实质化改革取得实效"，载《成都日报》2017年2月15日。
45. 杨子良："关于刑事诉讼庭审质证实质化的建议"，载《人民法院报》2017年1月15日。
46. 余建华、孟焕良："浙江推进以审判为中心的诉讼制度改革"，载《人民法院报》2015年2月8日。
47. 张建伟："审判中心主义的实质与表象"，载《人民法院报》2014年6月20日。
48. 张媛："浙法院首次采用新庭审格局：被告人与律师同桌"，载《新京报》2015年5月7日。
49. "河南法院探路庭审格局变革"，载《潇湘晨报》2013年12月9日。
50. 周夕又："试点至今 案件上诉率仅4.57%"，载《四川法制报》2016年10月20日。
51. 李志："刑事案件量刑的基本步骤及计算公式"，载http://www.66law.cn/domainblog/89685.aspx，2018年2月9日访问。
52. 田文昌："要实现审判为中心，亟须解决机制障碍"，载http://www.360doc.com/content/16/0507/14/37063_557017707.shtml，2018年2月20日访问。
53. 田源、杨继伟："新刑诉法实施后证人出庭率低的原因分析"，载http://

www.chinacourt.org/article/detail/2014/04/id/l285118.shtml，2018 年 3 月 5 日访问。

54. 于宁："关于提高我国刑事案件律师参与率的几点建议"，载 http://news.xinhuanet.com/politics/2012-03/11/c_111635559.htm，2018 年 3 月 5 日访问。

55. 郑斯斯："关于乐清市人民法院推行侦查人员出庭作证情况的调研"，载 http//yueqing.zjcourt.cn/art/2016/8/4/art_1221255_5337256.html，2018 年 3 月 5 日访问。

四、外文文献

1. Francis Bacon, *Essays*, Foreign Language Teaching and Research Press, 1998.
2. Edward S. Corwin, *The "Higher Law" Background of American Constitutional Law*, Cornell University Press, 1955.
3. Brady v. United States, 397. U. S. 742, 752（1970）.
4. Evitts v. Lucey, 469. U. S. 387（1985）.